金融开放进程中

Issues of RMB Exchange Rates
in the Process of
China's Financial Openning

人民币汇率若干问题研究

中央财经大学中国金融发展研究院 ◇著

人 民 出 版 社

前　　言

中国金融发展研究院(Chinese Academy of Finance and Development)成立于 2006 年,是中央财经大学"经济学与公共政策优势学科创新平台"的机构之一,是一个以在海外获得博士学位的人员为主体、从事高端金融研究和人才培养的学术机构。研究院致力于把先进的研究方法、国际化的学术视野、严谨的研究风格应用于中国的金融和经济学术研究。

20 世纪 70 年代初期,国际货币系统布雷顿森林体系(Bretton Woods System)崩溃。世界各主要国家的货币的币值从原来与美元固定挂钩,过渡到有管制的浮动,直到与美元完全脱钩。从那以后,浮动汇率制度成为世界主流的汇率体制。外汇汇率是两国货币相对购买力的直接衡量,也是影响经济的一个重要宏观变量。很多学者对主要西方发达国家的汇率变动以及对经济的影响已做了大量研究。

中国于 2005 年 7 月开始进行汇率改革,实行有管制的浮动汇率体制,人民币不再单一盯住美元,而是根据市场供求情况,参考一篮子货币进行调节。七年多来,人民币相对于美元累积升值已经超过百分之三十五。同时人民币对美元汇率的波动性显著增加。近年来,鉴于美国对华贸易逆差越来越大,美国对华不断施加压力,要求人民币进一步升值。人民币汇率的合适水平,已经不仅仅是个经济问题,而且上升为中美两国争论的政治问题。

究竟人民币实行汇改以来,汇率水平及其波动性对国家的宏观经济、产业的发展、企业的经营,以及对其他金融市场(例如股票市场、期货市场)会产生什么样的短期和长期的影响呢? 中国金融发展研究院的教师们,在从事各自领域的繁重学术研究和教学任务的同时,认真思考和关注中国的外汇汇率和开放宏观经济问题。我们组成团队,共同攻关,借助现代金融经济理论和计量经济工具,对若干重要和热点问题进行实证研究,提出我们的看法和建议。

　　从内容上看,本书分三部分。第一部分主要从宏观角度研究人民币汇率问题。冉齐鸣和邱红的文章探讨了人民币均衡汇率的合适模型和影响均衡汇率的宏观因素。王云裳和李杰的文章研究了人民币汇率与通货膨胀和出口的联系。李广众、刘华和张珂的文章研究了中国外汇收支风险预警系统指标体系。同生辉的文章概述了目前主要新兴市场国家的汇率制度。

　　第二部分从微观的角度研究了人民币汇率波动与实体经济的关系。刘芳和肖文彦的文章探讨了人民币汇率波动对行业价值的影响。刘阳和朱小能对汇率波动如何影响商品期货价格作了实证分析。李广众和温健研究了人民币汇率波动与出口贸易的实证联系。

　　第三部分研究汇率与股票市场的关系。周月刚从行为金融的角度研究了汇率与投资者情绪传递对股票市场的影响。李建栋和高晓轩的文章探索了人民币汇市中可以预测股市的信息。向巨研究了泰勒法则基本面对汇率和股价的复合影响。文华和赵宇航的文章研究了汇率与合格境内机构投资者基金收益的关系。佩卓、沃德和吴仰儒的文章研究了货币贬值前后股票市场的回应以及决定股市回应程度的主要宏观经济因素。

　　本书的研究和撰写耗费了我们大量的时间和精力。我们衷心希望能够呈现给读者一部关于中国汇率与开放宏观经济问题研究的有价值的参考书。虽然我们做了很多努力,但由于才识有限,时间紧迫,疏漏之处在所难免。恳请读者批评指正。

中央财经大学

中国金融发展研究院院长

吴仰儒

二零一三年一月

目　录

第一部分　人民币汇率与宏观经济研究

　　本部分主要从宏观角度研究人民币汇率问题。国际经济金融学界对汇率的研究相当广泛,而且随着实践的发展,汇率理论和方法也在不断充实和完善。本书第一部分从汇率理论和政策研究的视角进行了详细的归纳分析,并结合中国实际,对人民币汇率政策提出建议,探讨了人民币均衡汇率的合适模型和影响均衡汇率的宏观因素,研究了人民币汇率与通货膨胀和出口的联系,研究了中国外汇收支风险预警系统指标体系,概述了目前主要新兴市场国家的汇率制度。

寻觅均衡汇率:对 Edwards 模型的再探索

冉齐鸣　邱　红

一、绪论和文献

人民币均衡汇率应该是多少?它和现有的官方汇率有多大差距?这些问题长期争持不下。本文试图老谱新翻从另一个角度思考这些重要问题。对人民币高估或低估这个热点问题进行探索,争取得到一些启示。研究均衡汇率的有关文献浩如烟海,汗牛充栋。在这里不作细述。我们只对爱德华兹(Edwards)的实证模型做进一步的探索。

为了下面讨论方便,我们对均衡汇率的概念先做一个限定。根据爱德华兹的提法,均衡汇率就是让内部和外部同时达到平衡的一种汇率。故而定义真实汇率与均衡汇率之差为均衡偏离。

我们认为爱德华兹(1988)研究的基本框架对发展中国家是合适的,所以在中国的应用仍然有着重要的意义。他的回归方程是基于内外因素的平衡考虑,并逐一列举了相关的宏观基本变量,以决定实际均衡汇率的走向。我们将用他的研究方法作为一个基本框架,然后修改他的模型而考虑中国的一些特点。

通过对他的模型的扩充,我们得到的结果令人振奋。早在 2008 年的时候,人民币就不应该升值而应该贬值。而现在的贬值迹象早在 2008 年就已经显现出来。这个研究结果对我们认识人民币的走向,提供给相关决策部门参考,是一个重要的思路。

二、方法和数据

　　爱德华兹首先考察了贸易品和非贸易品部门的生产率增长,然后剖析了政府分类支出的变化,进出口比价,外部的资金流入,世界性的通货膨胀,及出口补贴和贸易壁垒的减少。在他的基本框架下,决定实际汇率的均衡主要的经济变量是贸易条件、对外开放度、政府支出、全要素生产率等。我们的方法首先是从他的框架中,找出实际汇率的估计值,也就是爱德华兹意义上的均衡实际汇率。然后根据实际汇率的定义,计算出应该得到的名义汇率,也就是爱德华兹意义上的均衡名义汇率。最后,将这个估计的名义汇率和官方公布的汇率进行比较,以确认官方公布的汇率与均衡汇率的偏离程度。

　　我们在这里仔细观察他的实证模型,对他的理论推导不再赘述。

$$\ln e_t^* = \beta_0 + \beta_1 \ln(TOT)_t + \beta_2 \ln(NGCGDP)_t + \beta_3 \ln(TARIFFS)_t +$$
$$\beta_4 \ln(TECHPRO)_t + \beta_5 \ln(KAPFLO)_t + \beta_6 \ln(OTHER)_t + u_t \qquad (1)$$

　　其中,e^*_t代表均衡实际汇率;

　　TOT,代表对外贸易条件,定义为出口商品价格与进口商品价格的比值;

　　$NGCGDP$,代表政府对非贸易品的消费占 GDP 的比率;

　　$TARIFFS$,代表进口税收水平;

　　$TECHPRO$,衡量技术进步的因素;

　　$KAPFLO$,代表资本流入,如果为负,则表示资本流出;

　　$OTHER$,其他基础变量;

　　u,为残差项目。

　　请注意 OTHER 基础变量,让我们产生了无限遐想。它可根据发展中国家的一些特点来选择与汇率变化有关的重要经济变量。首先,爱德华兹考虑到大多数发展中国家都实行双重汇率机制,存在官方汇率与市场汇率并存的平行外汇市场,鉴于此,爱德华兹用平行市场汇率差额的变化量作为解释变量来替代 OTHER 基础变量,去反映双重汇率机制对实际均衡汇率的影响。再者,发展中国家政府对经济的干预频繁,并且干预力度比较强大。因此,在对一些发展中国家的均衡汇率进行实证研究时,他选取了以下两个变量对发展中国家宏观政策予以衡量和反映:(1)国内信贷的超额供给;(2)财政赤字水平与基础货币的一阶滞后项的比率去反映一国的财政政策状况。

　　爱德华兹根据各项经济变量的相关数据选取了 12 个发展中国家作为研究对象,但是对中国没有详加论述。根据以上爱德华兹的实际均衡汇率模型,结合我国的实际经济状况和人民币汇率的特殊形成机制,我们在保留了方程(1)中的主要基础变量之外,将外汇储备和货币供给量的增长率作为解释变量来代替爱德华兹原方程里的 OTHER 变量。之所以如此,是基于以下的考量:当前,我国已经成为全世界外汇储备最多的国家,随着国际金融市场的不断发展和我国开放程度的不断加深,央行在国际外汇市场上的操作将会更加频繁。巨额的外汇储备,也成为稳定人民币的一个重要手段,同时也受到汇率波动的强烈影响,二者之间的关系越来越密切。很多学者在研究我国的外汇储备理论中都提及了人民币实际汇率与外汇储备的关系。我们认为,在分析实际均衡汇率的时候,非常有必要考虑外汇储备。另外,央行的货币政策从1993 年至 2008 年发生了很多变化。而每次的变化也必将给人民币的波动带来影响。我们认为也必须考虑纳入模型当中。最重要的是汇率的变化和劳动力市场有着千丝万缕的联系,而令人遗憾的是爱德华兹却没有仔细探讨二者的相互影响。我们希望在本文中对这两者的关系做一个初探,看一看中国的情形。

　　如果说爱德华兹的实证模型用如下式子表达:

$$RER = f(TOT, GCG, TAR, RGDP, CIF, OTHER)$$

那么我们将替代为:

$$OTHER = f(RES, DCG, EMPLOYMENT = L)$$

从而改进他的模型为:

$$RER = f(TOT, GCG, TAR, RGDP, CIF, RES, DCG, L)$$

其中,RER 为实际汇率,按照爱德华兹对实际汇率的定义,人民币的实际汇率的计算公式为:

$$RER = E * \frac{CPIUS}{CPIC}$$（E 为名义汇率,CPIUS 为美国的消费价格指数,CPIC 为中国的消费价格指数）

其中,TOT,代表贸易条件指数,反映贸易条件的变化状况;

GCG,代表政府消费支出占 GDP 的比重;

TAR,代表进口环节税收入占进口总额的比率;

$RGDP$,为实际 GDP 增长率,作为技术进步因素的衡量指标;

CIF,为国外资本净流入,反映国际资本的流动状况;

RES,代表外汇储备;

DCG,代表货币供给量的增长率,选择准货币 M2 的变化率作为代表变量;

L,代表就业人数。

原本我们考虑失业率可能更加贴切,但是数据不完整。所以选用了就业人数。这个变量的数据有官方的详尽介绍和完整记录。

具体来说,如果我们不考虑爱德华兹的 $OTHER$ 变量,那么就有:

$$\ln e_t^* = a_0 + a_1\ln(TOT)_t + a_2\ln(GCG)_t + a_3\ln(TAR)_t +$$
$$a_4\ln(RGDP)_t + a_5\ln(CIF)_t + u_t \tag{M1}$$

我们第一个替代变量是外汇储备,即:

$$\ln e_t^* = b_0 + b_1\ln(TOT)_t + b_2\ln(GCG)_t + b_3\ln(TAR)_t +$$
$$b_4\ln(RGDP)_t + b_5\ln(CIF)_t + b_6\ln(RES)_t + u_t \tag{M2}$$

我们第二个替代变量是国内货币供给量的增长率,即:

$$\ln e_t^* = c_0 + c_1\ln(TOT)_t + c_2\ln(GCG)_t + c_3\ln(TAR)_t +$$
$$c_4\ln(RGDP)_t + c_5\ln(CIF)_t + c_6\ln(DCG)_t + u_t \tag{M3}$$

然后我们同时用外汇储备和国内货币供给量的增长率去代替 $OTHER$ 变量,则:$\ln e_t^* = d_0 + d_1\ln(TOT)_t + d_2\ln(GCG)_t + d_3\ln(TAR)_t + d_4\ln(RGDP)_t +$
$$d_5\ln(CIF)_t + d_6\ln(RES)_t + d_7\ln(DCG)_t + u_t \tag{M4}$$

下面我们引入就业人数,有:

$$\ln e_t^* = e_0 + e_1\ln(TOT)_t + e_2\ln(GCG)_t + e_3\ln(TAR)_t +$$
$$e_4\ln(RGDP)_t + e_5\ln(CIF)_t + e_6\ln(L)_t + u_t \tag{M5}$$

在考虑了就业人数之后,我们再考虑外汇储备,则:

$$\ln e_t^* = f_0 + f_1\ln(TOT)_t + f_2\ln(GCG)_t + f_3\ln(TAR)_t +$$
$$f_4\ln(RGDP)_t + f_5\ln(CIF)_t + f_6\ln(RES)_t + f_7\ln(L)_t + u_t \tag{M6}$$

同理,我们考虑国内货币供给量的增长率,则:

$$\ln e_t^* = g_0 + g_1\ln(TOT)_t + g_2\ln(GCG)_t + g_3\ln(TAR)_t +$$

$g_4\ln (RGDP)_t + g_5\ln (CIF)_t + g_6\ln (DCG)_t + g_7\ln (L)_t + u_t$ (M7)

最后,我们把两者和就业人数通盘考虑,得到:

$$\ln e_t^* = h_0 + h_1\ln (TOT)_t + h_2\ln (GCG)_t + h_3\ln (TAR)_t + h_4\ln (RGDP)_t + h_5\ln (CIF)_t + h_6\ln (RES)_t + h_7\ln (DCG)_t + h_8\ln (L)_t + u_t$$

(M8)

数据的描绘见表 1-1。我们选取的样本空间为 1993 年第 1 季度至 2008 年第 4 季度的季度数据。我们尽可能地搜集各变量的原始季度数据,对于实在无法获得的季度数据,运用计量上的方法根据年度数据计算出相应的季度数据。具体处理方法及详细解释如表 1-1 注释所示。

表 1-1　数据描绘

简称	名称	相关说明	单位	数据频率	数据区间	数据来源
RER	实际汇率	计算公式为:RER = 名义汇率 * 国外价格指数/国内价格指数	名义汇率 RMB/USD	季度	1993Q1—2008Q4	计算得出
TOT	贸易条件指数	"进出口比价指数",表示一国出口一单位商品可以获得多少单位的进口商品,其计算公式为:进出口比价指数=出口物价指数/进口物价指数		季度	1993Q1—2008Q4	计算得出
GCG	政府消费占 GDP 的比率	计算公式为:GCG = 政府消费支出/名义 GDP	%	季度	1993Q1—2008Q4	计算得出
TAR	进口税率	进口税收收入与进口总额的比率	%	季度	1993Q1—2008Q4	计算得出
RGDP	实际 GDP 增长率	计算公式:RGDP = (本期实际 GDP-上期实际 GDP)/上期实际 GDP	%	季度	1993Q1—2008Q4	计算得出
CIF	国际资本净流入	资本与金融账户的贷方余额,表示外资本的净流入状况	亿美元	季度	1993Q1—2008Q4	年度数据来自外汇管理局各年《中国国际收支平衡》汇总,季度数据计算得出

简称	名称	相关说明	单位	数据频率	数据区间	数据来源
RES	外汇储备		亿美元	季度	1993Q1—2008Q4	中国统计年鉴
DCG	货币供给增长率	计算公式为:DCG=(本期M2−上期M2)/上期M2	%	季度	1993Q1—2008Q4	国家统计局
E	名义汇率	直接标价法下人民币相对于美元的汇率	RMB/USD	季度	1993Q1—2008Q4	外汇管理局
GDP	名义国内生产总值		10亿元	季度	1993Q1—2008Q4	中国统计年鉴
Real GDP	实际国内生产总值	实际GDP=名义GDP/GDP平减指数	10亿元	季度	1993Q1—2008Q4	年度数据来自中国统计年鉴,部分季度数据计算得出
GC	政府消费支出	替代变量,政府对非贸易品的消费支出	10亿元	季度	1993Q1—2008Q4	年度数据来自中国统计年鉴,部分季度数据计算得出
PX	出口价格指数	以2005年为基期的加权平均出口价格		季度	1993Q1—2008Q4	年度数据来自EIU数据库
PM	进口价格指数	以2005年为基期的加权平均进口价格		季度	1993Q1—2008Q4	EIU数据库
TAR-IFFS	进口税收收入	进口征收的税收收入额	亿元	季度	1993Q1—2008Q4	年度数据来自外汇管理局,季度数据计算得出
IM-PORT	进口总额	进口货物与服务的总金额	亿元	季度	1993Q1—2008Q4	外汇管理局
CPIC	中国消费价格指数	以2005年为基期的消费者价格指数		季度	1993Q1—2008Q4	中国统计年鉴
CPI-US	美国批发价格指数	以2005年为基期的批发价格指数		季度	1993Q1—2008Q4	EIU数据库

简称	名称	相关说明	单位	数据频率	数据区间	数据来源
L	就业人数		百万人	季度	1993Q1—2008Q4	国家统计局

注:年度到季度数据常规处理方法:

2010Q1＝[2009+(2010−2009)/4]/4

2010Q2＝[2009+(2010−2009)∗2/4]/4

2010Q3＝[2009+(2010−2009)∗3/4]/4

2010Q4＝[2009+(2010−2009)∗4/4]/4

此外,从单位根检验结果可以看出,所有变量均无法显著拒绝有单位根的原假设,所有变量均为一阶单整序列。协整检验结果表明所有回归协整关系存在。结果属常态,可查询,不再赘述。

三、结果和结论

从表1-2可以看出,无论在引入或没有引入就业人数变量的条件下,贸易条件都不显著。这个结果符合爱德华兹的结论,因为他认为贸易条件的提升既可能改善经常账户,也可能使其亏损,这取决于收入效益的实际大小。

表1-2　回归结果

	M1	M2	M3	M4	M5	M6	M7	M8
C	3.267	3.474	3.241	2.599	11.062	11.300	8.994	8.671
TOT	0.041	0.008	0.052	0.155	0.030	0.110	0.038	0.170
GCG	−0.004	0.000	0.015	0.005	0.083	0.081	0.070	0.062
TAR	0.059*	0.047	−0.070*	−0.056	0.153***	0.144***	0.164***	0.154***
RGDP	0.260***	0.306***	0.412***	0.296***	0.130**	0.005	0.244***	0.080
CIF	−0.018	−0.051	−0.015	0.088	−0.023**	0.058	−0.020*	0.112*
RES		0.029***		−0.089*		−0.070		−0.114**
DCG			0.196***	0.230***			−0.102**	0.137***

	M1	M2	M3	M4	M5	M6	M7	M8
L					0.720***	-0.78***	0.530***	0.576***
R^2	0.275	0.278	0.480	0.505	0.539	0.556	0.576	0.616

注：*、**、***分别表示在10%、5%、1%置信水平下显著。

无论在引入或没有引入就业人数变量的条件下，政府支出也不显著，不能解释实际汇率的变化。

无论回归方程如何不同，实际GDP在大多数情况下非常显著。也就是说它是影响实际汇率的一个最重要的因素。

在没有引入劳动力变量的所有回归方程中，外资流动不显著。说明中国的实际情况不能支持古典的理论。这种理论认为外资流入可能导致对本币的需求增加，从而使得本币升值。

外汇储备作用的影响有限，不管回归方程是否含有劳动力变量。

在所有含有劳动力变量的回归结果中，进口税收都呈现显著的负相关。

而劳动力变量本身全部是显著为负。

表1-3显示出我们用不同模型算出来的均衡汇率与官方公布的汇率之间的差别。

表1-3 估算均衡汇率和官方公布汇率的对照

时间	E	M1	M2	M3	M4	DEV (M1)	DEV (M2)	DEV (M3)	DEV (M4)
1993Q1	5.719	6.377	6.363	5.941	5.911	-10.3%	-10.1%	-3.7%	-3.3%
1993Q2	5.7612	6.555	6.520	6.261	6.316	-12.1%	-11.6%	-8.0%	-8.8%
1993Q3	5.7868	6.588	6.541	6.432	6.549	-12.2%	-11.5%	-10.0%	-11.6%
1993Q4	5.8	6.729	6.683	6.599	6.716	-13.8%	-13.2%	-12.1%	-13.6%
1994Q1	8.708	7.187	7.142	7.304	7.465	21.2%	21.9%	19.2%	16.6%
1994Q2	8.6526	7.290	7.277	7.741	7.862	18.7%	18.9%	11.8%	10.1%
1994Q3	8.5301	7.589	7.604	7.633	7.595	12.4%	12.2%	11.7%	12.3%
1994Q4	8.4462	7.792	7.866	8.109	7.932	8.4%	7.4%	4.2%	6.5%
1995Q1	8.4269	8.393	8.410	8.206	8.123	0.4%	0.2%	2.7%	3.7%

续表

时间	E	M1	M2	M3	M4	DEV (M1)	DEV (M2)	DEV (M3)	DEV (M4)
1995Q2	8.3011	8.387	8.427	8.312	8.179	−1.0%	−1.5%	−0.1%	1.5%
1995Q3	8.3188	8.406	8.452	8.312	8.157	−1.0%	−1.6%	0.1%	2.0%
1995Q4	8.3174	8.451	8.503	8.470	8.314	−1.6%	−2.2%	−1.8%	0.0%
1996Q1	8.3339	8.835	8.829	8.487	8.446	−5.7%	−5.6%	−1.8%	−1.3%
1996Q2	8.3221	8.834	8.825	8.577	8.559	−5.8%	−5.7%	−3.0%	−2.8%
1996Q3	8.3017	8.763	8.743	8.508	8.523	−5.3%	−5.0%	−2.4%	−2.6%
1996Q4	8.2982	8.625	8.620	8.676	8.700	−3.8%	−3.7%	−4.4%	−4.6%
1997Q1	8.2964	8.658	8.596	8.138	8.235	−4.2%	−3.5%	1.9%	0.7%
1997Q2	8.2908	8.529	8.492	8.264	8.329	−2.8%	−2.4%	0.3%	−0.5%
1997Q3	8.2852	8.378	8.365	8.284	8.308	−1.1%	−1.0%	0.0%	−0.3%
1997Q4	8.2798	8.208	8.217	8.311	8.302	0.9%	0.8%	−0.4%	−0.3%
1998Q1	8.2791	8.550	8.551	8.829	8.877	−3.2%	−3.2%	−6.2%	−6.7%
1998Q2	8.2798	8.396	8.384	8.762	8.867	−1.4%	−1.2%	−5.5%	−6.6%
1998Q3	8.2782	8.288	8.252	8.228	8.328	−0.1%	0.3%	0.6%	−0.6%
1998Q4	8.2787	8.217	8.180	8.331	8.468	0.8%	1.2%	−0.6%	−2.2%
1999Q1	8.28	8.721	8.725	8.492	8.441	−5.1%	−5.1%	−2.5%	−1.9%
1999Q2	8.2787	8.387	8.395	8.325	8.291	−1.3%	−1.4%	−0.6%	−0.1%
1999Q3	8.2775	8.270	8.269	8.413	8.441	0.1%	0.1%	−1.6%	−1.9%
1999Q4	8.2795	8.250	8.241	8.283	8.318	0.4%	0.5%	0.0%	−0.5%
2000Q1	8.2787	8.378	8.410	8.499	8.422	−1.2%	−1.6%	−2.6%	−1.7%
2000Q2	8.2782	8.030	8.063	8.175	8.097	3.1%	2.7%	1.3%	2.2%
2000Q3	8.2798	7.860	7.886	8.044	7.992	5.3%	5.0%	2.9%	3.6%
2000Q4	8.2774	7.915	7.930	8.342	8.369	4.6%	4.4%	−0.8%	−1.1%
2001Q1	8.2777	8.301	8.361	8.627	8.495	−0.3%	−1.0%	−4.0%	−2.6%
2001Q2	8.2767	8.070	8.114	8.468	8.396	2.6%	2.0%	−2.3%	−1.4%
2001Q3	8.2768	7.894	7.931	8.246	8.187	4.9%	4.4%	0.4%	1.1%
2001Q4	8.2768	7.959	7.977	8.010	7.962	4.0%	3.8%	3.3%	4.0%
2002Q1	8.2774	8.393	8.438	8.316	8.170	−1.4%	−1.9%	−0.5%	1.3%
2002Q2	8.2771	8.095	8.115	8.110	8.053	2.2%	2.0%	2.1%	2.8%
2002Q3	8.2772	7.873	7.871	7.827	7.825	5.1%	5.2%	5.8%	5.8%

时间	E	M1	M2	M3	M4	DEV (M1)	DEV (M2)	DEV (M3)	DEV (M4)
2002Q4	8.2773	7.891	7.859	7.654	7.711	4.9%	5.3%	8.1%	7.3%
2003Q1	8.2774	8.093	8.084	7.980	7.987	2.3%	2.4%	3.7%	3.6%
2003Q2	8.2774	7.924	7.899	7.662	7.692	4.5%	4.8%	8.0%	7.6%
2003Q3	8.277	7.710	7.679	7.496	7.556	7.3%	7.8%	10.4%	9.5%
2003Q4	8.2767	7.874	7.808	7.609	7.765	5.1%	6.0%	8.8%	6.6%
2004Q1	8.277	8.128	8.120	8.068	8.085	1.8%	1.9%	2.6%	2.4%
2004Q2	8.2766	7.994	7.984	8.266	8.343	3.5%	3.7%	0.1%	−0.8%
2004Q3	8.2766	7.889	7.878	8.336	8.452	4.9%	5.1%	−0.7%	−2.1%
2004Q4	8.2765	7.827	7.825	8.138	8.199	5.7%	5.8%	1.7%	0.9%
2005Q1	8.2765	8.302	8.351	8.960	8.914	−0.3%	−0.9%	−7.6%	−7.2%
2005Q2	8.2765	8.069	8.102	8.587	8.572	2.6%	2.2%	−3.6%	−3.4%
2005Q3	8.092	7.846	7.858	8.150	8.163	3.1%	3.0%	−0.7%	−0.9%
2005Q4	8.0702	7.779	7.763	8.042	8.138	3.7%	4.0%	0.4%	−0.8%
2006Q1	8.017	8.299	8.348	8.228	8.069	−3.4%	−4.0%	−2.6%	−0.6%
2006Q2	7.9956	8.097	8.128	8.027	7.923	−1.3%	−1.6%	−0.4%	0.9%
2006Q3	7.9087	7.907	7.918	7.941	7.910	0.0%	−0.1%	−0.4%	0.0%
2006Q4	7.8087	7.995	7.977	7.851	7.880	−2.3%	−2.1%	−0.5%	−0.9%
2007Q1	7.7342	7.565	7.495	7.443	7.636	2.2%	3.2%	3.9%	1.3%
2007Q2	7.6155	7.462	7.420	7.363	7.475	2.1%	2.6%	3.4%	1.9%
2007Q3	7.5108	7.518	7.500	7.337	7.358	−0.1%	0.1%	2.4%	2.1%
2007Q4	7.3046	7.540	7.529	7.390	7.398	−3.1%	−3.0%	−1.1%	−1.3%
2008Q1	7.019	7.642	7.655	7.486	7.421	−8.2%	−8.3%	−6.2%	−5.4%
2008Q2	6.8591	7.478	7.508	7.295	7.175	−8.3%	−8.6%	−6.0%	−4.4%
2008Q3	6.8183	7.290	7.330	7.315	7.199	−6.5%	−7.0%	−6.8%	−5.3%
2008Q4	6.8346	7.497	7.499	6.940	6.843	−8.8%	−8.9%	−1.5%	−0.1%

　　表1-3的第2列表示官方公布的汇率,第3列表示用模型1估算的均衡汇率,而第7列表示它们之间的实际差别。其他依此类推。我们可以看到它们的差别时高时低。阴影部分表示估算的均衡汇率高于官方公布的汇率。这

里的重要信息就是本来的均衡汇率应该高，也就是说在这些时段当中，中国应该采取人民币汇率贬值，而不是增值。尤其引人注目的是从 2007 年年底至 2008 年年底，却是人民币升值的高峰时期。而我们四种模型的估算结果都告诉我们人民币应该贬值。

　　总结以上结果，我们得到的结论是较快的经济增长是实际汇率的决定因素，而货币供给增长对实际汇率的影响显著为负。从中国的情况来看，就业人数和实际汇率关系非常密切。我们制定汇率政策时，应该先计算人民币均衡汇率的水平，使得我们今后不要偏离方向。我们将来的研究工作要搜集更全面的数据，应该重点关注失业率的变化，以此重新考虑爱德华兹的理论构架来认识中国的实际问题。

通胀、出口及乘数效应①

王云裳　李　杰

一、引　言

　　2007 年,美国次贷危机的爆发引发了连锁反应,导致了国际金融危机,中国经济也受到严重外部冲击。次贷危机之后,中国出现明显的通货膨胀,物价水平波动十分剧烈。我们认为中国长期以来的低汇率政策是造成通货膨胀的根本原因,央行强行施行低汇率或固定汇率政策实际上等同于放弃了抵消外汇市场冲击的有力手段,外部冲击将直接作用于国内市场当期价格变化和未来价格变化,造成当期和未来的通货膨胀。具体而言,当外部冲击一定,央行会通过增加外汇储备来维持低汇率政策,外汇储备增加会伴随着基础货币投放,货币乘数的放大效应会导致总货币供应量以数倍幅度增长,货币供给过多进而产生物价上涨压力,因此形成通货膨胀。本文将建立理论模型分析这一过程及其有关影响因素。

　　众所周知,中国长期以来采取低汇率维持高出口进而促进 GDP 高速增长的经济发展模式。从 20 世纪 90 年代开始,中国国际收支经常账户和资本账户同时出现了盈余,即双顺差现象,而人民币对美元汇率在 2005 年汇率改革以前一直维持在 8.3∶1的高位。中国中央银行经常性地在外汇市场上购入外汇来维持人民币低汇率,这一购入行为使中国累积了大量外汇储备,从国际收支账户定义关系看,双顺差实现的两个账户盈余之和应该等于外汇储备的增量,丁家栋(2011)实证检验发现外汇储备增长额基本等于中国历年的经常项

---

①　本文作者感谢寸无旷与李泞旭的评论。

目余额与资本项目盈余之和,外汇储备的增加来自于国际收支双顺差的持续增长。2001 年以后,我国的外汇储备呈现加速增长的态势,2010 年年末,中国的外汇储备已经超过 OECD 成员外汇储备的总和,超过世界主要 7 大工业国(包括美国、日本、英国、德国、法国、加拿大、意大利)的外汇储备总和 1392 亿美元。而到 2011 年年末,中国外汇储备总额已达 3.27 万亿美元。

快速增加的外汇储备以外汇占款的形式增加了国内基础货币的供给,中国人民银行统计数据显示包括央行在内的金融机构外汇占款余额从 2001 年的 1.885 万亿元飞速增长到 2011 年年末的 25.3587 万亿元,国内基础货币增加通过货币乘数的放大作用造成货币供给的巨幅增长,进而导致物价上涨,出现通货膨胀。

为了减少通胀,并保证货币供应量不因为外汇储备激增而出现暴增现象或过大波动,中国人民银行多次实施货币冲销措施吸收增加的基础货币。然而,货币冲销过程并非是一个平稳变化的过程,它会随着国际收支态势的变化而发生动态调整。货币冲销政策对降低通货膨胀的有效程度也有待商榷,因此我们在模型里面对冲销率这一变量进行了讨论。

二、文献回顾

国内外已有不少学者对在外部冲击下通货膨胀和汇率制度选择、汇率变化的关系和相互影响进行了诸多研究。

方克(Funke2006)认为新凯恩斯混合菲利普斯曲线假定预期和相关的边际成本决定动态通货膨胀。他的研究结果显示,适应性预期和理性预期共存的新凯恩斯混合菲利普斯曲线(hybrid NKPC)对中国通货膨胀的动态性质具有更好的解释能力。新凯恩斯混合菲利普斯曲线能对中国货币政策的实施提供有益见解。施波(Scheibe2005)和维丝(Vines2005)运用产出缺口菲利普斯曲线研究中国通胀,他们估计了前瞻性的菲利普斯曲线以及传统保守的菲利普斯曲线。他们利用从 1988—2002 年的季度数据,估算出一条垂直长期菲利普斯曲线,并说明产出缺口、汇率和通货膨胀预期都在解释中国通胀中发挥重要作用。此外他们发现,中国经济的产出缺口中从生产函数角度估计比简单的统计趋势估计更好。

封建强、袁林(2000)在对我国数据的分析中发现:短期内央行盯住了货币供应量的增长,外汇储备变动与物价变化没有相关关系,但长期内,央行的逆向平衡操作对整体经济有负面影响,长期外汇储备增加会扩大货币投放,从而引起物价上涨。黄新飞、舒元(2007)在多变量 VAR 模型基础上,运用协整分析和 ECM 等方法,采用中国季度数据,发现中国的外汇储备是影响长期通货膨胀最重要的因素,在长期内 FDI 每 1% 的增长会导致通货膨胀上涨0.24%,货币供给量和国内投资增加都会导致通货膨胀率上升,而贸易开放程度对通货膨胀有负面影响。裴平、吴金鹏(2006)研究发现,中国外汇市场的供求关系被扭曲的原因是长期以来的涉外经济政策不对称和人民币汇率缺乏弹性,扭曲的外汇市场供求关系造成了国际收支的假性顺差,最终出现了人民币对外升值的压力和人民币对内贬值导致国内通货膨胀的压力这两个现象,称之为人民币的内外价值偏离。刘荣茂、黎开颜(2005)研究了中国两个通货膨胀时期,分别是:1981—1996 年和 2003—2004 年两个时间段。其中,第一个时间区间的数据的格兰杰因果关系显示外汇储备变动不是通货膨胀波动的主要原因,而第二个时间区间的数据的格兰杰因果关系显示我国的外汇储备变动与通货膨胀存在弱相关关系。周浩、朱启贵(2006)运用 VAR 的协整分析方法与 VECM 模型对我国外汇储备与物价指数影响进行了实证检验。结果显示,外汇储备与物价指数存在正相关关系和长期均衡关系,一般物价指数上涨对外汇储备的快速增长的直接影响程度较小,因此一般物价指数对外汇储备增量可能存在间接影响。王永茂、宋金奇(2009)采用 1996 年 1 月至2008 年 9 月的月度数据,运用向量自回归(VAR)模型检验发现,中国外汇储备冲击只能解释通货膨胀的 3.46%,而通货膨胀的 22.43% 能够由汇率解释,格兰杰因果检验表明外汇储备增长不是通货膨胀的格兰杰原因,但汇率是通货膨胀的格兰杰原因,汇率通过供给成本的变化影响了通货膨胀。

上述文献都是基于统计数据从实证的角度讨论外汇储备变化与物价变动关系,即使包含部分理论分析,也缺乏系统的理论模型分析外汇储备变化影响物价变化的根源与过程。上述文献的结论也不够清晰和深入,其实证结果过于依赖研究时间期间的选取,因此,本文力图在货币主义的理论分析框架下,建立模型分析外汇储备变化影响物价变化的根源与过程。

　　针对外汇储备增加通货膨胀的效应,中央银行会采取货币冲销政策,以吸收因外汇占款而投放的基础货币。国内外学者也已对货币冲销政策的有效性进行了研究,但货币冲销政策的效果如何,已有研究中存在着较大争议。

　　方先明、裴平等(2006)参照康堆夫(Kumhof2004)的理论模型,通过对2001年第一季度至2005年第二季度的外汇储备量、货币供应量数据进行实证检验,发现在现行货币冲销政策下中国外汇储备增加依然具有明显的通货膨胀效应,而且与许多发达国家相比,中国货币冲销的弹性偏小,货币冲销的成本和风险都比较高。卡尔沃(Calvo1998)研究了拉丁美洲的资本流入的影响,他们研究发现拉美国家经常性的货币冲销干预只会导致国内利率的提高,国内外利差难以消除,因此这些国家的外汇储备会继续快速增加,快速增加的外汇储备带来的仅仅是货币当局无休止和恶性循环的货币冲销,其抑制通货膨胀的效果并不好。李培育、余明(2004)研究表明台湾外汇储备由于贸易顺差的存在而大幅增加,央行为避免过大通货膨胀采取了货币冲销政策,实证发现货币冲销政策对防范通货膨胀具有积极作用,同时对经济有负面影响。

三、理论模型

　　在货币主义框架之下,并且参照和拓展了李杰(2011),我们建立了如下模型:

$$m_t^d = p_t + b_1 y_t - b_2 i_t \tag{1}$$

$$\Delta m_t^s \approx \Delta d_t + (1 - \kappa) \cdot \Delta r_t \tag{2}$$

$$a_1 \Delta r_t - a_2 \Delta e_t = v_t \tag{3}$$

$$i_t - i_t^* = \lambda \cdot [E_t(e_{t+1}) - e_t] \tag{4}$$

$$m_t^d = m_t^s \tag{5}$$

　　其中,m_t^d是第t期取自然对数后的货币需求量,p_t是取自然对数后的价格水平,y_t是取自然对数后的产出,i_t为名义利率,b_1为货币需求的收入弹性,b_2为货币需求的利率弹性。所以,等式(1)为货币需求函数。

　　在等式(2)中,m_t^s是第t期取自然对数后的货币供给。

定义，$\Delta d_t \equiv (h_t D_t - h_{t-1} D_{t-1}) / M_{t-1}$，$\Delta r_t \equiv (h_t R_t - h_{t-1} R_{t-1}) / M_{t-1}$。其中，$R_t$ 为 t 期央行的外汇储备存量，D_t 为 t 期央行的国内信用，h_t 为货币乘数，M_{t-1} 为上一期货币供给（需求）总量。① 假设政府能够冲销部分因为积累外汇储备而增发的货币，定义 κ 为冲销比例。所以，等式（2）为货币供给函数。

在等式（3）中，v_t 为干扰项，期望为 0。如果，$v_t > 0$，则存在升值压力；如果不进行干预，即让 $\Delta r_t = 0$，则 $\Delta e_t = -v_t / a_2$，本币升值；如果进行完全干预，即让 $\Delta e_t = 0$，则 $\Delta r_t = v_t / a_1$，货币供给量由于储备积累被迫增加。

在等式（4）中，i_t^* 为国际名义利率，λ 为资本账户管制系数。等式（4）为利率平价等式。等式（5）为货币市场均衡条件。

在等式（1）到等式（5）描述的经济当中，$\{y_t, \Delta d_t, i_t^*\}$ 是外生变量。v_t 是外汇市场上的扰动项，正是因为它的存在，央行才需要在"变化储备存量"（相应改变货币供给量）和"变动汇率"之间作出选择。

假设央行的损失函数为：

$$L \equiv E_0 \sum_{t=0}^{\infty} \theta^t \left\{ \frac{1}{2} (\Delta p_t)^2 + \frac{\mu}{2} \cdot (\Delta e_t)^2 \right\}$$

所以央行的最优化问题为：

$$\min E_0 \sum_{t=0}^{\infty} \theta^t \left\{ \frac{1}{2} (\Delta p_t)^2 + \frac{\mu}{2} \cdot (\Delta e_t)^2 \right\}$$

s.t.（1）-（5）

把等式（4）代入等式（1）可以得到：

$$m_t^d = p_t + b_1 y_t - b_2 \{ \lambda \cdot [E_t(e_{t+1}) - e_t] + i_t^* \}$$

两边同时取差分得：

$$\Delta m_t^d = \Delta p_t + b_1 \Delta y_t - b_2 \{ \lambda \cdot [E_t(\Delta e_{t+1}) - \Delta e_t] + \Delta i_t^* \} \tag{6}$$

结合等式（2）、等式（5）和等式（6），可以得到：

$$\Delta d_t + (1 - \kappa) \cdot \Delta r_t = \Delta p_t + b_1 \Delta y_t - b_2 \{ \lambda \cdot [E_t(\Delta e_{t+1}) - \Delta e_t] + \Delta i_t^* \} \tag{7}$$

结合等式（3）和等式（7）可以得到：

---

① $\Delta m_t^s = \ln(1 + \Delta d_t + \Delta r_t) \approx \Delta d_t + \Delta r_t$，如果 $\Delta d_t + \Delta r_t$ 很小。

$$\Delta p_t - b_2\lambda \cdot E_t(\Delta e_{t+1}) - \gamma\Delta e_t + \omega_t = \xi v_t \tag{8}$$

其中，$\gamma \equiv (1-\kappa)\dfrac{a_2}{a_1} - b_2\lambda$，$\xi \equiv \dfrac{1-\kappa}{a_1}$，

$\omega_t \equiv b_1\Delta y_t - \Delta d_t - b_2\Delta i_t^*$。$\omega_t$ 包括了所有的外生变量。

所以，央行的最优化问题可以写为：

$$\min E_0 \sum_{t=0}^{\infty} \theta^t \left\{\frac{1}{2}(\Delta p_t)^2 + \frac{\mu}{2}\cdot(\Delta e_t)^2\right\} \tag{8}$$

这里，央行选择通货膨胀和汇率变化以最小化其损失函数。首先，我们假设央行实行相机抉择的汇率控制政策(discretion)，那么 $E_t(\Delta e_{t+1})$ 为外生变量，央行无法控制。

那么，央行优化问题的一阶条件为：

$$\Delta p_t + \frac{\mu}{\gamma}\Delta e_t = 0 \tag{9}$$

这一最优化条件暗示着一个很简单的道理，中央银行追求一种"逆风而行"的政策：当通货膨胀高于目标水平时，通过提高汇率来收缩需求，使其低于自然产出水平；当通货膨胀低于目标水平时，通过降低汇率来使需求膨胀，使其高于自然产出水平。当通货膨胀高于目标水平时，中央银行需要收缩需求的程度，与 μ（表示 e_t 对于 p_t 的敏感程度，即减少一单位的 p_t 所减少的 e_t）成正比，与 γ（表示中央银行对产出的偏好，即中央银行的目标函数中，产出的福利损失所占比重）成反比。

结合等式(9)以及等式(8)可以得到：

$$\Delta e_t^* = -\frac{\xi v_t - w_t + b_2\lambda E_t(\Delta e_{t+1})}{\dfrac{u}{r} + r}$$

$$\Delta p_t^* = \frac{\xi v_t - w_t + b_2\lambda E_t(\Delta e_{t+1})}{1 + \dfrac{r^2}{u}}$$

然后，我们假设央行实行单一的汇率控制政策(commitment)并且预期为理性预期，那么，

$$E_t(\Delta e_{t+1}) = \Delta e_{t+1}$$

那么，央行最优化的一阶条件为：

$$\theta\gamma E_t \Delta p_{t+1}^* + b_2\lambda \Delta p_t^* + \theta\mu\Delta e_{t+1}^* = 0 \tag{10}$$

结合等式(8)和等式(10),央行的最优政策由以下等式决定:

$$\theta\gamma E_t \Delta p_{t+1}^* + b_2\lambda \Delta p_t^* + \theta\mu\Delta e_{t+1}^* = 0 \tag{10}$$

$$\Delta p_t^* - b_2\lambda \cdot \Delta e_{t+1}^* - \gamma\Delta e_t^* + \omega_t = \xi v_t \tag{11}$$

将等式(10)和等式(11)联立,得到:

$$(\theta\mu + b_2^{\,2}\lambda^2)\Delta p_t^* + \theta\mu b_2\lambda\theta\gamma E_t \Delta p_{t+1}^* - \gamma\theta\mu\Delta e_t^* + \theta\mu\omega_t = \theta\mu\xi v_t \tag{12}$$

四、模型分析及结论

根据上述模型,我们分析可知央行的最优政策由 Δp_t^*、Δp_{t+1}^* 和 Δe_t^* 这三个因素决定。由于外部冲击 v_t 外生,央行只能在给定的外部冲击 v_t 下调整 Δp_t^*、Δp_{t+1}^* 和 Δe_t^* 这三个变量,即央行不能同时控制 Δp_t^*、Δp_{t+1}^* 和 Δe_t^* 三个变量的变化。因此,一国央行不能同时实现既控制本期和未来的价格变动(通货膨胀),又控制均衡状态下的汇率变动值的目标。

当央行采取固定汇率制度时,$\Delta e_t^* \to 0$,对外汇市场进行完全干预,则 $\Delta r_t = v_t/a_2$,货币供给量由于储备积累被迫增加。此时,$(\theta\mu + b_2^{\,2}\lambda^2)\Delta p_t^* + \theta\mu b_2\lambda\theta\gamma E_t \Delta p_{t+1}^* + \theta\mu\omega_t = \theta\mu\xi v_t$;外汇市场的冲击造成的影响完全由本期和下一期的价格水平分担。因此,外汇市场的正向冲击(如对本币需求增加)必然会造成本期和下一期的价格水平激增。此时央行放弃了对汇率调整的权利,只能通过调整资本账户管制程度、货币冲销率、货币供应量等因素来调整由于外汇市场外部冲击造成的当期和未来的价格水平的变化。央行施行低汇率或固定汇率政策实际上等同于放弃了抵消外汇市场冲击的有力手段。

当央行采取浮动汇率制度时,对外汇市场不进行干预,即不增加外汇储备 $\Delta r_t = 0$,则 $\Delta e_t = -v_t/a_2$。此时,$(\theta\mu + b_2^{\,2}\lambda^2)\Delta p_t^* + \theta\mu b_2\lambda\theta\gamma E_t \Delta p_{t+1}^* + \theta\mu\omega_t = (\theta\mu\xi - \dfrac{\gamma\theta\mu}{a_2})v_t$;外汇市场的冲击造成的影响会因为汇率的变化而从 $\theta\mu\xi v_t$ 削减到 $(\theta\mu\xi - \dfrac{\gamma\theta\mu}{a_2})v_t$,因此,浮动的汇率制度能有效地减少外汇市场冲击造成的对价格水平变化的影响。浮动汇率制度下,外汇市场的正向冲击造

成的价格水平的变化(或者是通货膨胀)会因为汇率上升而减小。

资本账户管制系数越大,则 Δp_t^* 和 Δp_{t+1}^* 的系数越大,在给定的汇率变化和外汇市场冲击下, Δp_t^* 和 Δp_{t+1}^* 的值越小。换言之,资本账户管制程度能有效地减少外汇市场冲击造成的国内价格水平变化。

此外,为考察 Δr_t 对 Δp_t^* 、 Δp_{t+1}^* 因素的影响,我们将等式(3)带入等式(12),并根据 $\gamma \equiv (1 - \kappa)\dfrac{a_2}{a_1} - b_2\lambda$, $\xi \equiv \dfrac{1 - \kappa}{a_1}$,化简可得:

$$(\theta\mu + b_2^{\ 2}\lambda^2)\Delta p_t^* + \theta\mu b_2\lambda\theta\gamma\, E_t\Delta p_{t+1}^* + \theta\mu\,\omega_t = \frac{b_2\lambda}{a_2}\theta\mu\,v_t + \frac{\gamma\theta\mu}{a_2}a_1\Delta r_t$$

$$(13)$$

κ 是冲销率,当其取合适的值时 $\gamma = 0$,此时 $(\theta\mu + b_2^{\ 2}\lambda^2)\Delta p_t^* + \theta\mu\,\omega_t = \dfrac{b_2\lambda}{a_2}\theta\mu\,v_t$ (此过程中对 Δe_t^* 无限制),外汇市场冲击仅会造成本期的价格水平变化,与未来价格水平变化无关。因此,无论在何种汇率制度下,央行都可以通过选取合适的冲销率使得外汇市场冲击只对本期的价格水平变化造成影响,而不对下一期的价格水平变化造成影响。

从 20 世纪 90 年代开始,中国国际收支经常账户和资本账户同时出现了盈余(双顺差),为维持人民币低汇率,中央银行经常性地在外汇市场上购入外汇形成了高额的外汇储备。由方程(13)可以说明外汇储备的增加只会使通货膨胀愈演愈烈。究其深层原因,我们认为可能是外汇储备的积累以外汇占款的形式增加了国内基础货币的供给,而国内基础货币增加会因为有货币乘数的放大作用进而造成货币供给的巨幅增长,进而导致物价上涨,产生通货膨胀。

通货膨胀过高会导致全国成本上升,降低货币实际购买力,因此消费降低,人们生活水平下降,经济增长速度会下降,就业率也会下降。通货膨胀对实际购买力的影响的模型分析和实证检验可以在未来进一步深入研究。

此模型与实际经验也是吻合的,例如次贷危机之后,中国外汇储备出现爆发性的增长,中国出现严重的实际通货膨胀。央行强行施行低汇率或固定汇率政策实际上等同于放弃了抵消外汇市场冲击的有力手段,外部冲击将直接作用于国内市场当期价格变化和未来价格变化,造成当期和未来的通货膨胀。

在双顺差的实际情况下,中央银行经常性地在外汇市场上购入外汇形成了高额的外汇储备,而人为地扭曲汇率,进而由于货币乘数的放大作用造成严重的通货膨胀是非常不明智的,对国家发展有长期危害。因此中国还是应当通过逐步放开汇率,获得抵消外汇市场冲击的有力手段,减少外汇储备增值,最终实现降低通货膨胀幅度的目标。

中国人为扭曲汇率,保持低汇率政策虽然在表面上能使出口品获得价格优势,而实际上由于扭曲汇率造成的高通货膨胀使得出口品的成本急速上升,削减了出口制造商的利润,也使价格优势不复存在。这与实际经验也是吻合的,金融危机之后中国高通货膨胀使得出口品的成本急速上升,削减了出口制造商的利润,因此中国沿海许多制造业企业纷纷倒闭。通货膨胀对出口制造业、出口制造商的影响的模型分析和实证研究也可以在未来进一步展开。

五、政策建议

纵观多年的货币政策实践,中国的货币政策主要存在着以下问题:一是我国采取的相机抉择的货币政策导致了货币政策的时间不一致性。二是我国的货币政策没有规定一个明确的通货膨胀目标。三是中央银行缺乏足够的独立性。四是中央银行对货币政策工具运用的时机、力度以及对货币政策时滞的把握存在欠缺,当经济出现通货膨胀迹象时,未能及时有效地采取适当措施加以控制,等到经济出现严重的通货膨胀时,再实施控制为时已晚。五是我国的货币政策缺乏公开性和透明度。

在固定汇率制下,中央银行为了确保汇率目标的实现,必然要通过基础货币的扩张或收缩进行外汇干预,从而影响货币供应量的变化,进而对价格稳定产生不利影响。所以在固定汇率制下,中央银行根本就不会有独立的货币政策,更加不可能通过最优货币政策的执行来实现控制通货膨胀的目标。我国现行的货币政策以及货币供应量目标对于保持价格稳定来说效果并不好。许多研究都发现了 M1 和 M2 同我国的国民收入之间相关性正逐渐丧失,如果不及时进行改革,通货膨胀问题将日趋严重,中国的经济发展必将受到严重阻碍。

　　我们认为通货膨胀目标制是一种较为理想的货币政策制度安排,根据货币中性理论,货币政策的目标指向增加产出、提高就业是没有意义的,保持较低的、稳定的通货膨胀才是合理的,有利于促进经济的中长期良好发展。因此,采用以保持低而稳定的通货膨胀为目标的货币政策制度或政策框架对我国经济进一步发展有积极意义。综合运用各种政策手段使通货膨胀率稳定在预先设定的区间内。如果通货膨胀预测结果高于目标或目标区上限,则采取抑制性货币供给调整;如果通货膨胀预测结果低于目标或目标区下限,则采取松动性货币供给调整。

　　许多发达国家,如英国、加拿大、瑞典、芬兰、澳大利亚、西班牙、瑞士、冰岛、挪威等国家,甚至一些新兴市场经济体或转型国家,如智利、以色列、秘鲁、韩国、波兰、墨西哥、巴西、泰国、捷克等都相继将通货膨胀目标制作为货币政策的制度框架,并且取得了成功。中国可结合本国国情和具体实践向其借鉴。

中国外汇收支风险预警系统指标研究

李广众 刘 华 张 珂

一、引 言

以货币危机为代表的金融危机通常是指由一国货币遭受冲击,引发的本币的急剧贬值或国际储备的大幅减少。然而,对于货币危机的定义,研究人员并未形成统一意见。有些人认为,一国货币的币值急剧下降是货币危机的唯一标志;另有一些人则认为货币危机应包含更广泛的含义,除了货币的贬值外,为抵制货币冲击以稳定汇率而导致一国国内利率的大幅上扬或国际储备的巨大损失都可视为危机发生的标志。

20世纪90年代以来,以货币危机为代表的金融危机多次爆发,其中有代表性的包括1994年墨西哥货币危机和1997年爆发的亚洲金融危机。所幸的是,中国在历次金融危机中都沉稳应对,并未从中遭遇货币剧烈贬值和外汇储备急剧下降的情况,这主要依赖于我国宏观经济平稳、持续和健康的发展,同时也是我国实行严格的资本账户管制的结果。加入WTO后,我国国内金融市场逐渐对外放开,资本项目逐步转向可自由兑换,从而导致金融供给面冲击的频率不断加大,系统金融风险不断集聚,国内隐性金融风险逐步显现化。

如何防范和化解潜在的国际金融风险成为当前和今后相当长的一段时间内面临的重要课题。近年来,我国金融管理部门对涉及国际收支与外汇储备方面的国际金融风险非常重视,东亚和拉美诸国爆发的金融危机更是促进了对国际收支风险防范和化解的研究。其中,建立有效的金融危机预警机制是研究的热点和实际工作的重点,也是防范和化解金融风险的重要任务,对于宏观经济平稳、健康的运行有着非常重要的现实意义。

二、理论综述

金融危机问题一直受到国内外学者的广泛关注,在不同的历史时期,其关注的范围和对象也有所不同。20世纪90年代以前,经济学者对金融危机的研究主要集中在危机产生的根源、传导的途径和机制等问题上,但随着经济全球化进程的加快,资本跨境流动日趋频繁,数量和规模也日渐增大,尤其是20世纪90年代频繁爆发的金融危机给研究者提出新的挑战,如何有效地防范和化解金融危机成为当前研究的热点和重点,金融危机的预警机制的设计和实施也就成为理论界和实证研究者的工作重点。

为构建金融危机的预警机制,首先要根据宏观经济理论和相关经验分析选取适当的预警指标体系,进而建立相应的金融危机预警模型。针对此问题,部分学者从理论的角度分析预警指标体系的选取,例如克鲁格曼(Krugman1979)指出,在固定汇率下,国内信贷膨胀超过实际货币需求的增长将导致渐进而持久的国际储备流失,最终诱发对货币的投机性进攻,迫使管理当局放弃固定汇率,使货币大幅度贬值。因此,在金融危机爆发之前,将经历一个渐进而持续的国际储备下降和国内信贷相对于货币需求的高增长率。若这种过度的货币需求增加可能来源于对公共部门的融资,那么财政失衡和对公共部门的信贷可作为危机的先行指标。

在此之后,许多研究者对其模型进行了拓展。这些拓展的模型考虑了财政和信贷政策的膨胀导致对贸易品和非贸易品的更多需求(分别引起了贸易平衡恶化和非贸易品的价格升高致使的货币升值);考虑了对将来金融危机的预期在价格粘性条件下引起的名义工资的增加和出口竞争力的削弱;考虑了信贷政策的不确定性及管理当局为捍卫固定汇率而愿意损失的国际储备水平的不确定性。对这些拓展模型的研究得到了以下结果:实际汇率、贸易和经常项目平衡、实际工资率和国内利息率可作为金融危机的先行指标。

一些新的理论认为,管理当局是为了避免其他经济指标的恶化而放弃固定汇率。例如,为维持固定汇率而采取国内高利率政策将导致政府公债的融资成本大大增加。卡明斯基(Kaminsky)、利佐多(Lizondo)与雷茵哈特(Reinhart)对货币危机预警做了许多深入的研究工作。他们把货币危机定义为对货币的投机性进攻将导致货币的大幅度贬值或国际储备的大幅度下降或二者兼而有之的状态,用外汇市场压力指数(Index of Exchange Market Pressure)来对货币危机进行事后确认。这个指数是汇率月百分比变化和国际储备总额(用美元测度)的月百分比变化的加权平均,权数通过指数的两个组成部分有相同的条件方差来确定。因为该指数随着货币的贬值和国际储备的损失而增加,故该指数的大幅增加反映了对本币的强大卖出压力,当该指数值高于平均值的3个标准差时,就认为处于货币危机时期。

部分学者从经验的角度来考虑预警指标体系的选取,得出与理论分析基本相一致的结论。卡明斯基(Kaminsky)、利佐多(Lizondo)与雷茵哈特(Reinhart)利用发展中国家和工业化国家在20世纪50年代早期到90年代中期数据从中选25年的实际数据来分析,检查了已有的关于货币危机预警的文献,企图在潜在的预警金融危机的先行指标中,找出预警效果最好者。但在给定所用变量的最大差异、测度变量的方法、数据的周期和估计技术时,他们的比较没有提供一个明确的答案。但他们发现:首先,一个有效的预警系统应包含广泛的指标。因为金融危机通常以多个经济问题和某些政治问题为先导。其次,作为金融危机的先行指标,获得充分统计支持的变量为国际储备的下降、货币升值、信贷增长和国内通货膨胀。最后,他们还采用"信号法",即将金融危机的先行时期中的选择变量与控制组(所考察国家或地区的没有货币危机的时期)中的行为比较,以识别那些其区别性行为可用来估计金融危机可能性的变量,发现对货币危机预警有良好记录的变量有:产出、出口、实际汇率对长期趋势的偏离、权益价格、广义货币对国际储备总额的比率等。

刘遵义(1995)使用历史的实证比较的数量分析方法,使用综合的模糊评价方法,以墨西哥为参照国家,分析东亚地区发生金融危机的可能性。他选用了衡量一个国家或地区的经济和金融在世界经济和国际金融环境中的状况与地位的10项经济指标:实际汇率、实际GDP增长率、相对通货膨胀率、国际国内利率差、国内外利率差异、实际利率、国内储蓄率、国际贸易平衡、国际收支经常项目(顺差或逆差)及外国组合投资与外商直接投资比例。他比较了墨西哥、中国大陆、中国香港、印度尼西亚、韩国、马来西亚、菲律宾、新加坡、中国台湾和泰国等 10 个国家和地区,最后得出结论:菲律宾、泰国、韩国、印度尼西亚和马来西亚是东亚地区要发生金融危机的国家,而中国大陆、中国台湾、中国香港和新加坡是不大可能发生墨西哥式金融危机的国家和地区。

近年来,国内学者对金融危机的预警机制也展开了深入的研究,但大多数研究是建立在经验分析的基础上,他们通过对不同指标体系的选取以及对不同模型的估计,比较不同模型对金融危机的预警效果,选择适用于预警中国金融危机的指标体系和模型。唐旭(2002)从预警方法、指标、模型、制度安排与管理信息系统几个方面提出了建立中国金融危机预警;董小君(2004)从金融机构内在稳定性、宏观经济环境稳定性以及市场风险三个方面构建了我国的金融风险预警指标体系。但这些研究大都停留在理论层面,即仅仅提出预警模型,而很少运用其构建的金融预警体系进行实证分析。钟伟(2007)运用KLR 信号法对我国 1992 年以来的货币市场进行了风险预警实证分析。结果表明,KLR 信号法的拟合度较好,其预测的结果与我国的实际情况基本一致。同时用该方法预测未来 1—2 年内,我国货币市场发生危机的概率为 0。同时,进一步通过 Probit 模型与 KLR 信号法进行对比,结果表明 Probit 模型的预测能力较差,KLR 信号法更适合作为我国货币危机的预警方法。

三、预警指标体系的设计

外汇危机是以外汇储备急剧下降、本币大幅贬值为主要特征的金融危机,通常是在国内宏观经济条件恶化的情况下遭受外部冲击所导致的,表现为国内金融机构经营质量差,贷款增长急剧扩大,短期债务偿还压力过大,外汇流动性吃紧。刘志强(1999)将预警指标体系分为反映国内金融机构经营质量和对外债务结构两类,其并没有考虑到国内宏观经济条件对危机的基础性影响。张元萍、孙刚(2003)将国内宏观经济情况纳入了该指标体系,并对其理论基础做了相应的分析。基于外汇危机发生的基本特点,在考虑国内和国外环境的基础上,同时在相关文献和理论的基础上,本文选择了国内宏观经济环境、国内金融机构经营、信贷情况以及对外债务结构三个方面作为指标体系构建的基本框架。

1. 反映宏观经济环境的指标

(1)GDP 增长率:该指标从总体的角度反映了一国或地区的经济发展水平,较高的经济增长率表明该地区经济体充满活力,企业抗风险的能力强,金融机构经营稳健,资产质量好。同时,较快的经济增长能有效地消化外部冲击,维持经济体正常运作,通常经济增长乏力被视为金融危机产生的一个前提条件。

(2)通货膨胀率:该指标从产品市场价格的角度反映宏观经济运行。一般而言,较高的通货膨胀率来源于旺盛的总需要,在经济增长自我调整的机制的作用下,高通胀预示着低增长即将来临,而这往往是危机来临的前兆。同样,过低的通货膨胀率意味着有效需求不足,往往也容易让经济体陷入经济增长停滞的泥塘。

2. 反映国内金融机构经营质量、信贷增长的指标

(1)国内信贷增长率:如果国内信贷的投放量超过实体经济的货币需求时,通货膨胀就会随之而来,信贷的增长率越高,导致通货膨胀的风险就越大。同时,由于违约风险不断集中和累积,国内的金融体系的脆弱性表现得更加突出,从而进一步弱化其防范风险的能力。

(2)银行资本充足率:商业银行作为间接融资市场的主体,其经营的稳健性直接反映到宏观经济的稳定程度和应对外汇冲击的能力。而衡量经营稳健性的核心指标为资本充足率。一般而言,经济体中大部分银行资本充足率水平高,表明其经营的外部环境良好,企业的利润率正常,有能力按时按量地偿还银行贷款,银行出现坏账和呆账的几率就很低。从银行的资本充足率水平不仅可以看出经济体抵御外部冲击的能力大小,而且能够监测整个宏观经济运行的环境。

3. 反映利用外资情况、外债投向、偿还能力和外汇汇率等方面的指标

(1)短期外债与外汇储备的比值:该指标表示的是一国和地区外汇储备用于支持偿还到期外部债务的能力,因此被认为是预测外汇危机发生的重要指标之一。该指标的高企表明相对外汇储备量而言,短期外债比重过高,到期外债偿还压力较大,因为支付困难而导致的外汇危机发生概率增加;如果该指标值在低位运行,则表明该国家或地区到期债务偿还能力强,外汇储备充足,消化和应对外部冲击的能力较强,因此在这种情况下不容易发生外汇危机。

（2）短期外债与外债总额的比值：该指标反映的是一国和地区对外债务的期限结构。短期债务相对长期债务而言有较高的外汇储备流动性要求，因此在对外债务结构中，短期债务的比重较高将要求相应水平的外汇储备，在同等条件下，该指标值越高，发生因支付困难而导致的外汇危机的可能性越大；该指标值越低，该地区发生外汇危机的可能性越低。

（3）实际汇率高估及波动程度：实际汇率是在名义汇率的基础上经过价格调整后的产品相对价格，是衡量一国货币币值是否高估的重要指标。当实际汇率下降幅度较大时，本币就会出现被严重高估的情况，出口因此被削弱，进口被进一步加强，外汇储备不断被消耗。如果名义汇率对实际汇率偏离程度较大，那么消除这种偏离需要的时间就越长，对外汇储备的消耗程度也就越大，导致该地区应对外汇冲击的能力下降。因为实际有效汇率的大幅下降通常是外汇危机发生的前兆。

四、实证模型

从现有有关金融危机预警模型的文献来看，所采用的模型大致可以分为两类：一是理论模型，主要基于第一代、第二代、第三代以及第四代货币危机理论；二是用于预测危机发生的实证模型。理论模型研究主要集中在描述历史典型事件以解释特定的危机，而实证模型不仅仅停留在解释货币危机的原因，而是选用许多指标构建一个指标体系用来预测货币危机。目前，运用较广的实证模型有：卡明斯基（Kaminsky）、利佐多（Lizondo）和雷茵哈特（Reinhart，1998）（简称 KLR）创建的"信号分析法"，费兰克（Frankel）和罗斯（Rose，1996）（简称 FR）建立的 Probit 模型以及萨克斯（Sachs）、托奈儿（Tornell）和瓦拉斯（Velas，1996）（简称 STV）建立的横截面回归模型。就模型设定形式而言，KLR 模型是非参数分析法，而其他两种是基于多元回归模型的参数法。由于拥有完善的理论分析框架以及对危机优良的预测力，KLR 模型已经成为当今实证分析中最受重视、应用最广泛的金融危机预警模型之一。

1.FR 概率模型

金融危机的爆发是在部分宏观经济及金融状况指标恶化到一定程度下的

结果,与我们平时观察到的金融现象(例如资产价格)连续分布有所不同,它随着时间的变化呈现离散分布,而且其发生次数是有限的。基于以上假设,结合二元逻辑回归模型,弗兰克和罗斯(1996)提出了 FR 概率模型(Probit model),该模型将货币危机看成是一个二元离散的被解释变量,将诱发危机产生的一系列因素作为解释变量,具体的表达形式如下:

$$Y = X\beta + \varepsilon$$

其中,Y=1,表示货币危机发生;Y=0,表示货币危机未发生;

P(Y=1)=F(X,β),表示货币危机发生的概率;

P(Y=0)=1-F(X,β),表示货币危机未发生的概率。

这里 F(X,β)是标准正态累积分布函数。

在建立上述实证模型的基础上,Frankel 和 Rose(1996)利用了 100 多个发展中国家 1971—1992 年的年度数据作为样本,采用 MLE(极大似然估计)对模型的参数进行有效估计,然后再根据估计参数以及诱发危机的因素值计算出发生危机的联合概率。结果显示,在国际储备降低,国内信贷相对需求而言过快增长,名义利率过高以及实际汇率高估容易导致金融危机的产生,而政府预算赤字以及经常项目差额并不会对危机的产生构成推动力,这与克鲁格曼(1979)的理论分析并不完全一致。

2.STV 横截面回归模型

STV 横截面回归模型也是一类应用较多,有着较大影响力的危机预警模型,它的设定出发点与 FR 概率模型、KLR 模型有着较大的不同,相比较 KLR 模型而言,该模型指标选取简便,数据容易获取,模型的解释力度较强。萨克斯、托奈儿和瓦拉斯(1996)首先确定了对危机形成有重要作用的变量,然后以月度数据作为样本数据,在此基础上,通过多元线性回归模拟,计算出横截面回归模型。在该模型中,以外汇储备的变动率(CB)作为被解释变量,也就是外汇风险指数,同时以汇率的贬值程度(HL)、信贷的增长率(XD)作为解释变量,同时为区分不同变量斜率效应,模型还包含两个虚拟变量 D1 和 D2。关于虚拟变量的取值,首先根据三个实际变量(汇率的贬值程度、信贷的增长率、外汇储备/M2)所有计算值划分区间,划分的依据是三个实际变量的累积分布频率。当汇率贬值幅度处于低四分位或信贷增长率处于高四分位时,D1取值为1,其他情况取值为0;当外汇储备/M2 的取值处于低四分位时,D2 取

值为 1,其余情况取 0。按照上述理论假设,模型的具体设定如下:

$$CB = \beta_0 + \beta_1 HL + \beta_1 XD + \beta_1 HL * D1 + \beta_1 HL * D2 + \beta_1 XD * D1 + \beta_1 XD * D2 + \varepsilon$$

3.KLR 信号模型

KLR 模型与上述两类模型的区别在于其是非参数模型,其建模的基础并非运用多元线性回归的方法,而是基于与一定的基础组进行对比,进而得出模型结论的。该模型是卡明斯基、利佐多和雷菌哈特(1998)创立并经卡明斯基(1998)予以完善的。信号分析法的预测步骤一般分为两步:首先,通过研究货币危机发生的原因来确定哪些变量可以用于货币危机的预测;其次,运用历史上的数据进行统计分析,确定与货币危机有显著联系的变量,以此作为货币危机发生的先行指标,并计算出该指标对危机进行预测的阈值(threshold)。一旦一国或地区经济中相应指标变动超过阈值,则将之视为货币危机即将在 24 个月内发生的信号。

对每一个先行指标来说,"阈值"把指标的样本划分成两个区域:一个是正常的区域,另一个是不正常的区域,不正常的区域里发生危机的概率很大。如果观察到指标值落在不正常的区域里面,表示这个指标发出了一个预警信号。如果在接下来的 24 个月内发生了危机,就说明这个预警信号是真实的(记为 A),如果没有发生危机,就说明这个信号是错误的(记为 B),这一般称之为第二类错误。与此相类似,如果指标确落在了正常的区域,表示该指标没有发出危机信号,如果在接下来的 24 个月内发生了危机,则说明指标遗漏了危机信号(记为 C),如果确实没有发生危机,就说明该指标正确地预测到了危机(记为 D),前者一般称之为第一类错误,表 1-4 给出了示意图。

表 1-4 预警信号的预测能力

	接下来 24 个月内发生危机	接下来 24 个月内没有发生危机
发出预警信号	A(真实信号)	B(错误信号)
没有发出信号	C(遗漏了危机信号)	D(正确的预测)

在第一类错误和第二类错误之间存在着一个替换关系,加宽不正常的区域将增加错误信号的次数,但可以减少遗漏危机的次数。另一方面,缩小不正

常的区域将增加遗漏危机的次数但可以减少错误信号的次数。卡明斯基、利佐多和雷茵哈特(1998)提出了一整套估计不正常区域阈值的方法,即"最小化所谓噪音信号比"(Noise-to-Signal Ratio,NSR),NSR 被定义为在没有发生危机时指标发出信号的概率与发生危机时指标发出信号的概率之比。即:

$$NSR = [B/(B+D)]/[A/(A+C)]$$

上式中的 A,B,C,D 的定义同表 1-4。在实证分析中,最小的 NSR 值以及与之相联系的每个指标的阈值用所谓的"格子搜寻"(Grid Search)的方法来估计。这种方法首先假定不同的阈值,计算出对应的 NSR 值,最后求出最小的 NSR 值。格子搜寻方法通常限制在指标频率分布的第十个到第二十个百分位数之间:如果指标与危机的发生呈正相关,则出现在较高的尾部;如果指标与危机的发生呈负相关,则出现在较低的尾部。有了阈值之后,先行指标的实际观察值可以转化为 1 或 0,如果实际值高于阈值,则为 1,即表示发生危机;如果实际值低于阈值,则为 0,即表示没有发生危机。根据历史危机事件,信号可以分成真实信号和错误信号,见表 1-4。把所有国家的样本放在一起,可以计算出最小的 NSR 值,用来测度先行指标的预测能力。NSR 值越低,说明指标的预测能力越强。此外,可以用条件概率来测度指标的预测能力,条件概率被定义为:

$$P(C \mid S) = A/(A+B)$$

$P(C \mid S)$ 是在先行指标发出信号后的 24 小时内危机发生的条件概率,条件概率越高,预测能力越强。

为了能够对发出危机信号的指标综合考虑,他们在单个指标的基础上提出了预测危机的合成指标。假设共有 n 个预警指标(n=1,2,3…),第 i 个指标在第 t 期发出信号与否用 S_{it} 表示,则以噪音比率的倒数作为权重合成加权合成指标 I_t,可用公式表示为:

$$I_t = \sum_{i}^{n} (1 - NSR) S_t^i i$$

其中,I_t 表示综合指数,S_t 表示单个指标的得分,即 1 或者 0。n 是指标的个数。

综合指数虽然包含了很多信息,但从其本身并没有给出危机发生的概率。因此有必要计算出在未来某个时间内每一个综合指数值发生危机的概率,爱迪生(Edison2000)提出了计算公式：

$$P(C_{t,t+h} \mid I_i < I_t < I_j) = \frac{\text{在未来 } h \text{ 个月发生危机并且在区间的 } I_i < I_t < I_j \text{ 月份数}}{\text{在区间的 } I_i < I_t < I_j \text{ 月份数}}$$

上式中，P 指的是概率，$C_{t,t+h}$ 表示在区间[t,t+h]内发生了危机，h 是预测区间，在这里是 24 个月。I 是综合指数值，i、j 分别表示综合指数区间的上下界。$P(C_{t,t+h} \mid I_i < I_t < I_j)$ 表示在时刻 t 以后的 h 个月内发生危机的条件概率。

依据条件概率，综合指标的预测能力可由两种方法来衡量。一种方法是用条件概率的某一临界值来定义信号，然后根据噪音信号比来衡量预测能力，这种方法类似于筛选单个指标的方法。另一种方法是卡明斯基(1998)提出的"概率得分平方"，QPS 测定事件的发生(用 R_t 表示)与所估计的事件发生的概率(用 P_t 表示)之间的平均差。在这里，事件的发生就是货币危机的发生，用虚拟变量 1 和 0 表示。QPS 的计算公式如下：

$$QPS = \frac{1}{N} \sum_{t=1}^{N} 2 (P_t - R_t)^2$$

QPS 位于区间[0,2]之内，0 表示有完全的预测能力，2 表示完全没有预测能力，QPS 值越小，表明综合指数的预测能力越强。

五、数据和变量说明

本文用于实证研究的数据主要来源于国家外汇管理局广东省分局国际收支系统、广东省信贷收支数据统计系统。为适应模型设定的要求，在保证数据的连续性和可获性的基础上，我们选取了 1999 年 1 月到 2006 年 12 月的所有变量的月度数据。本文采取 Logit 模型、STV 截面回归模型以及 KLR 模型对外汇收支预警体系进行实证分析，并就外汇危机的拟合以及预测能力进行对比分析。

Logit 模型包含的变量共 9 个，其中外汇市场压力指数(EMP)为被解释变量，实际有效汇率的高估、通货膨胀率、金融机构贷款的增长率、外汇储备支持的进口额、出口额、实际利率以及短期外债总额为模型的解释变量。

表1-5　Logit 模型变量的统计性描述

	EMP	OVER	CPI	CRG	IM	EX	DIFF	RIR	SD
均值	0.372	−0.003	0.441	0.009	91.692	104.213	12.189	1.816	1295159
中位数	0	−0.005	0.5	0.008	80.06	89.84	12.42	1.565	1369333
最大值	2	0.0566	4.3	0.043	164.3	221.01	61.23	7.38	2206117
最小值	0	−0.043	−3.6	−0.02	37.829	29.461	−22.5	−2.32	0
标准误	0.512	0.0228	1.961	0.011	33.315	43.6769	14.869	2.198	597591
样本数	78	78	78	78	78	78	78	78	78

作为模型的被解释变量,外汇市场压力指数(EMP)被定义为汇率、利率以及外汇储备变化的加权平均值,而权数的选择是使这三部分的条件方差相等。当 EMP 超过了一定临界值时就认为发生了外汇危机。艾肯格林(Eichengreen)、罗斯(Rose)和外普罗兹(Wyplosz1995)首先提出用外汇市场压力指数 EMP 来定义外汇危机。卡明斯基、利佐多和雷茵哈特(1998)也是用 EMP 来定义外汇危机,不同的是他们的 EMP 没有考虑利率的变化,仅是汇率和储备变化的加权平均。他们认为当 EMP 超过均值三倍标准差时就意味着发生了外汇危机。步塞尔(Bussiere2002)等定义的外汇危机与艾肯格林(1995)等人的定义基本相同,但他们认为当 EMP 超过均值两倍标准差时就意味着发生了外汇危机。就中国的情况而言,由于利率并没有市场化,将利率放入 EMP 中的意义并不大,因此我们将对 EMP 指数的构建作相应的修改,仅仅将汇率和外汇储备进行加权平均。由于我国中央银行仅仅公布全国层面的外汇储备数据,没有省份外汇储备的概念,为适应本文的研究,借鉴外汇储备形成的原理,本文采用广东省的经常项目差额和资本项目差额之和作为外汇储备的代理变量。由于汇率政策是在中央银行领导下的全国性政策,为让该指数充分反映宏观经济环境,本文选取的实际有效汇率并未进行区域性调整,这样就使得该指数的构建既反映了国家层面的情况,也充分考虑了广东省外汇收支的实际情况。

$$EMP_t = \omega_{rer}\left(\frac{rer_t - rer_{t-1}}{rer_{t-1}}\right) + \omega_{res}\left(\frac{res_t - res_{t-1}}{res_{t-1}}\right)$$

这里, rer_t 为实际有效汇率,它是本国货币与各主要贸易国家货币实际汇率的加权平均值,权数是与该国贸易额在总贸易额中所占的比重,因此,实际有效汇率能够较全面地反映一国货币的实际情况；res_t 为外汇储备；ω_{rer} 和 ω_{res} 分别为权数。这样外汇风险预警指数就是实际有效汇率和外汇储备变化的加权平均值。在外汇风险预警指数的计算中权数的选择是使这两部分的条件方差相等，即为每个变量的方差的倒数。外汇风险预警指数越大实际发生危机的可能性就越大，当外汇风险预警指数超过了一定的临界值，我们就认为发生了外汇危机。这里我们定义这一临界值（LJZ）为均值加上 k 倍标准差，即：

$$LJZ = EMP + kSD(EMP)$$

其中 EMP 表示外汇市场压力指数的均值；$SD(EMP)$ 表示外汇风险预警指数的标准差。那么，按所定义的外汇危机的临界值，当一国外汇风险预警指数超过临界值时就认为发生了外汇危机。k 越大临界值也就越大，外汇风险预警指数超过临界值的点就越少。

根据外汇风险预警指数可以定义危机变量 CCt，当 EMP 指数超过临界值（LJZ）的时候危机变量的值为 1，否则为 0。这样定义的危机变量 CCt 是外汇危机的一致指标。但是，为了预测外汇危机，我们把外汇危机变量 CCt 的先行指标作为模型的被解释变量。那么这个先行指标的先行期到底多少合适呢？卡明斯基、利佐多和雷茵哈特（1998）选择的先行期为 24 个月，步塞尔等（2002）选择的先行期为 12 个月。选择先行期时主要考虑如下两个相反条件：一方面，要考虑管理者希望较早地得到危机信号，事先采取措施防止外汇危机的发生；另一方面，也要考虑一国经济越接近金融危机各种指标越趋于脆弱，对危机的预测越准确。本文综合考虑上述两个条件把先行时期选择为 12 个月。因此，得到如下的先行危机变量

Y = 1　　如果 CC_{t+n} = 1，对 n = 1,2,…,12；

Y = 0　　其他

即 Y_t 表示危机前 12 个月的值都为 1，其他都为 0。先行变量 Y_t 的定义说明，模型只能预测未来 12 个月之内是否会发生危机，而不能预测危机发生的具体时间，更不能预测 12 个月以后是否发生危机。这样得到的被解释变量把时间段分为发生危机前 12 个月那一部分和其他部分。

关于模型的解释变量，本文主要考虑了一些在外汇危机预警研究中效果比较好的 8 个指标，包括实际有效汇率高估、通货膨胀率（CPI）、实际利率（rir）、出口（ex）、出口与进口之差（diff）、信贷增长率（cr）。其中实际有效汇

率高估(rerdev)的计算公式为:

$$rerdev_t = \frac{rer_t - trend_t}{trend_t} * 100$$

其中,rer 为实际有效汇率;trend 为实际有效汇率的趋势,这里用 H-P 滤波方法得到这一趋势。名义利率选取的是中国人民银行公布的一年期贷款利率,出于宏观调控的需要,中央银行近期频繁使用基准利率调整这一货币政策工具,名利利率数据也在央行进行利率调整的当月做相应的调整。通货膨胀率由广东省 1999—2006 年月度 CPI 数据计算所得,通过对名义利率的价格指数调整,可以得到月度的实际利率水平。进出口额均来源于海关历年统计数据,且均采用千美元为基本计量单位。信贷增长率是指广东省省内经营人民币存贷款的金融机构月度贷款总额增长率,是本月和上月贷款量的差额与上月贷款量的比值。

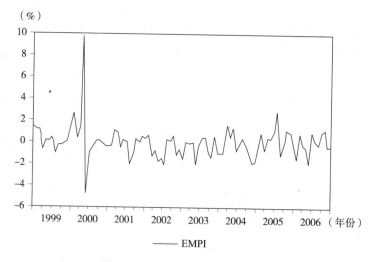

图 1-1　广东省外汇市场压力指数

由图 1-1 可以看出,2000 年 1 月我国外汇风险预警指数出现了大幅的上升并且超过了临界值。艾肯格林(1995)等人在其文章中提出,作为一个良好的外汇危机的预警指标,它在危机前的一段时期的表现和在其他平静时期的表现应该具有显著的区别。

STV 横截面回归模型是基于多元线性回归的参数模型,其解释变量包含外汇储备的变动率、汇率的贬值幅度以及国内信贷的增长率。它们的定义以及计算方式在前文模型概述中已经详细介绍,此处不再赘述,变量的统计性描述如下表所示:

表 1-6　STV 模型变量的统计性描述

	CB	HL	CR	D1	D2
均值	0.010318	−0.000740	0.009328	0.423077	0.256410
中位数	0.046033	0.000444	0.008369	0.000000	0.000000
最大值	1.343221	0.023644	0.042510	1.000000	1.000000
最小值	−3.051047	−0.023993	−0.019548	0.000000	0.000000
标准误	0.409382	0.011426	0.011001	0.497245	0.439477
样本数	78	78	78	78	78

表 1-7　不同模型中解释变量情况说明

变量名称(单位)	变量代码	指标含义	数据来源	计算方法
KLR 模型				
GDP 增长率(%)	GDPG	实际 GDP 的增长率	历年广东省统计年鉴	当年数值与上一年数值的差额与上年的数值的比值
信贷增长率(%)	CRG	金融机构贷款量的增长率	人民银行广州分行货币信贷统计资料	
通货膨胀率(%)	CPI	价格指数的增长率	人民银行内部资料	
实际汇率高估	OVER	衡量与均衡汇率的偏离程度	国际货币基金组织	实际值与其 HP 滤波的差额
短期外债/外汇储备	—	偿还外债能力	外汇管理局广东分局	—
短期外债/外债总额	—	外债结构	外汇管理局广东分局	—
外债总额/GDP	—	外债占 GDP 比重	外汇管理局广东分局	—
经常项目差额/GDP	—	外汇储备消耗程度	外汇管理局广东分局	—
Logit 模型				
外汇市场压力指数	EMP	外汇危机发生概率	国家外汇管理局	
实际汇率高估	OVER	衡量与均衡汇率的偏离程度	国际货币基金组织	
实际利率	RIR	经 CPI 调整的利率	中国人民银行网站	

续表

变量名称(单位)	变量代码	指标含义	数据来源	计算方法
进口	IM	外汇储备消耗	海关进出口统计系统	—
出口与进口之差	DIFF	净出口额	海关进出口统计系统	—
短期外债余额	SD	到期债务数量	外汇管理局广东分局	—
信贷增长率	CRG	金融机构贷款量的增长率	人民银行广州分行货币信贷统计资料	当年数值与上一年数值的差额与上年的数值的比值
通货膨胀率	CPI	价格指数的增长率	人民银行内部资料	
STV 横截面模型				
外汇储备变动率	CB	外汇市场危机	外汇管理局广东分局	当年数值与上一年数值的差额与上年的数值的比值
汇率贬值程度	HL	外部环境变化	国家外汇管理局	
信贷增长率	CRG	内部环境变化	人民银行广州分行货币信贷收支系统	
虚拟变量1	D1	汇率贬值幅度处于低四分位或信贷增长率处于高四分位时,D1取值为1,其他情况取值为0		
虚拟变量2	D2	当外汇储备/贷款总额的取值处于低四分位时,D2取值为1,其余情况取0		

六、实证结果分析

1.KLR 信号模型的实证结果的分析

在前文理论分析的基础上,利用广东省1999—2006年的指标年度数据对外汇危机发生的可能性进行实证分析,具体结果如表1-8所示。

表1-8　KLR 信号模型的实证结果

指标名称	1999	2000	2001	2002	2003	2004	2005	2006	基准(%)	信号
GDP 增长率(%)	10.1	11.5	10.5	12.2	12.4	14.8	13.8	14.6	—	正常
信贷增长量/GDP(%)	10.2	8.7	18.6	20.2	21.6	22.6	24.7	28.3	<10	不正常

指标名称	1999	2000	2001	2002	2003	2004	2005	2006	基准(%)	信号
短期外债/外汇储备(%)	20.9	24.1	13.6	6.7	6.1	5.3	5.2	3.5	100	正常
通货膨胀率(%)	-1.0	0.8	1.0	1.2	1.6	4.2	2.3	1.7	2%	正常
外汇储备/外债总额(%)	98.2	87.9	95.8	70.6	54.4	43.1	36.2	31.8	30—50	正常
短期外债/外债总额(%)	10.8	12.2	24.8	27.8	37.3	41.8	47.3	39.7	<25	不正常
外债总额/GDP(%)	9.6	10.7	10.1	8.9	8.7	8.9	10.3	8.6	<50	正常
经常项目差额/GDP(%)	1.3	1.5	1	1.2	1.4	1.4	2.2	2.9	<5	正常

　　反映宏观经济情况的指标包括 GDP 增长率以及通货膨胀率,从计算结果与基准的比较可以看出,上述两个指标发出了正常的信号,其中 GDP 的增长率绝大部分年份都维持在10%以上,高速增长的 GDP 为宏观经济运行朝着良性发展奠定了基础;通货膨胀率水平基本稳定在2%的范围以内,因通货膨胀而导致危机的可能性非常低。

　　反映金融机构信贷增长的指标为信贷增长量与 GDP 的比重,从数据显示来看,该指标基本处于 20%以上的高位运行,这与国际上认为的安全标准10%相差甚远,因此,该指标发出了不正常信号。由于高位运行的信贷增长并没有与实体经济增长相匹配,表现为短期货币供给突增,经济运行风险逐步向金融机构集聚,由于金融机构本身存在着脆弱性,当外部冲击来临时,金融机构可能面临着大面积的违约风险,进而加大危机的发生概率。

　　外债结构、外债占国民经济的比重等指标从外汇环境的角度较为全面地量化了外汇危机发生的概率。从数据来看,四个指标中只有 1 个指标发出了不正常信号,这就从外部环境的角度说明了发生外汇危机的可能性并不大。从单个指标来看,外汇储备与外债总额的比率远远超过 30%—50%的警戒线,即表明该省拥有充足的外汇储备来应对外部债务;外债总额占 GDP 的比重低于警戒线,这也从侧面说明了广东省的外债水平相对较低,发生外汇危机的可能性较低;经常项目逆差占 GDP 比重也发出了正常信号,这说明耗费外汇储备的经常项目逆差的比重也不大,由外汇储备消耗过度而导致的外汇危机发生的概率非常小。

不容忽视的是,外债结构指标发出了不正常信号,从数据显示的结果来看,短期外债的比重偏大,且有逐年上升的趋势。由于短期外债的偿还周期较短,短期内面临的支付压力较大,过重的短期债务的比例将降低外汇收支的流动性,外汇支付体系变得相对脆弱,当未预期的外来冲击出现时,因支付困难而导致的外汇危机的概率将增加。

2.Logit 概率模型的估计结果分析

从估计结果来看,回归方程拟合程度较好,表克法登(McFadden) R-squared 为 0.66,与钟伟等(2007)的模型拟合度比较起来,拟合度提高了一倍。因此从模型整体的角度来看,该模型包含的解释变量较好地解释了外汇危机产生的原因。

该模型共包含 9 个解释变量,Z 统计量显著的解释变量有 5 个,分别为实际汇率高估、通货膨胀率、真实利率、外汇储备支持的进口额以及短期外债。大部分解释变量显著说明了模型的设定并不存在系统性的偏误,模型的解释能力也较为优良。

表 1-9 Logit 模型估计结果

被解释变量:外汇市场压力指数(EMP)

变量	系数	标准误	z-统计量	P 值
OVER	-42.44899	21.19407	-2.002871	0.0452***
CPI	17.99555	3.888157	4.628296	0.0000***
CR	-31.32309	56.65883	-0.552837	0.5804
RIR	17.31954	3.985228	4.345935	0.0000***
DIFF	-0.058266	0.039186	-1.486912	0.1370
IM	0.065119	0.027065	2.405990	0.0161***
SD	-3.57E-06	1.32E-06	-2.711960	0.0067***
C	-40.40565	10.70297	-3.775183	0.0002

注:*** 表示在5%的检验水平下显著。

从单个解释变量来看,实际汇率高估的系数为负,这一结果与实际情况相符合,当实际汇率大幅贬值或者实际汇率较大幅度偏离均衡值时,外汇危机发生的概率将增加。其系数显著说明实际汇率的高估对外汇危机发生有着较好的解释力,这也与前文的理论预期保持一致。通货膨胀率对外汇危机发生的贡献为正,这一结果也与实际情况相符,过高的通货膨胀率预示着不稳定的宏观经济情况,宏观经济条件的恶化将提升外汇危机发生的概率。其系数显著说明通货膨胀率在解释外汇危机发生时的作用比较显著。实际利率的系数也显著为正,当实际利率过高时,说明资金的需求比较旺盛或者资金的供给不足,表现为货币市场的流动性差,金融机构的信贷风险开始逐渐显露,实体经济的投资额逐渐下降,宏观经济条件逐步恶化,外汇危机发生概率逐步上升,因此该实证结果与理论分析也保持了较好的一致性。对于进口和短期外债而言,随着进口额和短期外债额逐渐增大,其消耗的外汇储备的数量越来越大,用来应付危机和支付长期外债的储备减少,从而危机发生的概率增大。

3.样本内预测分析

为了检验模型的拟合效果,我们利用模型的估计结果进行样本内预测,预测的结果如图1-2所示。从残差图可以看出,模型的样本内预测结果在趋势上与实际情况较为吻合,样本内预测的效果良好。从预测图可以看出,1999年危机发生的概率非常高,接近于1,这可能源于1999—2000年广东省开展的外汇大检查活动,大量的投机资金开始抽逃,从而出现外汇储备急剧减少。2001—2004年的危机发生概率非常低,接近于0,这与石柱鲜等(2005)的研究结果比较接近,在这段时间内,宏观经济平稳增长,外部环境稳定。由于2005年4月份开始实行汇率制度改革,汇率由原来的盯住美元转向盯住一揽子货币的制度,外汇市场的波动性加大,投资者和投机者的预测开始发生变化,外汇危机的发生概率开始呈现上升趋势。

4.STV横截面模型的估计结果

从估计结果来看,回归方程拟合程度较好,R-squared为0.21,与张元萍等(2003)的模型拟合度0.61比较起来,拟合度下降了许多。因此从模型设定的角度来看,该模型包含的解释变量并没有很好地解释外汇危机产生的原因。

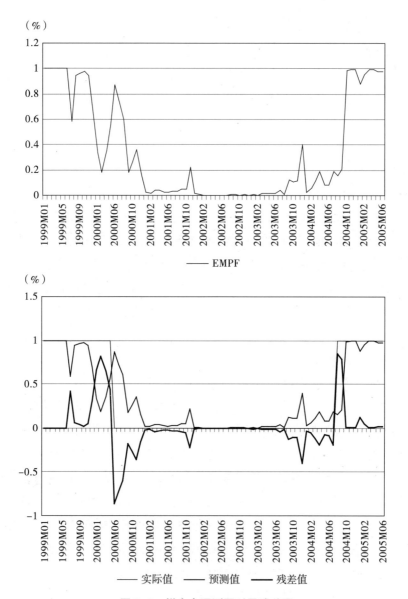

图 1-2　样本内预测图以及残差图

表 1-10　STV 模型估计结果

被解释变量:外汇储备的变动率(CB)

变量	系数	标准误	t-统计量	P 值
HL	1.323530	9.412428	0.140615	0.8886

续表

变量	系数	标准误	t-统计量	P 值
CR	10.55635	8.512456	1.240106	0.2190
CR * D1	−7.985026	7.970321	−1.001845	0.3198
CR * D2	−16.52982	6.869785	−2.406163	0.0187 ***
HL * D1	−2.260305	11.06476	−0.204280	0.8387
HL * D2	−27.37693	9.909391	−2.762726	0.0073 ***
C	−0.004844	0.070467	−0.068743	0.9454

注：*** 表示在5%的检验水平下显著。

从单个系数的显著性和符号的合理性的角度来看，解释变量汇率的贬值幅度和贷款的增长率为正，这与理论分析保持了较好的一致性。但是模型包含的6个解释变量只有2个是显著的，这也从侧面证明了模型对危机发生的弱解释力。

在估计的模型的基础上进行样本内预测，所得到的残差图如图1-3所示，从实际值的图像可以看出，在2000年附近外汇储备出现剧烈波动的现象，而在拟合图上，这一波动并没有在模型中得到真实的反映，因此，从残差的角度，该模型也没有很好地解释危机的发生的原因。

七、结　论

在国际收支理论以及相关文献的基础上，本文先行构建了外汇危机的预警指标体系。指标体系从内部环境和外部环境两方面着手设计，内部环境包括宏观经济条件和金融机构的贷款增长情况，主要涉及 GDP 的增长、通货膨胀率以及贷款增长量三个指标；外部环境包括与外部发生资金往来的指标变量，主要涉及外汇储备、外债以及经常项目。

该指标体系较为全面地考虑了影响外汇危机发生的主要因素，具备了预警体系所强调的超前性、可操作性和有效性。一般而言，危机发生之前，都伴随着宏观经济条件变坏，如外汇储备的流失、贸易条件的恶化以及实际汇率的贬值的现象，该指标体系的内外部环境将上述情况以量化的形式包含在内，上

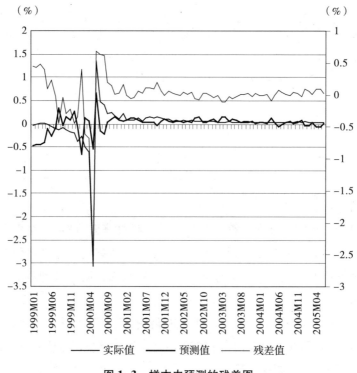

图 1-3　样本内预测的残差图

述指标的变动情况与外汇危机的发生有内在必然性,因此,从超前性的角度来看,该指标体系是合理的。从可操作性的角度来看,由于该指标体系所设定的指标为可量化的宏观经济变量,相关数据易于收集,计算结果简洁且易于进行对比分析,因此该指标体系具备很好的可操作性。从前文的实证结果来看,KLR 信号模型和 Logit 模型对于危机发生的解释较为有力,Logit 模型的样本内预测的结果与实际情况吻合得较好,即从有效性的角度论证了该指标体系的选取是合适的。

　　根据 KLR 模型以及 Logit 模型的设计原理,我们可以知道前者是非参数模型,侧重于发现危机发生的起源,而 Logit 模型是参数模型,其着眼于发掘影响危机发生的因素,即金融危机的传染性。从实证分析可以看出,就目前的情况,KLR 模型认为不太可能发生外汇危机,而 Logit 模型则认为由于外汇市场的波动性逐渐增大,发生外汇危机的可能性逐渐增大。事实上,KLR 关注的重点是贷款量这一指标,说明了外汇危机产生的内源性,认为银行系统是危机产生的最大策源地,但是由于数据期的宏观经济保持平稳增长,积聚的金融风险可以得到逐步的消化,因此指标发出的信号依然是正常的,发生危机的可能性并不高;而 Logit 模型关注的重点是外部力量引发的危机,汇率制度改革在为国家产业政策调整作贡献的同时也为外部投机力量提供了投机通道,外汇市场波动性逐渐增强,危机发生的可能性逐渐增大。这两个模型从内部和外部两个方面阐述了危机发生的可能,两个方法是相辅相成,并行不悖的。因此,从实证分析可以看出,一方面,加快国内商业银行的改革,分散银行不断积累的金融风险成为当前和今后一段时间内亟须解决的问题,同时应深化金融体制改革,加强金融市场建设;另一方面,应加大对外汇收支的监测力度,从严甄别外汇收支的真实性,防范国外投机力量外汇市场的冲击。

新兴市场经济体的汇率制度现状及研究综述

同生辉

一、新兴市场经济体的定义及主要特征

(一)新兴市场经济体概述

新兴市场(Emerging Markets),是一个相对概念,泛指相对发达的市场而言。例如目前正处于发展中的国家、地区或某一经济体,如被称为"金砖四国"的中国、印度、俄罗斯、巴西以及后来兴起的南非、土耳其等等。新兴市场通常具有劳动力成本低,自然资源和生产资料丰富的特征。一方面,发达国家和地区一般都会将生产线转移至新兴市场,凭借低廉的劳动力成本增强竞争力。另一方面,发达国家和地区也会从自然资源丰富的新兴市场经济体和地区进口廉价原材料。新兴市场也可借此获得先进生产技术,改善收入,提高消费能力,并带动经济发展。

20世纪90年代初期,在深入研究的基础上,美国制定了"新兴大市场"政策。此后,"新兴大市场"的概念便出现在美国商务部1994年年初公布的《国家出口促进策略》报告上。美国认为,组成新兴大市场的十大新兴市场是:中国经济区(包括中国大陆、中国香港和中国台湾)、印度、东盟、韩国、墨西哥、巴西、阿根廷、南非、波兰和土耳其。此后,"新兴市场"的概念便应运而生。然而,新兴市场所包含的国家和地区比新兴大市场包含的国家和地区范围更广。美国哈佛商学院阿诺德(Arnold)教授及英国伦敦商学院确曲(Quelch)教授认为,一个国家的经济状况可以从以下三方面进行描述:第一,就是绝对的

经济发展水平,可用人均国内生产总值这一指标来反映;第二,就是相对的经济发展速度,通常用国内生产总值增长率指标来反映;第三,就是市场管理体制,尤其是市场体制的自由度及稳定性。他们还着重强调了市场的长期潜力性,并在此基础上对新兴市场作了一般概括。

　　还有一种说法认为评判一个国家(地区)是否属于新兴市场的一个最重要标准是看这个国家(地区)是否能有效地帮助供销商和客户进入市场参与商业活动。尽管人们对于新兴市场经济体的概念有不同解读,英国权威杂志《经济学家》曾列出了 25 个国家(地区)作为新兴市场的代表来进行有关统计。这些国家(地区)分别是:中国大陆、中国香港、中国台湾、印度、印度尼西亚、马来西亚、菲律宾、新加坡、韩国、泰国、阿根廷、巴西、智利、墨西哥、委内瑞拉、哥伦比亚、希腊、以色列、葡萄牙、南非、土耳其、捷克、匈牙利、波兰和俄罗斯。这种划分新兴市场经济体的方法与美国学界认为的新兴市场包含的范围有所不同,因为美国的新兴市场界定包含东盟诸国,并把文莱和越南作为新兴市场看待。

　　另外,MSCIEMF(Emerging Markets Free)Index SM 指数得到业界的广泛认可,其是由 21 个新兴市场经济体的 2700 多种证券组成。

　　根据 MSCI,新兴市场经济体包括以下位于四大洲的 21 个国家(地区),其中有些国家横跨两大洲,例如,土耳其横跨欧亚两洲,这种情况下,我们采取常规的分类方式,将其并入欧洲板块,其他类似国家均采取同样的方式。具体来讲,美洲的国家包括巴西、哥伦比亚、墨西哥、秘鲁、智利;欧洲的国家包括土耳其、俄罗斯、波兰、匈牙利、捷克;非洲的国家包括埃及、南非、摩洛哥;以及亚洲的国家(地区)包括中国、印度、印度尼西亚、韩国、马来西亚、菲律宾、中国台湾、泰国。

(二)新兴市场经济体的主要特征

　　马洪雨、康耀坤(2011)的研究中提到,按照国际金融公司的权威定义,只要一个国家或地区的人均国民生产总值(GNP)没有达到世界银行划定的高收入国家水平,那么这个国家或地区的股市就是新兴市场。有的国家,尽管经济发展水平和人均 GNP 水平已进入高收入国家的行列,但由于其资本市场发展滞后,市场机制不成熟,仍被认为是新兴市场。李元旭(2000)的研究中提到,所谓新兴市场经济体有如下特点:(1)新兴市场公司常常比西方同类公司增长要快,新兴市场的股票定价效率低下为高回报提供了可能。定价效率低下又是由监管阻碍(比如禁止保险公司入市)、缺乏严格受训的证券分析师和投机者占多数等原因造成的。(2)新兴市场的出现拓宽了可选择投资品种的范围,这使得投资组合进行全球性分散化经营成为可能。(3)反经济周期的特性。由于新兴市场经济体所实行的财政政策和货币政策与西方发达国家不同,新兴市场经济体的经济和公司盈利循环周期与西方国家的股票指数相关度很低,有的甚至是负相关,因此,在欧美出现不利的经济循环时,对新兴市场的投资可以有效对冲掉上述不利影响。(4)新兴市场的资本市场监管机制和投资者行为普遍不成熟。此外,邓立立(2005)的研究认为相对于已经发展到较高层次的发达国家和仍然十分封闭的其他发展中国家,新兴市场经济体是受经济和金融全球化影响最为突出的一个群体。新兴市场经济体的一个突出特点,就是在国际经济交往中必须广泛接触和使用发达国家的货币。在金融全球化的背景下,随着资本跨国流动规模的加大及对外开放度的提高,外汇风险变得越发突出。由于缺乏充分有效的规避手段,如何稳定本币与关键货币之间的汇率成为新兴市场经济体最关注的问题。

二、新兴市场经济体汇率制度特征

1974年布雷顿森林体系宣告终结以来,世界各国的汇率制度安排一直处于动态变化的过程中。总体而言,大部分发达国家偏向于采取浮动汇率制度,而众多的发展中国家和新兴市场则选择了相对稳定的汇率制度安排。然而,近30年来,发展中国家内部的汇率制度演进出现了分化,新兴市场经济体逐渐向中间(Intermediate)汇率机制过渡的趋势非常明显,而其余的发展中国家则更倾向于较为严格的钉住汇率制度。新兴市场经济体应该选择什么样汇率制度来适应自己的发展呢?

（一）汇率制度选择理论

汇率制度选择理论早期主要集中在对固定汇率与浮动汇率优劣的争论上,这些争论从金本位制下一直延续到20世纪五六十年代出现了最优货币区理论为止。最优货币区理论不再一般性地论证浮动汇率与固定汇率孰优孰劣,而是创造性的提出一套标准来衡量哪些国家适宜何种汇率制度安排。随后在20世纪60年代出现了蒙代尔—弗莱明(Mundell-Fleming)(M-F)模型,这一模型是凯恩斯宏观经济学模型在开放条件下的拓展。该模型本身并不是直接针对汇率制度选择的,但它把宏观经济政策和汇率制度直接联系在了一起,成为分析汇率制度选择的宏观经济效应的基础性工具。布雷顿森林体系解体后,汇率制度的选择权又重新回到各国政府手中,这时的汇率制度选择理论多集中于设计能够结合固定汇率和浮动汇率两方面优点的中间汇率制度上,其中比较突出的是汇率目标区理论。20世纪90年代以后,新兴市场经济体频繁发生金融危机,投机资本在国际金融市场上到处兴风作浪,而各国汇率制度选择不当被认为在其中或多或少发挥了作用,因此又出现了两极汇率理论。既认为在发展中国家可以持续的汇率制度要么是采用美元化货币这样的以法令形式规定的固定汇率制,要么是完全没有目标的浮动汇率制,中间汇率制度将不复存在。进入21世纪以来,由于汇率制度导致的金融危机逐渐减少,又出现了重新复活中间汇率体制的苗头,认为在适当的宏观经济政策体制的安排下,中间汇率体制仍然是可以稳定的,至少对一部分国家是如此。

根据汇率制度理论是针对所有国家还是新兴市场经济体可将其分为两类:汇率制度选择的一般理论和适用于新兴市场经济体的特殊汇率理论。前者包括最优货币区理论、蒙代尔—弗莱明模型和不可能三角理论、BBC规则和中间制度消亡论;后者包括原罪论和害怕浮动论。

（二）新兴市场经济体汇率制度的特征

按照IMF1999年对汇率制度的分类,33个新兴市场经济体之中,有9%选择硬钉住单一货币制度,52%选择中间汇率制,39%选择了浮动汇率制度。从这些新兴市场经济体汇率制度选择的现状来看,一方面,新兴市场经济体偏好相对固定的汇率制度,担心浮动汇率制度的弊端;另一方面新兴市场经济体又难于维持相对固定的汇率制度,而呈现出两极汇率理论的趋势。新兴市场经济体的汇率制度选择表现出两难的困境。下面就对这种两难困境进行理论解释,原罪论和害怕浮动论认为由于新兴市场经济体国内金融市场和经济特征使得政府难以实行浮动汇率制度,而采取相对固定的汇率制度安排。但是钉住汇率制度又因汇率缺乏灵活性出现一系列的问题而变得难以为继。

"原罪论"的主要观点是,在"原罪"存在的国家,由于金融市场发展的不完全性,国内投资要么因为借美元而招致货币错配,或者用短期贷款来做长期用途而出现期限错配。在这样的情况下,企业或政府都不愿汇率变动,更不愿贬值,因为汇率或利率稍有波动,借款成本就会上升,企业陷入财务困境,进而影响到金融体系,久而久之汇率便会变得浮动不起来。更为严重的是,政府无法用货币贬值和提高利率来缓解投机压力,任由本国的金融体系崩溃,其结果是"原罪"国家的汇率难以浮动,选择固定汇率制度下政府又会陷入两难。"害怕浮动论"观点持有者通过观察发现,那些宣布实行浮动汇率制的国家大多数都没有真正实行浮动汇率,这些国家的汇率变动率很低。他们把这一种现象称为"害怕浮动",产生此种现象的原因是政府缺乏公信力,政府为了保护本国经济而进行故意的政策活动(利率变动)使得本国的汇率变动率很低。为了验证这一点,他们对1970年1月到1990年4月30日亚非欧国家的月度数据进行分析,发现这些国家的汇率变动与利率变动、外汇储备变动及基础货币变动的高度负相关,利率和货币的联动性也与政府缺乏公信力与政府政策的故意性吻合,从而得出"害怕浮动"现象普遍存在的结论。在新兴市场经济体中,汇率变动对贸易的影响,比在发达国家中要大得多。贬值通过国内物价而传递到国内通货膨胀的程度也高出许多,这些也是新兴市场经济体不愿汇率波动,特别是不愿贬值的重要原因。

(三)新兴市场经济体中间汇率制度方案

新兴市场经济体汇率制度选择的两难表明必须针对新兴市场经济体的具体经济金融特点对汇率制度进行精心的设计。那么新兴市场经济体汇率制度

选择应遵循什么框架呢？从新兴市场经济体汇率制度的实践来看,新兴市场
经济体具有选择相对固定汇率制度的内在动因,然而其国内金融市场对外的
较高开放程度及其伴随的资本流动使得新兴市场经济体难于维持相对固定的
汇率制度。基于上述新兴市场经济体汇率制度的困境,理论界提出了两种解
决方案以增加汇率制度的弹性:一是威廉姆森(Williamson2000)提出的 BBC
规则,二是固德斯坦(Goldstein2002)提出的"增强的管理浮动"(Managed
floating plus)。从名称上看,这两个方案存在明显差别,但实际内容有很多相
似之处。BBC 制度是指由以下三种汇率制度,即一篮子货币钉住汇率制、爬
行钉住汇率制和限幅浮动汇率制组合而成的复合汇率制度。一篮子货币钉住
汇率制是用于确定中心汇率,其主要目的是保持有效汇率的稳定。钉住一篮
子货币可防止主要国际货币之间汇率变化引起的负面影响。爬行汇率制的作
用是调整物价变化对实际汇率的影响。通常影响一国竞争力的主要因素是实
际汇率的变化,而这一变化又受国内外物价变动的影响。当本国物价上升快
于国外物价时,相对物价的变化将引起本币实际汇率高估,为了阻止这一趋
势,本币需要贬值,其结果名义汇率脱离水平运动并形成爬行走势。以上两种
汇率机制的配套使用可保持实际有效汇率的稳定。而限幅浮动汇率制为汇率
变动提供了 定的空间。其作用是汇率的适度变化可为货币政策的实施提供
一个空间。从建议的内容来看,"增强的管理浮动"的中心汇率与 BBC 一样也
是钉住一篮子货币,而且,这一方案也主张采用限幅浮动汇率机制。此外,这
一方案与威廉姆森的方案还有以下两个共同之处:第一,就东亚国家而言,不
同国家的中心汇率可钉住相同的一篮子货币,这样可以防止相互之间的汇率
波动。第二,必要时可通过限制短期资本流入,提高政府维护汇率稳定的能力
和扩大货币政策的自主权。这两个提案的不同之处是,"增强的管理浮动"的
方案没有对是否需要公布规定的波动幅度,是否需要确立政府维护幅度的义
务,以及是否需要调整通货膨胀率等内容作出具体的规定。

(四)几个新兴市场经济体的汇率政策研究现状

在前面对于新兴市场经济体的汇率研究现状作出总体的概括之后,这一
部分对于美洲、欧洲、非洲、亚洲的几个具体新兴市场经济体的汇率政策演进

及发展状况进行描述和总结,以使我们了解新兴市场经济体汇率政策的具体异同点在哪里。

1.美洲

(1)巴西

巴西经济实力居拉美首位。1994 年 7 月 1 日废除原货币名称克鲁赛罗雷亚尔(废除时 1 美元兑 2750 克鲁赛罗雷亚尔),同时命名新货币名称为雷亚尔(1 美元兑 1 雷亚尔)。巴西经济是一个自由市场经济与出口导向型的经济,巴西在 2011 年超过英国成为世界第 6 大经济体和美洲第 2 大经济体。巴西工业生产能力居拉美各国之首,建立有完整的工业体系。并且巴西的农牧业非常发达,是世界上最大的农产品出口国之一。巴西的主要贸易对象为美国、欧盟、日本、中东及拉美邻国。巴西经济自第二次世界大战之后发展迅速,在这一过程中,巴西政府实施了进口替代发展战略。所谓进口替代,指发展中国家通过发展某些工业制成品,以替代对这些制成品的进口,也就是通常所说的国产化。进口替代战略主要是通过关税壁垒和非关税壁垒的贸易保护措施,保护本国市场及幼稚产业。为此,巴西曾长期实行多重汇率制度,政府制定了两大类 12 种不同的汇率安排:出口商品共使用 4 种不同的固定汇率,其中制成品的汇率最为优惠,消费品的汇率优惠最少;进口商品使用 5 种不同汇率,被政府允许进口的商品使用固定汇率,金融交易使用浮动汇率。

姚余栋、张文(2012)的文章中指出,1980 年到 1994 年是巴西“迷失的十年”。巴西长期实行扩张性的财政政策和货币政策,结果是通货膨胀率居高不下。1981 年,巴西的通胀率为 91%,1983 年为 179%,1988 年达到 993%,1990 年高达 2360%。1994 年 7 月 1 日,巴西实行了“雷亚尔计划”(Real Plan),其核心是抑制通货膨胀。新旧货币的兑换率在当年 6 月 30 日为 1 雷亚尔=2750 旧货币。为了达到稳定物价的目的,“雷亚尔计划”把美元作为“名义锚”,在此框架下实行爬行钉住美元的汇率制度。当时巴西中央银行将巴西新货币雷亚尔与美元的汇率定为 1:1,雷亚尔的发行要求有 100% 的外汇储备。一旦超过 1 美元兑换 1 雷亚尔,政府就会进行干预。巴西政府试图通过这一计划对通货膨胀进行根本治理,希望在钉住美元的基础上,利用紧缩性货币政策实现物价稳定和国际收支平衡双重目标。晓闻(1999)研究发现,“雷亚尔计划”的实施成功地遏制了巴西严重的通货膨胀,使通货膨胀率从

1994 年的 2100% 下降到 1998 年的 4% 左右,但与此同时,"雷亚尔计划"的实施也造成了巴西经常账户的巨额逆差。其原因在于,爬行钉住美元的汇率制度造成了雷亚尔高估。根据国际货币基金组织测算,1994—1995 年,与美元 1∶1 的汇率使雷亚尔币值被高估了 20% 左右。1997 年亚洲金融危机之后,由于美元升值,雷亚尔被高估达 30%。雷亚尔被高估增加了巴西出口成本,削弱了企业的出口竞争力。1995 年,巴西进出口贸易出现逆差,1996 年贸易逆差为 55 亿美元,1997 年达到 85 亿美元,1998 年为 64 亿美元。这期间巴西经常项目逆差占 GDP 的 5% 以上。

1999 年 1 月 13 日,巴西正式宣布改革爬行钉住美元的汇率制度,扩大雷亚尔兑美元的汇率浮动区间,即从 1.12—1.20 雷亚尔兑 1 美元扩大到 1.22—1.32 雷亚尔兑 1 美元,雷亚尔随之急剧贬值,巴西股市大幅下挫。1 月 15 日,巴西中央银行再次放宽雷亚尔对美元的浮动区间,并允诺在 18 日前中央银行不再采取任何干预措施,雷亚尔随即再度贬值,一度达到 1.50 雷亚尔兑 1 美元。1 月 18 日,巴西中央银行发表公报,宣布雷亚尔兑换美元和其他主要货币实行完全自由浮动的汇率制度,即雷亚尔的汇率水平完全由市场来决定,只有在市场出现雷亚尔兑美元汇率波动幅度过大的情况下,中央银行才会进入外汇市场进行有限的、暂时的干预。全此,雷亚尔完成了从钉住美元到完全自由浮动的转变。

1994 年是巴西汇率制度演变的一个重大转折点。诚然,巴西的进口替代发展战略取得了很大成绩,同时也积累了不少问题。第一,尽管进口替代满足了国内对一般消费品的需求,但对资本品、中间产品和工业原料的需求仍然严重依赖进口。第二,巴西的多重汇率制度,造成外汇市场价格的严重混乱,增加了企业出口成本,破坏了出口企业之间公平竞争的市场环境和秩序。第三,长期实行贸易保护措施,人为地封闭了国内市场,窒息了外贸企业的竞争活力,抑制了出口增长。第四,在推行进口替代发展战略时期,巴西曾长期实行扩张性的财政政策和货币政策,结果是通货膨胀率居高不下。面对严重的经济结构失衡、沉重的债务负担和恶性通货膨胀,从 20 世纪 90 年代起,与其他拉美国家一样,巴西开始了经济改革和结构调整,逐步从进口替代的发展战略,转向促进出口和进口替代相结合的发展战略。因此,在 1994 年 7 月,巴西实行了"雷亚尔计划",实行爬行钉住美元的汇率制度。

　　1999 年是巴西汇率制度的另一个重大转折点。王宇(2005)认为"雷亚尔计划"的实施遏制了通货膨胀,但也造成了极大的经常项目的逆差,这种状况在 1997 年金融危机爆发后愈发地显露了出来。1997 年亚洲金融危机爆发后,美元汇率出现了大幅度升值,加剧了雷亚尔的被高估程度,造成巴西经常项目逆差进一步扩大。在经常项目出现巨额逆差的情况下,巴西不得不大量吸引外资流入,通过资本项目顺差来维持国际收支平衡。1993 — 1997 年,巴西资本项目余额从 76 亿美元增加到 260 亿美元。除外国直接投资大幅增长外,国外投资者购买巴西境外债券的数额平均每年递增几十亿美元,境外贷款也快速增长。据统计,到 1998 年底,巴西的外债余额达到 2300 亿美元左右。同时,在 1997 年,巴西进入偿还内债的高峰期,政府不断地从国内外市场借入新债还旧债。这一方面加大了国内货币市场的压力,另一方面也给外汇市场造成相当大的冲击。1998 年,资本流入发生逆转,国外资本开始逃离巴西市场,仅 8 月份到 10 月份巴西就损失了近 300 亿美元的外汇储备,许多外国银行不再为巴西提供贷款展期,国内公司为了防止汇率贬值也纷纷提前赎回发行的债券。内外交困使巴西资本项目迅速恶化,雷亚尔贬值不可避免。在外汇储备大量流失的情况下,巴西政府希望通过高利率政策来保持雷亚尔汇率稳定,阻止资本外逃。在很短时间内,巴西中央银行将其基准利率从 34% 提高到 41%(2011 年 8 月基准利率为 12.5%),但是,在钉住美元的汇率制度安排下,高利率并不能改变资本外逃和雷亚尔贬值的趋势,许多商业银行出现了挤兑风波。

　　面对危机,时任巴西中央银行行长弗朗西斯科·洛佩斯指出,危机中的巴西面临三种选择:一是坚持钉住汇率制度,继续实行外汇管制;二是雷亚尔美元化;三是雷亚尔自由浮动。他指出,钉住汇率制度和外汇管制最终将使巴西走到既不能从国际市场融资也不能偿还外债的地步,雷亚尔美元化也会给国家带来更大的灾难。因此,除了雷亚尔自由浮动以外,巴西政府其实已经别无选择。洛佩斯认为,如果实行自由浮动汇率,中央银行停止对外汇市场的干预,不必继续动用外汇储备来稳定外汇市场,那么,巴西中央银行的外汇储备(360 亿美元)就有可能支付 1999 年的到期外债(120 亿美元)。邓立立(2005)认为巴西在 1999 年的危机中被迫转型,虽然完成了从钉住美元到完全自由浮动的转变,但由于巴西是在外汇储备损失严重的情况下被迫放弃钉住汇率制度的,所以,市场的恐慌情绪久久不能消除,雷亚尔持续下跌,1999年1月29日雷亚尔兑美元的汇率跌至 2.20∶1,创历史最低纪录。

（2）智利

智利属于中等发展水平国家,有研究预测在 2020 年前后其有可能成为南美洲第一个跨入发达国家行列的国家。智利矿业、林业、渔业和农业资源丰富,是其国民经济四大支柱。智利已经成为许多跨国公司在拉丁美洲建立分公司总部的地方。经过多年的发展,该国现在是开放的世界市场。智利的主要贸易伙伴是欧盟、美国、中国、韩国和 P4 协定国家(新西兰、智利、文莱、新加坡签署《跨太平洋战略经济伙伴协定》,由于初始国家为 4 个,称为 P4 协定国家)。黄志龙(2005)的研究总结了智利退出钉住汇率制、实现完全浮动汇率制的较为完整的过程,智利汇率制度的改革经历了三个阶段和三种汇率制度模式:20 世纪 60 年代初到 80 年代初的传统钉住汇率制度;20 世纪 80 年代初到 90 年代末的爬行钉住区间制度;20 世纪 90 年代末至今的完全自由浮动汇率制度。相对于许多新兴市场经济体汇率改革过程中发生的货币危机和面临的巨大货币压力,智利的汇率制度市场化过程是比较成功的。其主要原因在于,智利政府在汇率制度改革的前期准备、步骤安排、时机选择、政策协调等方面作了周密的部署和明智的决断。智利汇率制度市场化所积累的丰富经验,已成为新兴市场经济体汇率制度改革的成功典范。

第一阶段:20 世纪 70 年代中期至 80 年代初在传统盯住汇率制基础上进行的一系列改革。20 世纪 60 年代初期,为了稳定国内价格水平,智利中央银行开始实行钉住汇率制度。经过 1958 年和 1959 年的两次贬值后,智利货币的汇率固定在 1.05 比索兑 1 美元的水平。但 1960—1962 年间,智利的通货膨胀率有所下降,比索实际升值了 12%,同时经常账户出现了赤字。为了弥补赤字,平衡国际收支,智利对汇率政策进行了改革。1965 年 4 月智利开始实行爬行钉住制度,比索每月都有小幅度的贬值,以刺激出口。20 世纪 60 年代末,出于鼓励出口和吸引外资的需要,智利出现了三种官方汇率:一是大部分国际贸易中的汇率;二是银行业汇率;三是铜出口汇率。到 1973 年,智利的官方汇率竟然达到 6 种。20 世纪 70 年代中期,智利政府对汇率制度进行了调整,逐步恢复了单一汇率。1978 年 2 月,智利开始实行一种被称为"塔布利塔"(Tablita)的做法,即事先确定并公布汇率的变化幅度,以达到减弱公众通胀预期的目的。实际上,"塔布利塔"也是一种爬行钉住汇率制度。但是,这种汇率制度并没有达到降低通货膨胀的目的,20世纪70年代末智利通货膨胀水平持续维持在30%以上。1980年,智利取消了对银行持有外资头寸的限制,对银行举借外债的限制也逐步放松,银行借入的外债激增。外资涌入直接导致了比索实际汇率升值,加上1979年欧佩克大幅度提高石油价格,智利的经常项目迅速恶化。1981年经常项目逆差高达GDP的14.5%,失业率超过25%,货币投机和经常项目赤字严重。1982年8月智利货币当局被迫放弃了传统的钉住汇率制,比索迅速贬值了43%。20世纪80年代初,经过短暂的调整后,智利比索的汇率制度开始朝着市场化和更富有弹性的方向发展。

第二阶段:爬行钉住区间制度的实施,即向自由浮动汇率制度的过渡。20世纪80年代初,智利开始实行爬行钉住区间制度。钉住汇率水平的确定以国内外通货膨胀的差异为基础,最初规定的波动区间是2%,随后对区间幅度的规定逐渐放松,汇率自由浮动的空间越来越大。同时,政府并没有放弃通过外汇市场对汇率水平加以干预,而是经常根据国内外经济环境的变化及时地通过间接手段对汇率进行调整。总体来说,智利的爬行钉住区间汇率制度运行是相当成功的。与此同时,智利政府采取适当的宏观政策搭配也对汇率制度的成功运行和实施起到了重要作用。在这一阶段,智利货币当局经常对波动区间等参数进行调整,使汇率制度安排向更加市场化、自由化的方向发展。1982年,当局规定的允许汇率波动的区间是±2%,1985年扩大到了±5%,1992年1月又进一步扩大到±10%。1997年1月,比索汇率波动区间的上下限达到了最高幅度,为±12.5%。除了进行上述调整外,货币当局还对汇率水平进行了干预,于1985年连续两次将比索大幅度贬值,以使汇率达到合理的水平。20世纪80年代债务危机后,智利中央银行通过影响名义汇率来稳定实际汇率水平,确保比索逐步贬值不会造成通货膨胀率的大幅度上升,1981年到1988年,比索平均每年贬值30%左右,而智利的年通货膨胀率仅有20%。当然,结构性改革、私有化改革、贸易自由化、金融系统的改革以及国家财政状况的改善,也为减轻通货膨胀创造了有利的条件。从1990年开始,比索汇率的走势出现了相反的变化。1990年到1996年,智利实际汇率平均每年升值4.6%。随着对爬行区间宽度的放松,以及由钉住单一货币改为钉住一篮子货币,智利货币当局对汇率的干预越来越少,汇率的市场化程度逐步提高,虽然汇率波动幅度扩大,但一直在区间以内浮动。经过前一阶段的贬值,比索的汇率水平已经较为合理,再加上经济运行良好,通货膨胀率较低,比索不存在过度的贬值或升值压力,外汇市场平稳运行。

第三阶段:退出爬行钉住区间制度,建立完全浮动汇率制度。1997年亚洲金融危机以及随后的俄罗斯外债危机、巴西货币动荡等,对智利的进出口和国际融资环境都产生了不利的影响。智利向亚洲的出口占其出口总额的1/3,而1997年到1999年间,智利对亚洲的出口下降了23%。同时,私人部门负债率迅速上升,企业在国际金融市场上融资困难,经常账户赤字大幅度增加。为了维护国内经济的稳定和私人部门的信心,智利政府决定缩小汇率的波动区间。1998年6月,智利央行宣布将±12.5%的波动幅度降低到中心汇率+3.0%和-2.5%的范围之内。虽然这样做会加大比索受投机冲击,对其维护汇率稳定提出了更高的要求,但是,此举却给市场一个信号——政府将尽力保证通货膨胀目标。货币当局还准备用33亿美元的储备来维持外汇市场中比索汇率的稳定。俄罗斯外债危机爆发后,智利在国际市场上融资的条件进一步恶化,智利政府决定以提高国内利率的方式来维持比索汇率,结果造成了市场利率的狂升。随后,货币当局逐步放松了对汇率波动幅度的限制,1998年年底,波动区间已扩大到接近10%。随后的几个月内,由于担心经济陷入通货紧缩,加之国际经济环境的好转,智利货币当局开始放松货币政策,降低国内利率,国内外汇市场也逐渐恢复平静。1999年2月,在比索既无升值压力也无贬值压力的情况下,智利政府宣布结束爬行钉住区间汇率制度,代之以自由浮动汇率制度。市场和私人部门对这一政策转变的反应相当平静,外汇市场上比索汇率也没有出现过度的波动。至此,智利成功实现了从钉住汇率制向浮动汇率制的转换。在20世纪90年代末期之前,智利实行的是管理浮动汇率制度。与此相应,那时智利的货币政策实际上是汇率目标制(exchange rate targeting)。这种制度的特征就是,货币政策的一切操作都以保持本币与所确定的目标货币(智利选择的是美元)保持钉住关系为出发点和归宿。

李扬(2007)的研究中提到,1997年亚洲金融危机爆发,在全球掀起了一场对现行汇率制度的巨大冲击,智利也未能幸免。此次金融危机发生在经济和金融全球化进一步深入发展的背景下,因此便有了和以往任何一次危机都不相同的特征。如果说过去的经济和金融危机主要导因于国内经济的基本面存在缺陷(经济结构不合理、财政赤字过大、通货膨胀率过高等)或者存在严重的外部不平衡(经常项目长期逆差、对外过度负债、出口结构不合理并导致贸易条件恶化等),那么,1997年爆发的那场金融危机则主要起因于国际投机资本的恶意冲击,其攻击的主要对象正是那些实行各种形式固定汇率制的经济体。经历过这场危机的洗礼,所有的非关键货币国家都意识到必须对其实行的各种形式的固定汇率制进行变革,但对于究竟转向何方则十分踌躇。虽然国际社会曾就此提出过各种改革方案,但从本质上说,可以选择的改革方向事实上只有两个:一是实行更为彻底的浮动汇率制;二是放弃本国货币主权,实行某种程度的"美元化"。从发展过程来看,拉丁美洲的很多国家都选择了后者,但智利经过认真分析决定转向更为彻底的浮动汇率制。

智利的选择有着深刻的历史背景。智利当局认识到,20世纪80年代以来该国的几乎所有危机都与实行固定汇率制有关。例如,面对1999年的国际金融动荡,为了应付国际投机资本对智利比索的冲击,智利货币当局被迫放宽了汇率波动的幅度。但由于现行汇率制度约束下比索汇率调整的幅度受到限制,智利货币当局不得不采取极为紧缩的货币政策,尽管当时国内经济的发展急需货币当局给予金融支持。所以出此下策,一是为了减少政府支出,二是为了应付高达GDP5%的巨额经常项目赤字,三是为了克服外资抽逃所带来的国内资金短缺,四是为了防止通货膨胀反弹,五是为了弱化上述所有不利因素给国内企业的资产负债表所造成的潜在冲击。然而事与愿违,紧缩措施反而使智利再次陷入严重的经济和金融危机之中。频繁发生的金融危机以及克服金融危机所付出的巨大代价,使智利货币当局认识到,原有的汇率制度束缚了自己的手脚,以致在危机面前缺少有效的应对手段。经过反复权衡之后,智利货币当局决定从1999年9月开始,实行更为彻底的浮动汇率制。

2. 欧洲

(1)波兰

波兰转轨以来的汇率制度根据其国内经济环境的变化相继采取了从"单一钉住美元"、"钉住一篮子货币"到"爬行钉住"、"爬行区间浮动"再到完全自由浮动制等形式,最终实现了自由浮动汇率制度。经济转轨初期,汇率政策作为配合实施经济稳定计划的一种经济工具,其主要任务是抑制高通货膨胀,鼓励和扩大出口,稳定宏观经济环境。1989年12月,波兰议会通过了旨在建立市场经济框架的一揽子法案,迅速由计划经济体制过渡到市场经济模式。1990 年 1 月,政府开始实施经济稳定计划,进入经济转轨阶段。这一时期,汇率政策先是实行单一盯住美元,后来由于实际汇率升值影响出口,调整为盯住一篮子货币,进而转向实行爬行盯住汇率制度。波兰政治剧变和"休克疗法"迅速彻底地抛弃了原有体制基础,对整个波兰经济也造成很大冲击。经济稳定计划的顺利实施迫切需要稳定的宏观货币环境尤其是稳定的汇率政策。当时美元是国际上公认的强势货币,盯住美元汇率有利于稳定信心,降低通货膨胀和促进出口。

　　1990 年 1 月 1 日,波兰以国际货币基金组织提供的 7.15 亿美元信贷和 10 个西方国家联合提供的 10 亿美元稳定基金作为后盾,对其本币兹罗提主动实施大幅贬值,从此前的 1 美元兑 3100 兹罗提,贬为 1 美元兑 9500 兹罗提;实行单一盯住美元的固定汇率制度,并与收入政策一起构成了经济稳定计划的重要组成部分。单一盯住美元汇率政策的实施,加上紧缩的财政和货币政策,市场对兹罗提的信心逐渐恢复,通货膨胀率也迅速降低,稳定的货币汇率对出口也起到了重要作用。但是,与主要贸易伙伴和国际标准相比,通货膨胀率仍然偏高。单一盯住美元的汇率制度也显现出一些弊端,如汇率政策完全受制于美国经济,出口行业易受外部市场冲击;另外,固定的名义汇率加上通货膨胀率差异,导致兹罗提实际汇率升值,进而影响了出口,恶化了经常项目收支。1991 年 5 月,兹罗提由单一盯住美元改为盯住主要贸易伙伴国的一篮子货币。为了增加汇率弹性,进一步刺激出口行业复苏,同年 10 月实行爬行盯住一篮子货币汇率制度,对兹罗提实际汇率进行人为贬值。兹罗提平价取决于一篮子货币构成,即美元 45%、德国马克 35%、英镑 10%、法国法郎 5%、瑞士法郎 5%。兹罗提起初月爬行幅度规定 1.8%,然后分三步实施贬值:1991 年贬值 17%,1992 年贬值 12%,1993 年贬值 8%。兹罗提分步贬值,不仅没有引起大的震荡,而且一定程度上增加了汇率制度的灵活性,刺激了国内出口行业,改善了经常项目收支状况。

　　伴随资本账户开放和金融自由化进程,资本流入和外汇储备大量增加,波兰货币面临升值压力。汇率政策相机而动,进一步增强灵活性和主动性,并逐步提高中央银行货币政策操作的独立性。波兰自经济转轨伊始就致力于金融自由化和资本账户开放进程,1990 年年初允许居民出国购汇以及非居民买卖本国货币和外汇,1991 年出台一系列吸引外商直接投资的措施。中央银行主动对本国货币实施贬值的做法,促进了出口环境和经常项目的改善。大量未登记的边境贸易和外国直接投资(FDI)的流入,导致官方外汇储备逐年增加,波兰货币开始面临升值的压力。为了缓解货币升值压力,1993 年 8 月,中央银行开始逐步降低爬行盯住幅度,并引入波动区间,逐渐为汇率机制注入更多的灵活性。1994 年,波兰政府通过与“巴黎俱乐部”和“伦敦俱乐部”等国外债权人进行谈判削减或重组了大量的外币债务,投资环境和贸易条件继续改善。同时,波兰出现大量的贸易盈余。大量的资本流入使兹罗提不断面临升值压力,波兰中央银行不得不买入外汇。结果,银行系统流动性增加。为了抑制信贷扩张和过度借贷,波兰中央银行不断进行对冲操作,以吸收银行体系过度的流动性。随着资本的不断流入,波兰中央银行进行对冲操作的难度和成本越来越大,并且日益削弱货币政策实施效果。1995 年 5 月,波兰开始实施更加灵活的汇率制度,即爬行区间(Crawling band)浮动汇率制度。面对升值压力,中央银行每月对一篮子货币平价进行贬值,并对兹罗提的中心汇率进行重新定值。爬行浮动区间最初规定为上下 7%,银行间同业汇率由市场供求决定,波兰中央银行适时入市干预。这种汇率安排虽然有利于减轻货币升值的压力,但对外国投资者来说增加了兹罗提负债的汇率风险。至 1998 年年初,波兰央行成立货币政策委员会(MPC),主要目标是反通货膨胀和抑制投机性资本流入,汇率政策同样为此目标服务。1998 年 2 月,波兰央行将爬行幅度降低到 0.8%,汇率浮动区间由上下 7%扩大到上下 10%。1998 年 9 月,波兰央行放弃货币供应量目标而采取“直接通货膨胀目标”(Direct inflation targeting)框架,并发布中期货币政策战略,1999 年年初大幅度放宽汇率浮动区间。尽管国内通货膨胀势头得到有效扼制,但是持续的资本流入不断带来本币升值压力。波兰央行只有通过不断扩大汇率浮动区间,降低中心平价爬行幅度,将汇率风险转移给投资者。事实证明,这种政策调整对抑制短期资本尤其是投资资本的流入的确起到了一定作用,但资本流入的总体规模仍然延续较快增速。到了 1999 年底,FDI 同比增长 66%,长期信用流入同比增加 3 倍,证券投资流入同比增加 58%,债务证券项下的资本流入达到 27%。波兰经济的外部条件恶化,经常项目收支出现较大逆差。在这种情况下,持续大量的资本流入在很大程度上弥补了经常项目缺口,对转轨时期的经济发展起到一定积极作用。强大的市场力量和持续不断的货币升值压力,导致波兰中央银行的货币政策操作成本不断增加。

2000年4月,波兰央行货币政策委员会联合财政部决定实施"没有浮动区间、没有中心平价、没有人为贬值、没有政府干预"的完全自由浮动的汇率制度。兹罗提汇率完全由市场供求因素决定,无论名义汇率还是实际汇率相比以前波动更加频繁,对国际市场交叉汇率波动的反应也更加敏感。完全自由浮动的汇率制度同样支持央行的"直接通货膨胀目标"政策,以反通货膨胀为首要目标。总的来看,实行浮动汇率后兹罗提对美元汇率的总趋势是温和升值,国内通货膨胀也一直维持在较低水平。

(2)匈牙利

自20世纪90年代以来,匈牙利福林汇率经历了盯住一篮子(传统盯住)、爬行区间盯住、水平区间盯住、自由浮动等几个阶段。1995年3月之前,福林盯住一篮子货币,央行的干预区间也逐渐扩大至±2.25%。1990年2月,篮子中货币的数量一度达到11种,美元比重最大,达42.6%;1991年3月篮子货币数量减少至9种,但美元比重上升至50.9%;同年12月9日,篮子货币减少至2种,美元和欧洲货币单位(ECU)各占50%,此后几经更迭,ECU比重上升至70%。而福林官方汇率不停贬值,并且调整越来越频繁,单次贬值幅度为1%—15%不等,从1990年1月末至1995年3月13日,累计贬值幅度达到53.38%。

1995年3月,在不断增加的外部和内部压力之下,福林放弃盯住一篮子货币,开始实行爬行区间盯住。原盯住篮子中的欧洲货币单位于1997年年初和1999年年初分别被替换为德国马克和欧元,而权重未变;2000年年初,盯住对象从一篮子货币转向单一欧元。在此期间,央行的干预区间绝大部分时间维持在±2.25%,2001年5月4日起扩大至±15%,福林兑欧元随后大幅升值。爬行盯住期间,福林汇率继续贬值,但单日贬值率从最初的0.06%逐渐减少至0.00654%。除了俄罗斯货币危机期间,福林汇率一直紧贴于爬行区间的强边界上。2001年10月,福林放弃爬行盯住,转而实行水平区间盯住,盯住对象仍为欧元。虽然汇率制度弹性变小,但盯住区间一直维持在±15%的较宽区域内。在此期间,福林汇率几乎全部运行在汇率平价强区间内。2008年2月,匈牙利宣布放弃汇率目标区,福林正式进入浮动汇率时代。此举受到 IMF、欧元集团和金融市场的广泛欢迎。但在随后的一年时间里,福林汇率大幅波动。如果以匈牙利央行公布的欧元兑福林汇率隔夜变动点数作为衡量汇率波动程度的话,那么在这一年里,福林汇率日均波动点数由前一年的 0.91 点猛升至 2.06 点。当年 2 月末至 7 月下旬,福林兑欧元最大升幅接近 15%,但之后便迎来两个快速贬值期——当年 7 月下旬至 10 月下旬以及 2009 年 1 月初至 2 月中下旬,累计贬值幅度超过 25%。包括福林在内的东欧货币快速贬值在国际金融市场引发了剧烈震动,匈牙利央行不得不进行大规模干预,并寻求国际援助。

3.非洲

(1)埃及

埃及是个传统的农业国。埃及也是非洲工业较发达国家之一,拥有初具规模的工业体系。石油在埃及的国民经济中扮演着极其重要的角色,是最重要的外汇来源之一,其国民生产总值的 10% 和出口收入的 40% 来都自于石油及其制品。埃及旅游资源丰富,2007 — 2008 财政年度的增长率达到约 24.3%,旅游设施使用率达到 62%,旅游总收入达到 108 亿美元,游客人数达到 1220 万人次。埃及还较多地接受外国援助。美国是埃及的主要援助国。向埃及提供援助和贷款的国家和组织还有德国、日本、英国、意大利、比利时、荷兰等国及世界银行、国际货币基金组织。

张明亮(1992)的研究指出,按照国际货币基金组织的解释,多重汇率定义为:第一,成员国或其金融机构使本国货币与任何其他国家的货币的即期买卖差价超过 2% 时,可被视为多重汇率;第二,成员国或其金融机构使其他国家货币对其本币的中间价与这些货币在它们主要市场的中间价(即套汇率)的差别超过 1% 时,也被视为多重汇率。

在不同的历史时期,多重汇率制度成为少数工业国和某些发展中国家的经济政策工具箱。多重汇率制作为经济“微调”工具,对这些国家的政策制定者们颇具吸引力。在众多阿拉伯国家中最为引人注目的外汇体制改革当属埃及的改革。埃及的多重汇率制具有二十年的历史,制度复杂,根深蒂固。起初,为了缓解该国外汇头寸的压力,增加旅游收入,鼓励工人侨汇,推进资本流入,埃及自 1969 年起采用多重汇率制度,在官方汇率基础上增添溢价和附加费。20 世纪 70 年代初,埃及的多重汇率制正式形成体系,用以按照定值偏高的汇率向公共部门提供(廉价)外汇,补贴进口基本消费品的价格。由于可以通过正常手续按照高估的汇率购买到外汇,公共部门享受巨额补贴。而私营部门则实际上在诸多领域被排挤成为极为次要的角色。到1973年,埃及的汇率机制正式由两种汇率组成:官方汇率和中央政府所确定的"平行市场"汇率。新平行市场汇率的着眼点是吸引工人侨汇和鼓励旅游业的发展。为此,有关部门又制定了第三种汇率,形成下述汇率结构:一个中央银行总库用以储存中央政府运作用汇;一个定值较低的商业银行总库为公共企业交易提供服务;私营部门生产活动则由定值最低的自由市场总库提供服务。针对国际石油价格上涨之后外汇收入新特点,埃及又对上述汇率结构增添了"自有外汇"总库,允许居民自行处理自有外汇,进口自用商品。设立这一总库的目的在于利用大量海外埃及劳工的外汇收入。

　　埃及20世纪70年代和80年代的汇率制度演变与政策制定者们企图达到自相矛盾政策目标的努力密切相关。其中,最为重要的矛盾是,补贴公共部门某些交易行为的愿望与减少扭曲的必要性之间的矛盾。市场扭曲损害了埃及对外经济部门的经营业绩。其中一些扭曲与多重汇率制有关。因人口迅速增长而带来的需求增长以及该国脆弱的外汇收入状况加剧了协调政策目标的必要性。1979年,埃及统一了中央银行和商业银行总库;1981年,建立了溢价汇率;1985年1月,自有外汇进口被禁止,但三个月之后这项规定又被废除。到1987年,一个新的银行市场终于建立起来了。在区分不同外汇市场和限制套利性外汇流动方面,有关部门面临的管理上的困难使问题进一步恶化。到1990年,对于埃及当局来说,情况已然明朗,如果他们想要成功地摆脱金融失衡,使该国经济转向具有可靠的对外支付能力的话,更为广泛的外汇体制改革措施势在必行。1991年11月,在将汇率数目从三个减少到两个的9个月以后,埃及统一了其外汇市场。外汇体制改革是埃及综合性经济、金融计划的一个组成部分。这一改革方案的其他组成部分是重大的财政调整、利率改革和紧缩信贷的政策。外汇市场改革由两个基本方面构成:其一是按照现行的外汇供求条件确定外汇价格;其二是简化外汇数量管制系统,削弱导致生产、消费扭曲的经济、行政特征。这一改革有助于埃及加强国内和对外的金融平衡,遏止逃汇和吸引大量外资流入。然而,1991年,埃及实行经济调整与外贸自由化后,没有大力推动朝阳产业发展,将大量资金投资修建高档住宅、度假村等民用建筑,使工业基础设施改善不大。因此在激烈的国际市场竞争中,埃及企业出口乏力,内销下降,银行呆坏账增多,经济开始下滑,外贸逆差一度高达130亿美元的创纪录水平,只好动用原有积蓄来平衡,导致外汇储备迅速下降。为缓解外汇压力,政府对汇率制和货币政策进行改革,从2001年开始,埃及放弃了埃镑与美元挂钩的汇率政策,转向"管理浮动汇率制",允许埃镑的中心汇率在3%的幅度内进行交易,12个月后,埃镑贬值30%。国外在埃投资减少,外汇短缺,埃镑实际价值大幅下跌,出口商面临的压力越来越大,民众抛出埃镑,改持美元等货币,以避汇率风险。为稳定民心,政府向金融市场投放了大量美元,外汇储备从200亿美元急降到140亿美元,但仍无力阻止埃镑贬值。与此同时,埃及外债攀升,从占GDP的28%上升到32%。在种种压力下,埃及于2003年1月29日宣布实行浮动汇率制。

丁悦(2003)的研究中提到,2001年,埃及采取"管理浮动汇率制"前属资本账户不开放时期。埃及就在国际金融市场和汇率间设立了一道有效的防火墙。此时,埃及有200亿美元外汇储备,有足够能力操纵噪声项。同时,由于埃及市场机制不完善,市场反应灵敏度不高,使汇率维持固定成为可能,但却付出了极高昂的效率损失代价。埃及这样做,不是为博得推进市场化进程的虚名,而是政治谋略,即保留在特定时刻突然调整汇率(后再保持固定)的权力。在这种实质的固定汇率制下,交易成本上升和效率损失导致进出口增长缓慢,埃镑的坚挺又造成严重入超局面,过多的政府干涉性壁垒使埃及失去很多扩大出口的机会。

1999年以来,埃及国内基础设施投资过多,又趁亚洲金融危机连续两年进口了大量便宜消费品,经济出现泡沫。经常性非贸易外汇和外援等国际收入增加不多,出现巨额赤字,政府在特定时间频频宣布埃镑贬值。在埃镑一再下跌、外汇不足的情况下,政府面临效率与稳定的两难选择,确定效率与稳定孰为重、确定埃及目前真实的经济抗风险能力便成为埃及是否采用浮动汇率制的关键。埃及在国际社会的敦促和国内改革派的压力下,选择了效率,放弃了稳定,采取"管理浮动汇率制"后,埃及成为"小国开放型经济",资本账户开始有条件的开放。"管理浮动汇率制"属于后布雷顿森林体系中水平(上下3%)调整钉住汇率制,在政府控制下来决定汇率的制度,这同其他传统的固定钉住汇一率制没有实质区别。在资本账户开放情况下,效率和风险都随着汇率市场化程度的提高而提高。据蒙代尔的开放经济下"三元冲突"论,货币政策的独立性、汇率的稳定和资本自由流动三个目标不可兼得。

申卫平(2002)指出,埃及目前的选择是放弃汇率稳定而追求资本自由流动和货币政策的独立性。埃及从 1991 年开始允许外汇有条件交易后,资本渐渐放开,形成资本自由流动趋势。只是在经济形势较好情况下没有及时彻底地放弃固定汇率制导致金融危机。在目前的不兑现纸币本位制下,资本自由流动与固定汇率制是一种有潜在风险的组合。一方面,埃及在调整经济运行时,为维持本币与被钉住货币间的官价,必须保持国内利率与被钉住货币国利率的一致,从而受制于发达国家的货币政策。而埃及经济落后于发达国家,适合发达国家的政策不一定适合埃及,这种经济发展的"异质性"和"非同步性"使埃及最终难逃爆发金融危机的厄运;另一方面,在固定汇率制下,埃及人为抑制汇率的自由变化,给了投机者以可乘之机。丁悦(2003)的研究指出,"三元冲突"论也有缺陷,就是没考虑冲销的影响。埃及这样的新兴市场经济体不是在稳定的汇率和自由资本流动中选择,而是兼顾两者,即在不断放松资本管制的同时维持汇率稳定。因此埃及目前选择的浮动汇率制,可以使埃镑及时地自由贬值。

(2)南非

在当前实行的浮动汇率制度之前,南非的汇率体系经历了不同的制度。它曾经采用过固定汇率制度和双重汇率制度。首先是南非实行的封闭的兰特体系。自从导致大量资本外流以及黄金和外汇储备下降的沙佩维尔事件(Sharpeville)后,南非于 1961 年推出了封闭的兰特体系作为其外汇管制措施之一。正如施艾林(Schaling1995)指出的那样,该系统的目的是为了防止通过官方外汇市场使资本急剧外流。并且,南非采取了更严格的资本转移控制措施:非居民不准撤资和遣返他们的资金,甚至不能随意地在彼此之间转移;他们的资金被封锁在南非商业银行内,只能在特定的情形下才能转移资金。不允许非居民之间自由转让资金的原因之一是当局不愿正式承认浮动的封闭兰特汇率制度。施艾林认为,在固定汇率制时期,浮动的封锁兰特汇率制是不可行的。封锁的兰特汇率的水平低于官方(商业)汇率,反映了居民和非居民对南非股份的相对需求和外汇管制的存在。据说该体系导致了对官方汇率的高估,并且使国内利率与国际利率脱钩(施艾林,2005)。此后,南非又出现了证券兰特体系,时间是在 1975 年到 1979 年之间。如施艾林等人所说的那样,封闭的兰特体系带来了很多意想不到的后果,包括把南非的形象扭曲为投资终点。一个并行外汇市场的出现,促使南非储备银行于 1975 年 8 月 26 日宣布改革封闭的兰特体系,并于 1976 年 2 月 2 日引入了证券兰特体系。据说官方对证券兰特体系的承认一度导致了两种官方汇率并存,即证券兰特汇率和商业汇率(可变的兰特钉住美元汇率)。在这种体系下,在一定程度上放宽了居民和非居民的资本管制,不像封闭的兰特系统,非居民投资者之间可以直接转让证券兰特的余额;储备银行也对证券兰特市场进行干预,影响证券兰特与官方汇率之间交易水平的差异和借款成本(Schaling,2005)。

随后的大约 15 年间,在南非又出现了金融兰特体系。有研究指出,金融兰特体系,依照德科克委员会的建议(De Kock commission),于 1979 年 1 月下旬取代了证券兰特体系。最初,这个新体系一直运行到 1983 年 2 月 7 日。1985 年 9 月 2 日,金融兰特体系再次推行,作为处理南非债务危机的一项措施。在这个体系中,不动产股权投资(外国直接投资的股权投资)和金融资产股权投资(证券投资资本)均视为金融兰特交易。外汇管制进一步放宽,只要经外汇管制局批准,居民可在金融市场交易。与过去其他体系一样,金融汇率同样也低于商业汇率。施艾林指出,此举有效抑制了南非外汇储备和商业汇率的资本账户波动,但与此同时,它也阻止了非居民资本的流入,从而提高了南非经济体的资本成本。在对汇率的决定上,商业和金融兰特汇率都是可变的,无论是官方还是金融兰特外汇市场都受到储备银行的干涉,然而,储备银行对后者的影响要更为有限些。施艾林指出,这种干涉被看作是货币和汇率政策中重要的一方面。南非于 1995 年 3 月 13 日停止使用金融兰特体系,开始运行统一汇率制度。取消金融兰特体系是其资本账户自由化的早期举措之一。对非居民资本外流的管制措施充分放宽,非居民可毫无限制地转移资金,但对于居民而言,据说管制已通过资产交换机制逐步放宽。

4. 亚洲

(1)印度

印度在其独立后不久,就在 1947 年通过了《1947 年外汇管制法案》(*Foreign Exchange Regulation Act*,*1947*),对所有对外交易实施全面的管制;而在 1973 年,为使管制更为严苛,印度又通过了《1973 年外汇管制法案》

（*Foreign Exchange Regulation Act*,1973），该法案禁止了除特别许可以外的所有的印度居民与非居民之间的外汇交易。严格的资本管制使得这一时期印度的对外资本往来仅限于双边或多边的官方援助。

自 20 世纪 80 年代开始,印度持续性的经常项目逆差,而仅仅依靠在资本管制下有限的官方援助无法弥补其相应赤字。而到 1991 年,由于海湾战争引发的国际油价飙升及其他的国内政治因素,印度的海外投资形象一度下跌,国外融资越来越困难最终导致印度国际收支状况无法平衡,并最终引发了较为严重的国际收支危机。尽管此次危机最终未造成巨大损失,但这一危机仍促使印度当局决定对包括汇率制度在内的一系列对外经济制度进行改革,以解决未来国际收支不平衡对国内经济可能造成的冲击。寻求民间资本流入成为印度的必然选择,包括吸纳海外侨胞存款、举债国际辛迪加贷款,还有对外发行政府债券。由兰格拉简(Rangarajan)领导的国际收支委员会提交的改革报告建议,应"实行有限度的由市场决定的汇率制度,实现经常项目可兑换并逐渐实现资本项目的自由兑换,同时削弱政府在对外融资中所起的作用"。在此报告基础上,为配合对外贸易、产业结构和外国投资领域的改革,印度于1992 年 3 月开始实行双重汇率制度,并在 1 年之后即完成汇率并轨,放弃盯住汇率制,实行管理浮动汇率制,主要由市场供求决定印度卢比的汇率。

与此同时,印度也在稳步推进着卢比的可兑换进程。先是于 1992 年 3 月成为部分可兑换货币。而后印度在 1994 年 8 月宣布成为 IMF 第八条款国,实现了卢比在经常项目下的可自由兑换。2000 年 6 月,印度开始实行新的《外汇管理法案》(*Foreign Exchange Management Act*,FEMA)生效,同时废止《1973年外汇管制法案》。新法案的一个重大改变就是将原先汇率政策中的"管制"(Regulation)改为"管理"(Management),并将印度外汇管理的目标由积累外汇储备,转变为在发展金融市场的同时为贸易和支付提供便利。同时为了避免由于经常项目自由兑换导致的资本外逃,兰格拉简领导的国际收支委员会也建议设置了一些预防性措施加强了对经常项目的管理。1997 年 5 月,由印度央行任命的关于资本项目开放的塔拉波委员会(Tarapore Committee on Capital Account Convertibility)在参考了 10 个发展中国家对资本账户开放问题的研究后,提出了针对印度自身资本项目开放的对策和建议。报告认为印度资本项目可自由兑换的目标应确定为"可以自由地通过由市场决定的汇率水平,把境内金融资产转换为境外金融资产"。

由于印度在历次经济、金融危机中汇率制度的表现都十分抢眼,国内外学者关于印度汇率制度改革的研究著述和成果也颇为丰富。对于印度成功抵御东南亚金融危机等的原因,哥耶尔(Goyal)和达什(Dash1998)的研究指出,印度在金融危机之前逐步地实行宽松的货币政策以及较低水平的短期外债规模有效地阻止了危机中短期游资的流入和冲击。何道隆和晏世经(1998)则认为,印度自身稳定而持续的经济增长率是印度抵御危机冲击的关键原因之一,但是遗憾的是并没有给出印度这种稳定的经济增长的原因。关于印度汇率制度的改革历程,哥品那斯(Gopinath2005)、王忠文(1999)等学者都有较为详细的介绍,尤其是汇率政策的理念从"管制"(Regulation)到"管理"(Management)的转变,以及印度关于资本项目进一步开放的塔拉波报告的核心内容。在关于汇率制度改革中资本项目开放的改革方面,通常认为资本账户开放过程是一个长期、渐进性的开放过程,是整体经济改革的一个有机部分,应当以适宜的速度稳步推进。而与之相对应的,拉尔(Lal)、贝利(Bery)和旁特(Pant2003)则认为,印度应把握当时高增长、低通胀的机会深入汇率制度改革,以期实现资本项目的完全自由兑换,并且不应保留过高的外汇储备,弹性的汇率制度安排是资本项目开放的重要条件。

关于印度汇率制度改革的成效以及对经济发展的影响,科利(Kohli2000)通过将印度汇率制度改革前后印度的汇率与其他主要经济变量运行情况进行对比,认为即使在管理浮动汇率制度下,印度央行对于卢比汇率的干预程度仍然比较大,既包括公开市场操作等直接干预,也包括准备金要求等间接干预手段,而这些干预措施有效地稳定了卢比的汇率。正是由于印度央行的汇率政策维持了实际有效汇率的长期稳定性,印度外贸出口的竞争力以及经济发展处在了一个良好的外汇环境中,但同时央行的干预也使得政府累积的外汇储备持续大量增长,这可能对未来印度宏观经济以及外汇市场的稳定运行造成影响。袁宜(2005)在研究了印度汇率制度改革的主要内容的基础上,分析了印度汇率制度的运行现状,认为印度的汇率制度以及政策目标有效地实现了从管制到管理的转变,促进了印度经济的平稳发展。

(2)印度尼西亚

印度尼西亚是东盟的最大成员国。伴随着世界和国内经济条件的不断变化,它在汇率方面最显著的特征就是其从 1997 年东南亚金融危机以来不断变化的汇率制度。

在 1997 年的金融危机之前,印度尼西亚一直对外宣称的是实行管理浮动汇率制。Frankel 和 Wei(1994)建立了一个检验东亚汇率制度的通用模型,该模型通过分析几个主要国际货币汇率变化对东亚某国货币汇率变化的影响来验证该国是否盯住这些国际货币或者以这些国际货币组成的篮子,以及衡量各国际货币在篮子中的权重。该模型的数学公式为:$e_t^{i/K} = a_0 + a_1 e_t^{USD/K} + a_2 e_t^{JPY/K} + a_3 e_t^{EUR/K} + \varepsilon_t$。他们发现美元系数为 0.95,说明印尼盾实质上是高度盯住美元货币的。但是,赫尔南德斯(Hernandez)和蒙特埃尔(Montiel2001)认为,美元系数高的解释除了可能是该货币确实是钉住美元外,还有可能是虽然不钉住美元,但该国家的经济与美国联系紧密,或者是在研究数据样本考察期间世界经济对该国家和美国的冲击是对称的,可以认为印度尼西亚的管理浮动汇率制实质上确是钉住美元的。

但是由于印尼国情和紧盯一国货币制度本身的弊端,印尼在实施该制度时出现了很多问题。货币政策独立性缺失的成本增加。根据不可能三角,盯住美元汇率意味着货币政策独立性缺失。当经济危机发生时,政府针对经济情况运用货币政策使经济复苏的空间将会减少。对于印尼这种与美国经济发展差异较大的发展中国家来说,国内利率受制于美国就成为一个很重要的不稳定因素。日美汇率波动影响宏观经济稳定性。由于日本是印度尼西亚的第一大贸易伙伴,所以当日元兑美元大幅度波动时,印尼自身的进出口必然出现大幅整荡,从而波及整个国家的宏观经济。货币危机发生概率加大。由于印尼自身外汇制度在操作规则、信息披露和与国际资本流动接轨等方面的缺点,使得该国盯住汇率制反而鼓励了外汇市场投机活动,加大经济系统的脆弱。一方面吸引投机资金流入,迫使政府不断通过政策手段影响外汇市场,从而可能与国内实际经济政策产生矛盾,影响人民生活水平;另一方面又不利于整个外汇市场形成明确的预期,所以即使本国经济基本面良好,也会导致单向投机,一旦汇率偏离较大,公众的预期惯性就会加剧汇率的继续偏离,进而通过外汇市场上的"羊群效应",引发货币危机。

受东南亚金融危机的影响,1997 年 8 月到 2001 年 8 月之间印尼的汇率政策发生了一些变化。由于在金融危机中大量的国际投机冲击印尼盾,政府几乎用光了全部外汇储备,但仍无法稳定币值,造成了本国产出水平下降,外债繁重,失业人口增加,人民生活水平下降。所以印尼政府于1997年8月14日选择放弃固定汇率制,推行更有弹性的浮动汇率制以便给货币政策自主权留有更大的余地。值得一提的是,在1998年2月,印尼政府曾对外宣称准备采取香港式的联系汇率制,但根据世界银行《1997年世界发展报告》,印尼的对外开放度相对较低,且农业人口所占劳动力比重极高,说明其经济结构现代化程度较低。考虑种种因素,该国政府在1998年3月放弃了联系汇率制的设想。但是在实行独立浮动汇率制后,印尼的经济形势并无好转。印尼盾仍然不断贬值,下滑幅度一度高达334%,月波动幅度提高到了23%。本币贬值导致企业进口成本加大,生产能力无以为继。那些依赖进口和借贷外债的企业受到冲击最大。政府实行财政紧缩政策,银行利率增高,使中小企业融资进一步困难,流动资金紧缩又使企业经营更加困难,根本无力发展出口产品。根据国际货币基金组织资料,1997年后,印尼的进出口均有不同程度的下降,失业率增高,通货膨胀严重,GDP增长率甚至在1998年为-13.13%。

一般学者认为,印度尼西亚不适于浮动汇率制的原因有以下几个:

由于出口产品结构上属于粗加工产品,而进口品却多为高附加值商品,导致印尼出口供给弹性不足,进口需求的价格弹性也很低。再加上印尼在国际贸易中的话语权较弱,只能成为价格接受者,因而其通过汇率变动来促进资源配置和改善国际收支的效果并不明显,不能通过汇率政策改变以外币表示的进口价格。印尼盾本身是非国际交易货币,交易规模有限,国际认可度不高,这就使其金融创新天然缺乏规模经济的成本优势,客观上制约着金融市场的深化。同时,印度尼西亚金融创新工具的缺乏将使企业难以规避金融风险。印度尼西亚具有新兴市场经济体普遍存在的通病,即在资本市场不发达而缺乏汇率对冲机制的情况下,容易产生货币错配和货币期限错配。

由于前一个阶段印尼的浮动汇率制十分不成功,所以,在2001年9月,印度尼西亚政府宣布实施管理浮动汇率制。根据印度尼西亚中央银行统计数据显示,2002年以来,印尼盾已经成为东南亚地区汇率最稳定的货币之一。值得一提的是,在2008年全球金融危机的冲击下,印度尼西亚的汇率贬值也十分平缓。这得益于印度尼西亚政府为遏制印尼盾急剧贬值,防止巨额外币存款转移至海外,于2008年11月12日颁布的外汇交易新条例以及为数不多的美元外汇买入印尼盾行为。2002 年以来印尼盾缓慢贬值,使出口产品相对价格下降,具有竞争优势,促进了出口的较快增长。在外汇储备方面,2002 年以来,基本呈现稳中有升的发展趋势。这与贸易顺差扩大以及政府在 1997 年实施浮动汇率之后政府没有过多干预外汇市场有密切关系。而财政方面,政府收入的增加主要来自于加在石油和天然气上的税收收入和非税收入;外债繁重一直是印度尼西亚存在的问题,但由于近年来 GDP 保持增长,短期外债占 GDP 比重在不断下降。

就长远来看,由于东南亚地区经济发展的趋同性、东南亚地区的高度开放性以及东南亚地区贸易关系的互补性与竞争性,建立一种新的汇率制度安排来实现东亚汇率的均衡与稳定是一种必然。但是,这需要各国政府就汇率波动的指标和政府干预的强度、方式及联动等方面,进行长期积极的对话和沟通协调。这样才能有效地提高东南亚各国在世界货币体系中的地位,为其经济稳定和社会发展奠定良好的金融基础。

(3)马来西亚

在 1997 年亚洲金融危机以前,马来西亚本币——林吉特兑美元维持在 2.5∶1左右。1997 年金融危机后,林吉特兑美元的汇率大幅跌至 3.92 林吉特兑 1 美元的最低水平。为防止股市和汇市继续暴跌,马来西亚政府不得不于 1998 年 9 月 1 日实行资本管制,把林吉特汇率锁定在 3.80 林吉特兑 1 美元;禁止海外进行林吉特的兑换交易;外资基金在马来西亚股市投资需持股一年才能将股票变现汇出;以及限制林吉特出入境的管制措施。至此,马来西亚的汇率制度从自由浮动汇率制度转变为钉住美元的汇率制度,并成功实行了将近 7 年的时间(从 1998 年 9 月到 2005 年 7 月)。在此期间,钉住美元的汇率制度使马来西亚经济趋于稳定,为马来西亚经济在金融危机后的快速恢复及健康发展奠定了良好的基础。随着马来西亚国家经济的复苏,资本管制开始逐步放松。1999 年 2 月 4 日马来西亚将对外资实行的 1 年管制改为向流出的短期资本收税。2003 年 3 月 26 日马来西亚中央银行宣布一系列放宽货币管制措施,同时允许本国居民进行林吉特与外汇买卖,提高输出外汇的上限。至此,1998 年 9 月实行的资本管制措施大部分已被撤销。

2005 年 7 月 21 日,在中国宣布实行以市场供求为基础,参考一篮子货币进行调节,有管理的浮动汇率制度一小时后,马来西亚中央银行即宣布结束林吉特盯住美元的联系汇率机制,取而代之为有管理的浮动汇率,同时林吉特改为盯住一篮子货币进行浮动。马来西亚汇率制度的变动是由国内、国外综合因素决定的。经济增长强劲、外汇储备充裕、通货膨胀压力加大等因素是改革联系汇率制的基础,美元疲软、高油价等因素是改革的外部压力,而人民币汇率制度改革则为马来西亚汇率制度的改革提供了一个良好的时机。

　　1998 年 9 月,马来西亚开始实施联系汇率制,当时政府的出发点主要是稳定汇率,从而稳定国内经济和金融。虽然基本达到了目的,但是外汇管制在放慢资本流出和短期资本流入的同时,也对长期资本流入起到限制作用,同时易产生寻租和腐败问题,不宜长期维持。目前马来西亚的经济及金融体系已恢复健康,当时强行实施的种种资本管制措施也一一撤销。因此,在经济前景和市场条件都较为理想之下,联系汇率制变革的市场条件形成。首先,马来西亚本国经济增长势头强劲。进入 21 世纪以来,马来西亚经济增长强劲,2002 年实际 GDP 增长为 4.1%,2003 年为 5.2%,2004 年高达 7.0%。东盟区内 15 家主要研究机构和投资银行关于马来西亚的增长预测平均数也达 5.4%及 5.6%。一般而言,一国经济强劲增长必然引导着该国货币的升值。其次,马来西亚外汇储备量的增加。截至 2004 年年底,马来西亚外汇储备已达2535 亿林吉特(约合 667 亿美元),比 2003 年的 449 亿美元增长了 48.6%,这一增长比率在东亚地区排名第二,仅次于中国的 51.3%。外汇储备量的增加,使马来西亚林吉特面临升值前景。同时林吉特远期交割汇率不断上升,表明汇率市场投资者也普遍认为林吉特被低估。第三,现行汇率制度导致国内通胀压力增加。根据不可能三角理论,一个国家的汇率浮动、独立货币政策和资本自由流动是不能同时实现的,而此前马来西亚就是以牺牲货币政策独立性的代价来维持固定汇率的稳定。马来西亚央行为维护联系汇率制而进行的干预及货币冲销,不得不在市场上大量买进美元,投放林吉特,这已然导致基础货币投放过量,引起通货膨胀。2004 年起马来西亚的通胀率就一直在升高,且无下行趋势。第四,政治条件的成熟。2005 年 1 月,马来西亚前总理马哈蒂尔表示马来西亚货币林吉特随美元下跌造成了严重的损失,因此需要检讨联系汇率制。不久,马来西亚国际贸易及工业部长也表示如果马来西亚贸易竞争力受损,则需要重估林吉特币值,但联系汇率制本身不会改变。

　　此外,马来西亚经济研究局在其 2005 年经济展望中明确指出目前是改革联系汇率制的最佳时机。这些言论为改革联系汇率制作了充足的舆论准备。根据《南洋商报》的调查:72.9%的读者认为马币与美元脱钩利多于弊,反对者不到二成。可见改革联系汇率制得到了大多数马来西亚民众的支持。汇率调整第二天,马来西亚交易所综合指数闭市时上扬 17.75 点,充分显示了市场对调汇的信心。

外部环境也对马来西亚的汇率政策演变造成很大的影响。首先,美元的贬值导致林吉特贬值压力和东盟政治压力变大。近几年来美国巨额的财政赤字问题导致了美元的贬值以及对美元继续贬值的预期,这给盯住美元的林吉特带来了巨大压力。由于林吉特是东盟中唯一实行盯住美元的货币,这导致美元贬值的同时,林吉特相对其东盟邻国货币也贬值,从而提高了马来西亚产品的价格竞争力。东盟各国出口结构高度雷同,各国生产者之间价格竞争极其激烈,美元的贬值带来的马币贬值使东盟其他成员国要求马来西亚改革汇率制度的压力骤然增大。因此,在国际社会普遍认为亚洲货币需要升值的呼声之下,要求改变林吉特与美元挂钩的呼声异常高涨。其次,原油价格高涨是另一压力。从 2005 年起,在石油资源日益稀缺的大背景下,国际油价受到国际政治、供需关系、库存变化、自然灾害以及生产事故等诸多因素的共同作用,出现螺旋式上升,原油价格由 1 月份的每桶 42.12 美元一度飙升到 8 月底 70.80 美元的历史高位。国际石油价格的大幅度上涨,对于作为石油出口国的马来西亚经济发展具有较大冲击。因为马来西亚的外贸伙伴在面对高价格时需求萎缩,而且为减少燃料价格上涨过快对国内经济发展冲击的程度,政府不得不向经济主体支付更高的燃料补贴,加大了财政负担。此外,高油价导致制造业生产成本提高,对出口导向型的本国经济造成较大压力。因此对汇率制度进行调整,提高林吉特汇率水平,将减轻国际石油价格上涨对该国的压力。第三,人民币汇率变动为马币汇率变动提供了一个良好的时机。东南亚金融危机后,中国和马来西亚面临的国内外环境有很多相似点,如都保持了持续快速增长。在贸易顺差方面,中国国际收支经常项目和资本项目持续双顺差。而马来西亚虽然资本项目有时逆差,但经常项目顺差持续扩大,国际收支总体顺差不断积累。持续的国际收支顺差使人民币和马来西亚林吉特均承受了很大的升值压力。在这样的背景下,倘若人民币先升值,那么必然会导致国际热钱逐渐从中国流入马来西亚,从而可能对马来西亚的银行乃至整个金融系统造成震荡。因此,在中国宣布改变汇率制度随后一小时马来西亚紧跟着放弃了联系汇率制,转而实行有管理的浮动汇率制度。

三、总 结

从上述新兴市场经济体汇率政策选择及研究的现状可以看出,能从根本上防止一国宏观经济发生危机的汇率制度是不存在的,但存在与一国经济制度特征相适应的最优的汇率制度。对于新兴市场经济体而言,不顾自身的制度特征,盲目推崇标准汇率选择理论,试图寻求某种所谓最优的汇率制度的做法是不可取的。当然,除了上述因素外,新兴市场经济体在选择汇率制度时,还应该考虑汇率制度选择对一国经济制度的负面的影响。已有的研究认为,一国汇率制度的选择不仅是对现存制度条件的一种反应,而且有利于形成一个良好的制度安排。例如,有学者提出,如果中央银行的主要目标在于汇率的稳定,则政府不再能够通过中央银行为其财政支出融资,因此,固定汇率制度可以改善一国的财政制度,促成良好的预算管理。美元化有利于形成一个更为健康的金融体系,因为美元化避免了货币非匹配现象,深化了金融体制,从而使得经济更不易受到金融危机的影响。此外,汇率制度的选择有助于一国货币制度的改进,有助于货币当局建立一种公信度。如果一国固定汇率制的建立基于深厚的制度基础,则汇率的固定有助于该国货币当局公信度的增加。而在浮动汇率制下,外汇市场对一国宏观政策不一致的预期体现为汇率的贬值,因此,汇率的贬值成为政府不良政策的一种信号,这种机制有助于迫使政府重建财政纪律,及时修正政策的不一致性。但是也有观点认为,即使一国货币当局的公信度很弱,公众对中央银行独立性的支持不强,以通货膨胀目标为核心的货币政策的实施也有助于中央银行在制定货币政策时保持适当的谨慎。有证据表明,硬盯住的汇率制度可以促进一国的贸易开放程度以及与锚定货币发行国之间的经济整合程度。正如上文所述,贸易的开放性能减少新兴市场经济体的金融脆弱性,与锚定货币发行国的经济整合可以减少丧失货币政策工具而带来的成本。

第二部分　人民币汇率与微观经济分析

　　本部分从微观的角度研究了人民币汇率波动与实体经济的关系。在经济金融全球化的大背景之下,作为一个国家经济调整的重要杠杆,汇率的变化会导致许多经济指标显著地变化,对许多行业的发展造成显著的影响,汇率的变动对经济基本面的影响需要我们利用具体数据进行详细分析。本部分探讨了人民币汇率波动对行业价值的影响,对汇率波动如何影响商品期货价格进行了实证分析,研究了人民币汇率波动与出口贸易的实证联系。

人民币汇率波动对行业价值的影响

刘　芳　肖文彦

一、引　言

随着国际贸易的发展,汇率通过国际结算对企业的经营产生不容忽视的影响,甚至一定程度上改变了公司的构架和战略,比如基于规避汇率风险和降低成本的考虑应运而生的跨国公司经营策略。而汇率影响企业价值的这一观点也被业界和理论界广泛接受。不难理解,本国货币(简称"本币")相对于外国货币(简称"外币")的升值对于那些从事商品和劳务出口的企业,意味着折算的应收外币账款或者未来现金流入量变少,或者商品在国际市场上随着本币的升值而失去了低价优势,从而削弱了企业的竞争力,两种结果都降低了企业的价值。所以,对于未来有外币收益或者资本流入的企业而言,本币升值降低了外币现金流入量,对企业价值产生负面影响。而对于那些进口企业和以外币融资的企业而言,本币升值则是一个利好消息,因为企业可以支付更少的外币账款从而降低了进口成本或者减少了外币资本和利息的流出量,增加了企业的价值。所以,汇率的波动通过影响企业现金流量作用于企业的经营活动、筹融资活动、成本收益以及企业的价值。而对那些没有从事跨国交易的本国企业,虽然经济活动不直接涉及本外币汇兑和结算,但是汇率波动通过改变市场竞争结构也会间接影响这些企业及其所在的行业。例如,人民币升值会使中国出口到美国的纺织品价格相对上升,在美国市场上的竞争优势和市场份额受到削弱,中国的纺织品出口商在国际市场上处于不利地位,当人民币持续升值严重地恶化了商品在国际市场的竞争力时,出口商可能会考虑放弃国际市场转向国内市场,或者增加国内市场的份额,那些没有从事国际贸易的厂商不得不面临更高的国内市场的竞争程度,超额收益逐渐丧失。所以汇率波动直接和间接地影响了涉外企业和国内厂商乃至整个行业,我们通常用汇率风险(或称为外汇风险)来描述和测度汇率波动对企业和行业的价值影响。

本文研究人民币汇率对行业的影响具有以下现实意义:首先,中国的企业同质性较高,并且都不具备应用金融产品规避风险的能力,产品行业层面的研究具有较强的代表性。由于产品技术含量低,同业竞争激烈,多以低价策略保持市场份额,毛利率较低,因而全行业受到汇率波动的影响较大。通过检验汇率波动和行业估值的相关关系,可以了解到哪些行业对人民币汇率变动的敏感度高,汇率变动对这些行业造成何种影响,从而为政策制定者提供参考,我国需要在对外贸易政策中给予何种行业更多的支持,比如补贴或者出口退税。其次,通过测度汇率和行业估值的相关关系,我们可以了解到汇率到底多大程度上影响行业和企业的价值,及其相对于其他宏观因素比如经济周期的重要性,这样我们可以了解国家经济政策的重心应该侧重于宏观经济调控还是汇率政策。

二、汇率风险

在研究汇率对行业估值的影响前,我们需要了解企业的汇率风险。汇率风险通常是指经济主体在持有或运用外汇的经济活动中,由于汇率波动而带来的收益不确定性。对企业而言汇率风险通常可划分为经营性汇率风险和金融性汇率风险。经营性汇率风险是指汇率波动给企业的经营活动带来的不确定性,比如未预期到的汇率变动通过影响销售价格、数量、成本而引起企业未来一定时期收益或现金流量减少的一种潜在损失。经营性风险也可视为汇率的长期风险。金融性风险是指在运用外币进行计价收付的交易中持有的外汇头寸风险,比如交易风险或者是由于财务报表中记账货币不匹配引起的折算风险①等。

---

① 根据会计制度的规定,用外币计量的项目(资产、负债、收入和费用)发生额须按本国货币重新表述。

金融性风险被视为汇率的短期风险,可以通过外汇衍生产品市场进行对冲。

对于非金融行业,不同币种标价的商品在国际市场上交易,价格必然受到汇率变动的影响。尤其是对于高度竞争的产品,市场份额对价格非常敏感,因此汇率变动通过改变相对价格影响某国厂商的市场份额和其产品的竞争力。这一点对于中国尤为重要。中国的出口产品大都集中在劳动力集中、粗放型、附加值比较低的行业和初级加工品,比如纺织行业。由于生产技术较低,产业进入壁垒低,市场竞争激烈,使得其他发展中国家,如越南、印度、巴西、墨西哥这些同样拥有廉价的劳动力的国家也能够提供类似的低廉的初级加工品。所以产品同质性高、附加值低,价格成为决定市场份额的决定因素。人民币名义汇率的升值使中国产品变得相对昂贵,削弱了中国出口厂商的国际竞争力。

对于中国的金融行业而言,汇率风险更多地集中于中国的商业银行中。其外汇头寸体现在由于汇率波动给不同币种的存贷款业务、期限结构的管理带来的不确定性。例如人民币的升值预期会刺激居民以及企业对银行的外汇贷款的需求,或者降低外汇存款的意愿,导致外汇存贷款差额上升,外汇的存贷款期限不匹配加大了银行风险管理的难度。另外,中国的企业基本都是通过中国银行和各大商业银行进行结汇,一定程度上给金融机构的外汇管理带来挑战。

汇率的波动更为广泛的经济影响是可能导致的贸易结构变化,对银行的结售汇以及结算业务的改变,以及引起的利率水平变化,这种利率与汇率的关系是内生的。这种关系体现为,当汇率上升的时候,一个国家的出口可能会受到抑制而进口需求增加,国际收支中出现国际收支逆差,也就是说付给其他国家的货币支出总额大于货币收入总额;而国际收支逆差又反映了对本币相对于外币的需求不足,使本国货币预期汇率下跌。利率和汇率的相互关系体现为,当本币的升值预期刺激了持有本币的需求或者增加了卖出外币的意愿,推高本国货币的利率;然而,本国利率的上升,吸引国际资本的流入,使得外币供大于求,导致本国货币进一步升值,形成了自我加强的过程。

相对于汇率与利率或者汇率与国际贸易的关系而言,汇率和通货膨胀的关系是间接的,常通过实际汇率体现,实际汇率反映了两国货币的实际价值。根据购买力平价假说,两国货币的实际汇率主要是由两国货币的购买力决定的,而购买力的强弱是通过物价水平体现出来的。本国货币供给量增加常常伴随的是国内物价上涨,通货膨胀会降低本币的购买力和实际价值,使本币的实际汇率下降。

汇率体系的转变也会给企业带来汇率风险。自 1973 年布雷顿森林体系瓦解以来,世界主要的汇率体系由固定汇率体系转变为浮动汇率体系。目前,世界主要交易币种,如美元、欧元、日元、英镑、瑞郎等都是采取浮动汇率体系,其货币比价随市场供求关系而上下浮动。相对于固定汇率体系,浮动汇率制下的国家因为货币可以不受限制地自由浮动,在国际贸易的币种折算时面临着更大的汇率波动风险。但是从微观的角度来看,企业的汇率风险在固定汇率体系下却不一定比浮动汇率体系下小。帕特耐克(Patnaik)和沙(Shah2010)以印度的样本为例发现当汇率变动被限制时,企业更容易因为"道德风险"而增加公司的汇率风险敞口,从而加大了系统的脆弱性。我国自 2005 年 7 月 21 日汇率改革以来,从盯住美元的固定汇率体制转为有管理的浮动汇率体制。其间人民币对美元已由 1∶8.27 升值为 1∶6.32,大幅升值给涉外企业,尤其是以美元交易的企业带来了显著的外汇风险,同时也对我国进出口行业造成了重要的影响。

三、汇率对中国企业的影响

(一)国际贸易扩张相伴的汇率风险

从 1979 年改革开放以来,中国的对外贸易开放程度迅速增加,进出口额大幅攀升。如图 2-1 中所示,出口在国民经济总值中占比从 1970 年年初不足 5% 上升到 2006 年的 38%,尽管 2007 年金融危机以来出口占比下降,但是仍然有 30% 的比重,中国的对外开放度已经超过了欧美等发达国家。另外中国货物进出口总额位次由 2002 年的全球第五位上升至 2004 年第三位,2005 年和 2006 年继续稳居第三,2009 年居第二位,2010 年、2011 年继续稳居第二位,2012 年超过美国上升至第一位。货物贸易进出口总额在世界贸易中所占的比重由 2002 年的 4.7% 上升到 2006 年的 7.2%,因而随着对外开放程度加深,出口导向型的中国经济受到人民币升值以及升值预期的影响日益显著。

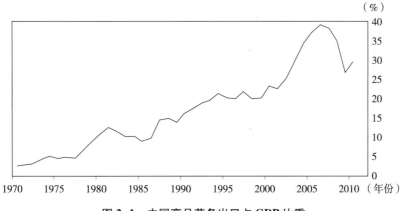

图 2-1　中国商品劳务出口占 GDP 比重

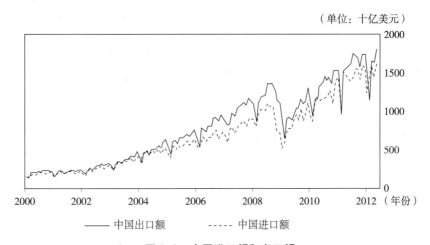

———— 中国出口额　　　- - - - - 中国进口额

图 2-2　中国进口额和出口额

（二）中国 2005 年汇率改革

2005 年 7 月 21 日中国实行汇率改革，由盯住美元（即 1 美元兑换 8.27 人民币）的固定汇率体制转为管理浮动汇率制度，此后人民币对美元加速升值。汇改之前虽然人民币盯住美元，但是因为美元采取浮动汇率体制，人民币对除美元外的其他币种的汇率是浮动的。因为欧洲和日本是中国除美国之外的主要贸易国，这里我们也绘出人民币对欧元和日元自 2001 年以来的名义汇率,如图 2-4 和图 2-5。而香港因为港币盯住美元,所以汇率变动趋势同美元兑人民币的走势(如图 2-3 所示)基本一致,这里不赘述。从图 2-4 中可以看出汇改以前人民币对欧元基本处于贬值趋势,而对日元的贬值通道在 2004 年年底结束后转而进入其后两年半的升值通道,但是自金融危机以来,由于日元作为避险天堂的硬通货而受到追捧,日元对美元甚至对人民币都显示出强劲

（单位：人民币）

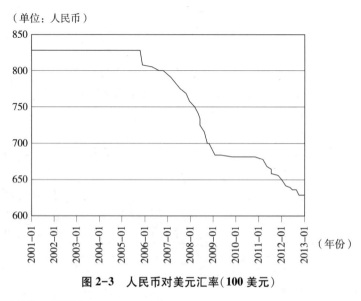

图 2-3　人民币对美元汇率(100 美元)

（单位：人民币）

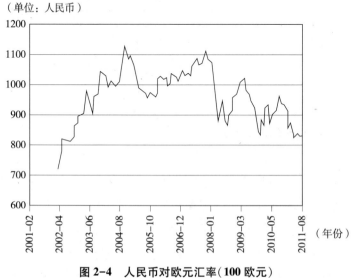

图 2-4　人民币对欧元汇率(100 欧元)

的升值趋势。所以本文的人民币汇率采用以贸易额为权重的加权平均汇率指数,又称有效汇率。从图2-6中可以看出人民币实际有效汇率在汇改后趋势发生了转变,相对于一揽子货币由贬值转为升值。

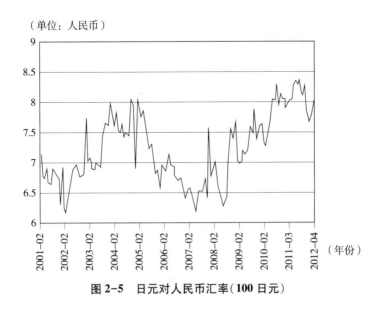

图2-5　日元对人民币汇率(100日元)

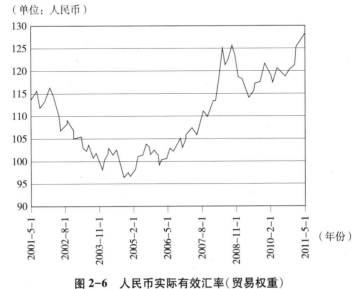

图2-6　人民币实际有效汇率(贸易权重)

(三)汇率风险文献研究

汇率波动影响公司未来的外币现金流量,给公司的经营带来不确定性。索尔尼克(Solnik1973),艾德勒(Adler)和杜马斯(Dumas1983),杜马斯(1984)分别基于(国际)资产定价单因素模型,引入汇率波动率来测度企业的汇率风险回报。

$$r_{it} = \beta_{i0} + \beta_{im}r_{mt} + \beta_{ix}r_{xt} + \varepsilon_{it} \tag{1}$$

r_{it},r_{mt},r_{xt},分别是公司(或者行业)收益率和市场的收益率,以及汇率变动率。如果汇率以一个单位外币标价本币的话,当r_{xt}的系数显著为正,说明当本币贬值的时候,公司的股票回报率增加,公司价值增加,我们称之为存在正汇率风险。相反,如果系数显著为负,那么公司价值随本币贬值降低,给投资者带来损失,或称汇率风险。

或者直接假设贝塔系数为1,等式(1)的因变量直接扣除r_{mt},则有:

$$r_{it} - r_{mt} = \beta_{i0} + \beta_{ix}r_{xt} + \varepsilon_{it} \tag{2}$$

大量的文献相继依据以上模型检验不同国家和市场的静态汇率风险,但是大部分实证结果发现汇率风险并不显著。比如,大多数研究是检验美国市场数据,发现几乎很少有公司或者行业具有显著的汇率风险系数[约利恩(Jorion,1990,1991);博德那(Bodnar)和简特利(Gentry),(1993);崔(Choi)和普拉德(Prasad1995)]。何(He)和吴(Ng,1998)对日本跨国公司股票汇率风险敞口的研究发现,在1979年1月到1993年12月期间171只股票中25%的样本表现了显著且正的敞口效应。基马兹(Kiymaz2003),库(Khoo1994),格里芬(Griffin)和舒尔茨(Stulz2001)进行了大量的国际比较,包括对发达国家和发展中国家的检验,都很难发现统计上显著的汇率风险。所以汇率的经济意义和它不显著的统计结果常被称为汇率风险之谜。

对汇率风险之谜的解释主要有以下几个方面:

(1)企业对汇率风险的规避措施有效降低了汇率风险

跨国公司可以通过管理长期的经营性汇率风险和使用避险工具规避短期的金融性汇率风险。比如通过调整会计报表计价货币的不匹配程度降低汇率波动对会计收益产生的影响。或者购买远期合约、期货期权等规避短期金融性汇率风险。高(Gao2000),威廉姆森(Williamson2001),德琼(De Jong2006)

等研究却发现规避汇率风险行为一定程度上降低了汇率风险,但其作用并不突出。巴特拉姆(Bartram),布朗(Brown)和明顿(Minton,2010)发现公司通过购买金融产品对冲的汇率风险效果小于通过经营性对冲策略或者把汇率风险通过产品定价转嫁给消费者。

(2)汇率风险并非常数或非线性

静态单因素模型中汇率风险被认为是常数,但是约里恩(Jorion1990),阿米胡(Amihud1995),何(He)和吴(Ng1998),格劳姆(Glaum)、布罗纳(Brunner)和霍爵(Holger2000),威廉姆森(Williamson2001),杜卡斯(Doukas),霍尔(Hall)和朗(Lang2003)等通过对比不同时期的子样本,或者利用滚动或是移动平均窗口,或者基于进口和出口比重的变化,发现汇率风险并不是稳态的,所以静态单因素模型并不能够很好地拟合汇率风险,统计上呈现出不显著性。比如何和吴(1998),多米格兹(Dominguez)和特萨尔(Tesar2006)发现汇率风险的符号和汇率水平相关,普利斯特利(Priestley)和奥德加(Odegaard2007)发现汇率在由贬值转向升值的阶段,汇率风险是非静态的。

另外一种解释是汇率风险是非线性的,导致单因素模型实效。巴特朗(Bartram2004),波特(Boudt),刘(Liu)和色库(Sercu2012)研究了汇率风险的非线性性。波特(Boudt)、刘(Liu)和色库(Sercu)(2012)提出,只有当汇率达到一定水平企业才会对其涉外业务进行调整。比如当汇率升值到一个相当高的水平,企业才会考虑是否放弃国际市场转向国内经营。所以汇率对企业的价值影响应该考虑汇率变动率的同时也考虑汇率的水平,因为汇率水平可能决定了企业经营上的重大变动,导致汇率风险的非线性性。

(3)汇率测度口径的使用

常用的测量汇率风险使用的汇率有双边汇率、(实际)名义有效汇率,以及其他方法构建的汇率指数。而有效汇率常招致诟病的缺点是汇率权重并不能完全地和某个公司或者行业完全匹配。比如说大部分公司的涉外业务只涉及一揽子货币中的一两个国家,所以统计上的不显著性有可能是因为有效汇率和各个行业(公司)汇率结构不匹配造成的。而用双边汇率在实证中有时也存在难度。比如可能很难找到每一个公司对每一个国外市场的销售数据,即便找到这样的数据①,

---

① Khoo(1994)收集了公司层面的交易数据,并构建公司的汇率指数。

在做国际比较时也很困难,因为不是每个国家都能找到这样的数据。双边汇率频度(日数据)一般高于有效汇率(月数据)。而观测频率的不同也可能导致统计结果的不同。钱伯林(Chamberlain)、霍依(Howe)和波帕(Popper1997),迪洛罗(Di Ioro)和方夫(Faff2000),格劳姆(Glaum)、布鲁纳(Brunner)和霍爵(Holger2000)发现使用日数据比月数据更容易发现汇率风险的显著性。然而,巴特托夫(Bartov)和博德那(Bodnar1994),周(Chow)、李(Lee)和索特(Solt1997),周(Chow)和陈(Chen1998),格里芬(Griffin)和史国斯(Stulz2001),多明戈斯(Dominguez)和泰萨(Tesar2001),穆勒(Muller)和维厄斯库(Verschoor2006)则建议用较低频率的观测值,关于数据频率的影响尚没有定论。还有就是关于使用实际汇率还是名义汇率的讨论。博德纳(Bodnar)和金特里(Gentry1993)指出使用实际汇率并没对实证结果作出很显著的改善。

关于控制变量的选用对汇率风险显著性的影响也有一些讨论。克里斯汀(Christine R.)、海克曼(Hekman1985)引入参照货币价值对投资敏感性来预测汇率变动。高(Gao2000)则选取一些宏观变量来替代市场指数,道卡斯(Doukas)、霍尔(Hall)和兰(Lang1999)用法玛·弗兰奇(Fama-French)三因素模型调整收益率。此外,公司的出口占销售总额的比重和对套期保值的需求程度可能与其所面对的汇率风险相关,高杠杆或低流动性公司有较大的汇率风险。实证检验方面,菲利普乔瑞(Philippe Jorion1990)使用了美国1977年到1984年间287家上市公司的相关数据,发现跨国公司股票回报率与汇率之间的关系与美国跨国公司的出口额有正相关关系。而公司规模越大,所面对的汇率风险也可能敞口越大,按照这个逻辑,集团性的跨国公司比非集团有更显著的汇率风险。戈登(Gordon2003)证实了汇率风险的符号的大小与公司规模有关系。王(Wang)和巴雷特(Barrett2007)采用1989—1998年的台湾市场股票相关数据,利用ARMA,GARCH-M模型来研究汇率易变性的长期存在问题,月度数据中受汇率影响最显著的是农业的贸易流量,而对其他行业影响较小,且与传统的模型假设结果有很大不同。

最后是关于测度个股的汇率风险还是测度投资组合抑或行业的汇率风险选择问题。用加总数据或者组合数据比如用行业数据而非个股数据的优势在于组合的优势,比如分散化投资意味着总方差较低,尤其是残差的方差较低,因此拟合的精度较高。另外也可以避免公司存续时间引起的面板数据不平衡的问题。但是组合数据的劣势在于一定程度抹杀了汇率风险在不同公司之间的异质性，个股的汇率风险的大小符号都可能在加总的过程中被平均掉，呈现出行业层面的不显著性。

如前文所述，中国以出口导向的产业主要集中在附加值较低的产品生产以及劳动力密集型的加工行业中。竞争主要采取依靠廉价劳动力的低价策略。另外中国企业尚且没有可以进行风险规避的金融市场工具，如人民币远期合约、期货和期权产品。企业除了和中国银行按照即期汇率结购汇之外，缺乏有效的途径对冲外汇交易头寸。所以，人民币的升值预期可能会造成产品价格上升，出口受挫，同时给企业的经营和现金流量带来不确定性。

但是研究中国企业的汇率风险的文献却不不多。拉杰（Raj）、陈（Chen）和茉莉（Jasmine2011）采用了上交所 837 只股票从 2005 年 7 月到 2006 年 12 月的日回报率，并将其按照商业部的行业标准划分为 19 个行业，涉外和国内经营两大类，利用 CAPM 模型进行回归分析，发现在人民币升值情况下，行业的汇率风险敞口并不显著；但是涉外企业在 ASEAN 外汇指数中表现了较显著的风险。不过这篇文章所选取的时间段过短，统计结果代表性差。

本文相对于拉杰（2011）的研究，选取了更长的时间序列，采用了 2001 年 4 月到 2012 年 1 月间 A 股行业和公司层面的数据，主要研究汇改对中国企业的外汇风险造成什么样的影响，不同行业面临怎样的汇率风险，并且针对公司的净现金流量研究汇率变动通过对金融约束如何影响公司的股价。此外，我们允许汇率风险存在不稳态的情况，采用滚动窗口的方法观测汇改以来在人民币升值情况下包括金融危机期间，不同的行业及上市公司面对的汇率风险水平的变化。

刘宜鸿（2006）在人民币汇率升值对我国股票市场的影响分析中提出人民币汇率改革主要从两个方面影响股市：一是对上市公司的业绩造成影响，人民币升值必将改变我国现有进出口状况，进而影响对进出口依存度大的上市公司的基本面及业绩，尤其是以美元结算的商品影响较为主要；二是对股票市场的资金供求造成影响，升值预期容易导致投机性资金或者热钱的流入，股票市场因此受到资金的推动。我国出口产品中劳动密集型产品仍居主导，主要是以价格取胜，一旦人民币升值，价格优势将不复存在，从而出口将受到严重影响。同时，由于进口的增加，人民币升值意味进口产品成本的降低，一些原料依靠进口的上市公司也会因成本降低受益，如：石化板块、航空板块的上市公司,因为飞机、汽油等进口商品成本的大幅度降低,从而增强企业的盈利能力。高科技产业也将受益人民币升值影响,这些行业的关键设备或配件往往依靠进口,随着人民币的升值,这些公司的单位产品的生产成本会明显下降,公司盈利将上升。

在外汇风险管理越来越重要的今天,本文的研究结果不仅可以为学者、企业管理者提供参考信息,也可以为政策的制定提供意见。首先通过了解汇率对不同行业的影响,在对外贸易的政策中可以侧重保护重要却受到汇率风险影响很大的行业,另外在政策比较中可以根据对汇率风险和其他因素比如经济周期的权衡,选择对企业价值更为有利或者更为迫切的政策。

四、汇率风险的实证分析

本文研究汇率变动对中国的企业价值的影响。选取上市公司为代表,主要从行业和企业层面通过对公司以及行业的股票价格或者指数的收益率和人民币汇率波动的关系来探讨中国企业的汇率风险。

(一)数据

本文采用证监会行业分类标准,对中国 A 股的所有上市公司按照 23 个行业分类,分别为农林牧副渔、制造业、公用事业、建筑业、交运仓储业、信息技术业、商业、金融服务、房地产、社会服务、文化传媒、食品饮料、纺织服装、木材家具、造纸印刷、石油化工、电子、金属非金属、机械设备、医药生物、其他制造业、采掘业和综合行业。23 个证监会分类行业的指数回报率来源于 WIND 资讯。市场回报率是采用上证综指的回报率作为代表。汇率则是采用 IMF 的以贸易为权重的人民币实际有效汇率。

样本观测期间从 2001 年 4 月到 2012 年 1 月,因为 WIND 资讯中 23 个行业的指数数据最早始于 2001 年 4 月。

我们采用的检验模型如下:

$$r_{it} - r_{mt} = \beta_{i0} + \beta_{ix} r_{xt} + \varepsilon_{it} \tag{3}$$

其中 r_{it} 表示 i 行业指数在 t 时间的月回报率，r_{mt} 表示市场在 t 时间的月回报率，r_{xt} 表示人民币对一揽子外币的月度变化率。正的 r_{xt} 表示人民币对一揽子货币升值，而负值则代表人民币贬值。β_{ix} 就是我们所测量汇率风险的参数，是衡量人民币汇率变动与行业指数超出市场的回报率部分的关系。某个行业的 β_{ix} 系数为正（负）表明随着人民币的贬值（升值）而行业指数回报率降低（增加）。

（二）人民币汇率改革对中国企业汇率风险的影响

1994 年到 2005 年 7 月 21 日汇改之前，中国实行的是人民币盯住美元的固定汇率制，保持在 1 美元兑 8.27 人民币的汇率水平不变。2005 年 7 月 21 日起，我国对人民币汇率形成机制进行改革，人民币汇率不再单一盯住美元，而是选择若干种主要货币组成一个货币篮子，同时参考一篮子货币计算人民币多边汇率指数的变化。实行以市场供求为基础、参考一篮子货币进行调节、有管理的浮动汇率制度。人民币汇率形成机制改革以来，人民币对一揽子货币呈现升值趋势（如图 2-7 所示）。2008 年 1 月到 2009 年 1 月，人民币出现了一轮加速升值，其后又进入相对稳定的渐进式的升值通道。

（实际汇率指数）

图 2-7　人民币对一揽子货币走势图

(三)行业回归结果及其分析

回归分析结果报告于表2-1。在整个样本期间只有公用事业的汇率风险系数显示出统计显著性,而出口占比较大的行业如纺织服装这样的行业虽然显示出回归系数为负值,但是汇率风险却在统计上没有显著意义。这样的统计结果明显有悖于汇率风险的经济意义。考虑到中国汇率体制在样本期间发生了转变,我们把全样本以2005年7月为界限分成两个子样本,观测汇率风险的不显著性是否由于固定汇率体制下汇率缺乏变动弹性引起。

表2-1　行业汇率风险测试结果

	全样本 (2001.05—2012.01)	第一子样本 (2001.05—2005.06)	第二子样本 (2005.07—2012.01)	变化率
	β_{ix}	$\beta_{ix,1}$	$\beta_{ix,2}$	$\left\| \dfrac{\beta_{ix,2} - \beta_{ix,1}}{\beta_{ix,1}} \right\|$
农业	0.38 (0.79)	−0.33 (−0.92)	0.45 (0.59)	2.36
建筑业	0.23 (0.56)	−0.14 (−0.41)	0.19 (0.29)	2.36
纺织服装	−0.52 (−1.14)	0.02 (0.05)	−1.18 (−1.64)	60
商业	−0.28 (−0.74)	−0.06 (−0.18)	−0.67 (−1.14)	10.17
综合行业	−0.50 (−1.20)	−0.68 (−2.09)	−0.67 (−1.03)	0.01
文化传媒	−0.13 (−0.29)	−0.82 (−1.40)	0.06 (0.09)	1.07
电子	−0.39 (−0.84)	−0.55 (−1.08)	−0.53 (−0.77)	0.04
机械设备	−0.15 (−0.44)	−0.26 (−1.10)	−0.38 (−0.70)	0.46
金融服务	0.14 (0.40)	0.13 (0.22)	0.06 (0.13)	0.54
食品饮料	−0.14 (−0.37)	−0.18 (−0.60)	−0.38 (−0.67)	1.11

续表

	全样本 （2001.05—2012.01）	第一子样本 （2001.05—2005.06）	第二子样本 （2005.07—2012.01）	变化率
木材家具	−0.38 （−0.66）	−0.58 （−0.69）	−0.38 （−0.48）	0.34
信息技术	0.12 （0.32）	−0.32 （−0.77）	0.19 （0.35）	1.59
制造业	−0.12 （−0.39）	−0.21 （−1.13）	−0.30 （−0.63）	0.43
医药生物	0.22 （0.48）	0.01 （0.03）	0.07 （0.10）	6
金属非金属	−0.06 （−0.17）	−0.19 （−0.81）	−0.12 （−0.22）	0.37
采掘业	−0.46 （−1.47）	−0.03 （−0.07）	−0.84 （−1.81）	27
石油化工	−0.21 （−0.55）	−0.32 （−1.32）	−0.37 （−0.58）	0.16
其他制造业	−0.20 （−0.43）	−0.19 （−0.42）	−0.59 （−0.84）	2.11
造纸印刷	−0.20 （−0.53）	−0.23 （−0.68）	−0.43 （−0.72）	0.87
公用事业	0.53 （1.67）	−0.01 （−0.03）	0.90 （1.78）	91
房地产	−0.18 （−0.40）	0.00 （0.01）	−0.57 （−0.78）	
社会服务	−0.22 （−0.59）	−0.06 （−0.18）	−0.50 （−0.86）	7.33
交运仓储	0.00 （0.01）	−0.17 （−0.65）	0.25 （0.59）	2.47

在 10% 的显著性水平下，T 检验结果显示，在全样本（2001M04—2012M01）共 129 个观测值，23 个行业中，只有公用事业的汇率风险系数显著。第一子样本是在汇改前人民币盯住美元的固定汇率体制下。在第一子样本中只有综合行业汇率风险 β 系数是显著的，所有的系数的 t 值都小于第二子样本对应系数的 t 值。而在第二样本（2005M08—2012M01）共 78 个观测值，23 个行业自变量中，汇率风险系数显著的行业增加了采掘业和纺织服装两个。

即,第二子样本中汇率风险系数有三个行业是显著的:纺织服装、采掘业和公用事业。第二子样本是开始于中国汇改之后,也就是人民币汇率转为有管理的浮动汇率体制。在汇率风险敞口方面,7 个行业即农业、建筑业、公用事业、金融服务业、医药生物、信息技术和交运仓储业显示的系数始终为正,意味着这些行业在人民币升值的过程中,其股票价值也出现了增长,所以它们具有正的汇率风险溢酬。相对于汇改之前,其中六个行业(农业、建筑业、文化传媒、信息技术、公用事业和交运仓储)的汇率风险系数由负转正,意味着在人民币升值的过程中公司的价值从降低转为提高,两个行业(纺织服装和石油化工)由正转负,意味着人民币升值的过程中公司价值下降。另外还有 8 个行业虽然汇率风险系数符号没有变,但是 t 值有所增加。

所以全样本的不显著有可能是因为汇率风险是随着汇率体制的改变发生了变化。在固定汇率体制下的一些行业,尤其是对美国出口占比比较大的行业由于人民币盯住美元,名义汇率几乎没有波动,所以没有呈现出显著的汇率风险。而当人民币由固定汇率转向有管制的浮动汇率体制时,汇率风险随着人民币升值逐渐显现。还有一些行业,比如纺织服装业,主要出口到欧洲,而汇改之前人民币对欧元是贬值的,所以出口商受益,我们看到汇率风险系数虽然不显著但是符号为正,符合人民币贬值纺织行业受益的经济意义;汇改之后,欧元和美元都对人民币呈现贬值态势,中国的纺织服装出口受到打击,我们也看到汇率风险系数由正转负,表明纺织行业在汇改后出现股价受损的结果。综上所述,汇率风险更可能是时变的,尤其当中国的外汇政策经历了不同体制的变革。

表 2-1 中第一、二子样本中的汇率风险系数发生符号改变的现象,表明汇率风险可能具有时变性而非常数。所以在接下来的实证中我们通过测试来观察汇率风险是如何随着时间的推移发生变化。我们采用滚动窗口的方法观测汇率风险变动,窗口期为一年,移动步长为一个月。

绘制出各个行业在全样本的时变汇率风险系数,可以看到,23 个行业的汇率风险随时间变化呈现出以下相似的趋势:首先汇改以前汇率风险系数 β 随时间波动的范围较小,而汇改之后汇率风险系数的浮动区间明显放大,尤其是从 2007 年 9 月金融危机以后汇率风险的波动性非常大,此间,汇率自身的波动率也显著高于其他时期。其次,汇率风险在行业间呈现趋同性,并且受到经济周期的影响显著。比如 2009 年间,中国的经济和出口自金融危机以来首次出现了强劲反弹,图中各个行业的汇率风险负数也都相应地由负转正。

　　同样地,我们分别考察各行业汇率风险系数在两个子样本的移动窗口变动情况,可以看到:金融服务业在 2002 年中国进入 WTO 之后汇率风险系数呈现由负转为正的走势,在 2002 年 10 月汇率和股价的负相关关系达到最低点(系数为-2.79),并且在 1% 的水平显著(t 值为-2.15),但是到汇改前的 2005 年 5 月,汇率和股价的相关关系达到最高点(系数为 2.12),在 5% 的水平显著(t 值为-1.78)。所以在固定汇率体制和人民币持续贬值的背景下,银行业是受益行业。而汇改后的行业汇率风险相对汇改以前在行业间的差异增大了,但是整体趋势是汇率风险系数除了房地产行业都在 2008 年年初到 2009 年年初出现了大幅下降。房地产行业因为是抗通胀行业,更多的是受到通货膨胀以及通货膨胀预期的影响。2008 年期间因为全球性金融危机,经济衰退预期显著,因而通胀水平受到扼制,市场流动性出现紧缩,尤其是 2008 年上半年房地产行业信贷资金链条面临严峻考验,所以房地产行业和汇率的负相关关系更可能是一种伪相关关系,并非人民币汇率的升值直接导致房地产行业估值降低,而是主要因为流动资金紧张,估值降低发生的窗口正好是汇率升值的过程。前面也谈到汇率变动和通货膨胀的关系是间接的,也是内生的。尤其在金融危机时期,汇率和通胀都可能出现较大幅度的变化。抗通胀行业受益于高通胀水平,同时,较高的通胀也意味着一国的实际汇率水平降低。所以像房地产这样的抗通胀行业是同时受到多个因素的作用,没有控制其他因素的影响是很难说清房地产行业的汇率风险的。

　　我们选取汇改之后呈现显著汇率风险的三个行业——公用事业、采掘业和纺织服装业,分别研究它们在滚动窗口下汇率风险的变动方式。

　　图 2-8 是公用事业的汇率风险系数的时变情况。公用事业主要由电力、燃气、煤炭等子行业组成。从 2005 年以来这些能源型行业受到成本的向上推动,价格上涨远远超出通胀水平。所以这些行业虽然并没有和人民币汇率的直接关系,但是由于产品本身价格处于上行通道,呈现出人民币汇率风险减弱的趋势。

　　图 2-9 是采掘业的汇率风险系数时变情况。可以看出采掘业的 β 值一直为负且绝对值越来越大,表明采掘业随人民币升值面对的汇率风险敞口增

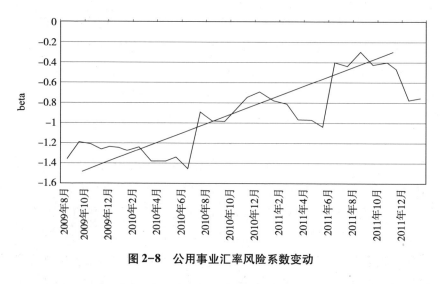

图2-8　公用事业汇率风险系数变动

加,且幅度逐渐增大。在一定的误差范围内说明采掘业对汇率的敏感度增加。由于采掘业产品直接关系到国民经济的发展,因此在我国加入 WTO 后,原油、天然气、煤炭、各种金属及非金属矿产品的进出口仍由指定的国营贸易企业经营。采掘业属于石油上游行业,很多公司资产直接与国际油价相关,以美元计价,因而随着人民币升值的外币贬值,公司资产减少。煤炭行业的分析是从出口入手的,中国一半的煤炭出口国外,人民币升值导致煤炭行业和汇率变动的负相关关系更为明显,并且由于人民币的持续升值,煤炭行业出口大大减少的同时受到澳洲矿业的竞争冲击,呈现出不断增大的负的汇率风险溢酬。

图 2-10 显示的是纺织服装行业的汇率风险系数变化情况。在近四年来由于人民币汇率升值,纺织服装行业受到了不容忽视的冲击。我们看到自 2007 年年底以来,纺织服装行业的汇率风险系数基本呈现向下的趋势,并且符号上由正转负,说明纺织服装行业的汇率风险越来越高。所以,在制定国际贸易的相关政策时,政府可以考虑通过补贴等形式支持纺织服装行业的发展。

通过对中国各行业的汇率风险分析,我们发现只有很少的行业呈现出汇率风险的显著性,即使是考虑了汇率风险的时变性,也仅在汇率波动较大的期间和金融危机时期汇率风险才显著。然而中国企业从经济意义的角度

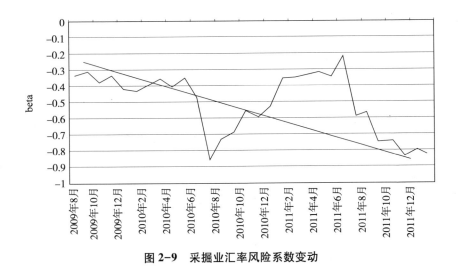

图 2-9　采掘业汇率风险系数变动

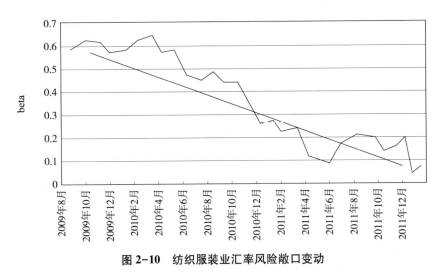

图 2-10　纺织服装业汇率风险敞口变动

上分析应该具有汇率风险,首先,中国的高开放度以及出口导向型的贸易,以及企业没有避险工具等特征都意味着中国的企业应该比其他发达国家的企业更具有汇率风险敞口。所以在以下的部分我们检测一下个别公司的汇率风险。

五、公司的汇率风险的研究

(一)公司层面的研究数据

汇率对公司价值的影响可以分为长期性的经营性的影响和短期性的金融性的影响。通过不同货币在时间长度和金额大小上的不匹配对公司经营的收入、成本、资产、负债以及权益上造成不确定性,或者是产生短期结算和折算的差异。不论是长期经营性还是短期金融性汇率风险,都涉及企业的现金流量。所以,我们在甄选所研究的股票的时候,引入一个新的指标——汇现比来计算公司在一个会计年度因为汇率变动产生的现金流量净额占总净现金流量的增量的比重(用 K 代表)。

$$K = \left| \frac{CF\_e}{NCF} \right|$$

其中, CF_e 和 NCF 是汇率引起的现金流量变动以及净现金流量变动额。

如果一家公司中,净现金流量的增量中很大比重是由汇率变动产生的现金流量贡献的,那么说明汇率变动对企业的现金流量的变动产生重要影响,或者汇率的波动一定程度上决定了企业的现金流量的波动。而企业的价值又是未来现金流量的贴现值,所以,我们认为汇现比高的公司更容易受到汇率波动的影响,汇率风险应该更明显。

我们从沪深两市的所有股票中按照 23 个行业分类选出汇现比在各个行业排名前五名的股票,共 115 只股票。为了保证足够的样本量,最终选出 107 只股票进行研究。数据来源于国泰安数据库。股票的超额回报率采用考虑现金红利的回报率减去市场回报率,考虑到股权分置改革以前非流通股股价没有统一标准而可能产生的影响,这里我们分别采用两个数据 M1、M2,其中 M1 是按流通股权重的股票指数计算的回报率,M2 是按全股本权重的股票指数计算的回报率,比较分别使用两种市场回报率的实证结果;外汇指数也使用两列数据 E1、E2;E1 是人民币对一揽子货币的实际有效汇率,E2 是名义有效汇率。具体模型如下:

$$r_{it} - r_{mnt} = \beta_{i0} + \beta_{ixp}r_{xpt} + \varepsilon_{it} \tag{2}$$

其中 r_{it} 表示 i 公司指数在 t 时间的月回报率, r_{mnt} 表示市场在 t 时间的月回报率(n＝1 为按流通股权重计算的市场回报率, n＝2 为按总股本权重计算的市场回报率), r_{xpt} 表示人民币汇率的月度变化率(p＝1 为实际有效汇率, p＝2 为名义有效汇率)。β_{ixp} 就是我们所要求的汇率风险敞口,它是衡量人民币汇率变动与行业指数回报率之间的关系。某个公司的 β_{ixp} 系数为正表明随着人民币的贬值(升值)而公司价值增加(降低)而为负则表示该公司的回报率随着人民币的升值(贬值)而增加(降低)。

(二)回归结果及分析

我们对个股汇率风险作了汇总,统计在全样本期间(2001 年 4 月到 2012 年 1 月,表格中表示为"全")汇率风险分别为正和负的股票个数,它们的平均值,以及在 10% 的水平下显著的股票个数。其中我们比较四种组合,M1E1 是使用流通股权重计算的市场回报率和实际有效汇率的结果;M2E1 是使用总股本权重计算的市场回报率和实际有效汇率的结果;M1E2 是使用流通股权重计算的市场回报率和名义有效汇率的结果;M2E2 是使用总股本权重计算的市场回报率和名义有效汇率的结果。同时,我们还分析了汇改以后也就是第二子样本(2005 年 7 月到 2012 年 1 月,表格中表示为"子 2")的相关结果。

表 2-2　个股汇率风险敞口结果汇总

回归类型	负系数		正系数		10%显著		
	个数	平均值	个数	平均值	总数	正	负
M1E1 全	65	−1.01	32	0.78	14	4	10
M2E1 全	68	−0.94	29	0.81	13	4	9
M1E2 全	60	−1.03	27	0.86	13	5	8
M2E2 全	57	−0.98	40	0.82	12	5	7
M1E1 子 2	71	−1.04	34	0.85	17	4	13
M2E1 子 2	71	−1.04	34	0.85	17	4	13
M1E2 子 2	69	−0.96	36	0.87	13	4	9

	负系数		正系数		10%显著		
M2E2子2	70	−0.89	35	0.86	11	3	8

市场回报率 M1 与 M2 相比,使用 M1 按流通股权重计算的市场回报率和实际有效汇率 E1 时,个股表现了更显著的汇率风险敞口;尤其是在第二子样本汇改之后股权分置改革基本完成,使用按流通股权重计算的市场回报率和外汇指数,对应更多的股票呈现汇率风险显著性。负的系数大于正的系数的公司总数,说明汇率升值总体上对公司的价值产生负面影响。

以下 17 只股票在汇改之后的回归中在 10% 的置信水平下显著的,这几只股票的基本信息如下表:

表 2-3   汇率风险敞口显著的个股基本信息

股票代码	股票简称	行业代码	行业名称	β
300012	新宁物流	F21	交运仓储业	2.75
600232	大杨创世	C13	纺织服装业	−2.63
600870	S仪化	C47	石油化工业	2.45
600389	金瑞科技	C99	其他制造业	1.71
600708	ST生态	A01	农林牧渔业	−1.66
600619	天宸股份	M	综合类	−1.69
600496	驰宏锌锗	B07	采掘业	−1.71
002050	中工国际	E01	建筑业	−1.75
000012	南玻A	C61	金属非金属	−1.81
600138	西部资源	B07	采掘业	−1.81
600151	维科精华	C11	纺织服装业	−1.83
002258	升达林业	C21	木材家具业	−1.99
600797	宁波海运	F07	交运仓储业	−2.14
000782	长江证券	I21	金融服务业	−2.39
600370	万向德农	C01	食品饮料业	−2.47
600182	生益科技	C51	电子	−2.48
002246	帝龙新材	C99	其他制造业	−3.60

　　17 只股票来自 14 个行业,有两只及两只以上的股票的行业分布为:纺织服装业、采掘业还有交运仓储业。所以即使行业汇率风险敞口不显著,但针对个别企业而言,汇率风险还是存在统计上的显著性的。而行业的不显著性可能是由于行业内企业的汇率风险符号大小不一,平均后统计显著性降低。比如交运仓储业在行业层面的汇率风险是不显著的,在表 2-3 中它的两只股票虽然汇率风险显著,但是符号相反。而石油化工行业覆盖了全产业链,而上下游产业具有协整和风险对冲作用,所以在全产业链是很难观测到汇率风险的影响。

　　我们进一步对公司在汇改以后的数据进行滚动回归处理,观察汇率风险系数在 10% 的置信水平下显著的 8 家公司,具体回归结果和基本信息如下:

表 2-4　汇率风险敞口显著的公司回归结果和基本信息

证券代码	证券简称	行业代码	行业名称	β	T 值
000012	南玻 A	C61	金属非金属业	−6.834	−2.53
600011	皖通高速	F11	交运仓储业	6.52	4.12
600188	吉林森工	A03	农林牧渔业	−5.07	−2.43
600216	ST 秦岭	C61	金属非金属业	−4.87	−1.86
600261	北方股份	C73	机械设造业	4.90	2.31
600432	冠豪高新	C31	造纸印刷业	−5.21	−1.67
600537	ST 国发	C8501	医药生物业	−5.63	−1.91
601166	西部矿业	B07	采掘业	−3.68	−1.80

　　表 2-4 中 β 代表 2005 年 7 月至 2012 年 1 月的时间段内,个股表现出持续显著的汇率风险系数的平均值。显著的公司所处行业与表 2-3 有一些差别,增加了造纸印刷业、医药生物行业、机械设造业,也减少了食品饮料、木材家具、电子、其他制造业、建筑业、金融服务和综合类。这 8 家公司在人民币升值情况下的汇率风险系数变动情况中除了皖通高速和北方股份为正外,其他均为负;且吉林森工、ST 国发的汇率风险系数变化明显恶化。

六、企业外汇风险管理①

如果说对汇率风险的正确的预测是汇率风险管理的基础,那么对汇率风险的防范及处理便是汇率风险管理的核心。我们可以把涉外企业的汇率风险分为:贸易支付的汇率风险、外汇借贷的汇率风险和外汇资产的汇率风险三种。以下是对企业外汇风险管理提出的建议:

(一)贸易支付中的汇率风险防范

(1)正确选择计价货币、收付汇和结算方式。一般来说,涉外企业在出口商品、劳务或对资产业务计价时,要争取使用汇价趋于上浮的货币,在进口商品或对外负债业务计价时,争取用汇价趋于下浮的货币。一般情况下,在进口合同中计价结算的外币汇率趋升时,进口商品尽可能提前付汇,若计价货币下浮,进口商应推迟或提前收汇。

(2)运用套期交易。目前离岸市场如香港、新加坡和芝加哥可以做人民币非本金交换的期权和远期合约,虽然对于中国大陆企业操作不很便利,但是这个市场将成为中国未来金融市场开发的方向。套期交易运用的金融工具主要有远期合同交易、期货、期权。①远期合同交易。涉外企业在外汇市场上进行远期合同交易是为避免在货物成交到支付款项期间内因汇率变动而遭受的风险。当涉外企业在未来要支付或收入外汇,并已预测外汇汇率要发生变动时,则在现在签定一个协议,规定在未来按照远期汇率交割一笔外汇,数额与货款相等,确保公司的外汇数额的价值。一般协议的期限为3个月、6个月、9个月,有时甚至可达1年。这种业务的优点,一是可以选择币种;二是可以通过卖出远期外汇对应收货币保值,买进远期外汇对应付货币保值。②期货交易与期权交易。远期交易中多以实际外汇收支需要为基础,而外汇期货通常可以不需要实际外汇收支为背景;远期交易按照企业实际外汇收支确定交易

①　参见游有强:《人民币升值情况下规避外汇风险的方法》,《开放潮》2008 年第 1 期。

金额,而期货交易则是以标准化合约为标的物,可以不断对冲,金额难以与实际需求完全吻合。此外,涉外企业可与办理期权交易的外汇银行签定一份期权合同,规定享有在某一时间以商定的价格买入或卖出某一种外币的权利,但并不承担义务。涉外企业在经营出口业务时,如计价外币预计会下跌,则卖出看跌期权,若在合同期满时,计价外币汇价下跌,即市场价格低于协定价格,则卖权所有者可按协定价格结汇,若计价货币上升,则可放弃出售权而按市场价格结汇。但是期权价格相对于期货价格较高。

(3)综合方法:外汇风险防范的综合方法主要包括 BSI 和 LSI 两种。这两种方法实际是上述几种方法的综合利用,同时也是因为某些方法必须与其他方法相互配合,才能消除全部风险。BSI(Borrow-Spot-Invest)即是借款—即期合同—投资法。LSI(Lead-Spot-Invest)即是提前收付—即期合同—投资法。如英国 B 公司在 60 天后从美国公司有一笔 30000 美元的应收贷款,为防止汇价波动,B 公司征得美国公司的同意,在给其一定折扣的情况下,要求其在 2 天内付清这笔贷款(暂不考虑折扣具体数额)。B 公司取得这笔 30000 美元贷款后,立即通过即期合同换成本币英镑,并投资于英国货币市场。由于提前收款,消除时间风险,由于换成本币,又消除了货币风险。

(二)资本借贷的汇率风险防范

资本借贷的汇率风险,是指借贷关系的确定到本息偿付期限内,由于借贷货币汇率的变动使实际支付本金利息的增加或收入的减少所造成的损失。资本借贷的汇率风险或使债务人的支出增加,债权人受益;或者相反。例如,当美元、日元趋于升值时,我国外债还本付息负担日益加重。防范资本借贷的汇率风险,除贸易支付中的汇率防范措施以外,还有以下几种:

(1)债券以双重货币发行:双重货币是以某一种货币计价,债券到期时,按预定好的汇率以另外一种货币偿还本金。

(2)借贷货币的汇率变动风险与货币的利率高低综合考虑。一般来说,从汇率角度来看,借进低息的硬货币对借款人有利,同时在非金融危机时期,硬通货升值的压力也相对小。因此,对借用外汇的涉外企业来讲,参考汇率和利率的关系,可能得到汇兑收益的同时也能节约资金成本。

（三）外汇资产的汇率风险防范

涉外企业的外汇资产的汇率风险是指由于汇率的变动而使外汇资产的实际价值减少所造成的损失。防范企业外汇资产汇率风险的最常用的办法是"一篮子"货币法和远期外汇买卖保值法。目前我国涉外企业外汇资产仍以美元为主,日元、马克、欧元、瑞士法郎所占比例很小,涉外企业外汇资产的汇率风险很大。因此,建议我国涉外企业调整外汇资产币种结构,适当提高日元、马克、欧元等货币的比例,降低美元的比重。

七、结　论

本文在拉杰(2011)的理论研究上,延长了时间序列,采用了 2001 年 4 月到 2012 年 1 月间以及 2005 年 7 月到 2012 年 1 月间两板数据,在 10% 的显著性水平下,T 检验结果显示,在全样本共 129 个观测值,23 个自变量行业中,只有公用事业汇率风险系数显著。而在部分样本共 78 个观测值,23 个行业自变量中,汇率风险系数显著的行业增加了采掘业和纺织服装两个。在行业汇率风险检验中我们发现,实证研究中除了个别行业所面对的汇率风险敞口并不显著,而 2005 年度改革确实增加了行业汇率风险敞口显著性。同时我们根据现金流量中外汇占比的情况从 23 个行业中选出 107 个公司并对其 2005 年 7 月以后的数据进行滚动窗口的检验,发现 17 家公司汇率风险系数在 10% 的置信水平下显著,实证检验说明中国的企业和行业都存在外汇风险。

人民币汇率变化对我国商品期货价格影响的实证分析

刘　阳　朱小能

一、引　言

期货是众多金融衍生品之中的一种,是从现货交易逐渐衍变而成的一种交易形式。期货价格受到多种因素影响,包括供求关系、经济周期及政策因素、自然因素、投机及心理因素、金融货币因素等。其中,汇率的变化会导致现货价格波动并对期货价格有举足轻重的影响。自2005年汇改以来,人民币快速升值,金属(主要为金、铜、铝等)、玉米、棉花、大豆等较为成熟、交易量较大的商品期货价格受其影响大幅波动,汇率对商品期货价格的影响越来越显著。

汇率对期货价格的影响主要通过两种途径:一方面,人民币升值的直接结果是使得人民币的购买力持续增强,降低了相关现货国际产品的进口成本,国际现货商品进口需求大幅增加,国内商品需求则相对下降,从而导致国内商品期货价格下降;另一方面,人民币升值会严重削弱国内企业出口优势,导致出口量大幅降低,从而会减少对国内原材料的需求,也会降低国内期货品种的价格。

目前,国内研究汇率与商品期货价格之间关系的文献较少,仅有的几篇文献也是研究汇率对国外较成熟的商品期货品种价格的影响,而且结论不尽相同。其中,彭民等(2009)使用曲线拟合的方法,得出美元指数与国际石油及原油期货价格有高度的负相关关系的结论;施利敏等(2009)利用格兰杰非因果关系的检验方法,研究发现出口国抑或是进口国汇率的波动均不严格导致该国农产品期货的价格变化,而且汇率与农产品期货之间没有长期协整关系。丁振(2009)研究了人民币升值对中国沪铝期货的影响,研究表明人民币汇率与国内期铝价格存在长期均衡关系,但汇率对国内期铝价格影响较小。

现存相关文献主要的研究方向是国际期货市场中的期货价格与国内同种期货价格的相互影响,或是国内商品期货与现货市场之间的关系。夏天和程细玉(2006)对美国大豆、中国大豆以及中国现货大豆三者的价格进行了实证分析研究,发现美期豆、中期豆、中现豆三者不仅长期协整而且相互影响,大连期货市场的大豆期货在数年内都长期处于价格引导的主动位置。有很多学者研究了沪期铜刚上市交易的一年内沪铜现货及期货价格与伦铜现货及期货价格的关系,其结论是伦敦和上海期货市场中,现货铜与期铜均有长期均衡关系;无论现货抑或是期货,伦敦期铜都可以引导上海期铜的价格变化。吴冲锋等(1997)研究了沪铜与伦铜及深圳现货铜之间的关系,发现沪铜与深圳现货铜有协整关系,两者与伦铜无协整关系。刘庆富等(2006)对我国小麦与大豆期货、现货价格关系进行研究,结果表明大豆期货现货价格之间存在双向引导关系,小麦仅存在期货对现货的单向引导关系。李慧如(2006)通过对中国棉花期货和现货市场的价格研究,发现二者之间存在长期均衡关系,且期货价格对现货价格的引导较强。华仁海(2002)研究了沪铜与现货铜的关系,协整关系得到验证,二者也互为对方的格兰杰原因。吴文峰等(2004)研究沪市与伦市期铜价格的溢出效应时得出了伦敦期铜价格变化引导沪市期铜价格变化,而沪市期铜不能引导伦敦期铜的变化的结论。陈学民(2011)在原有的伦铜与沪铜的价格以外加入了利差的因素,建立了含有利率因素的国内外期铜市场的联动性模型,发现了利差与期货价格以及收益率有引导关系,三者价格同向变化。

综上所述,国内对于商品期货的研究主要集中在期货及现货两者的相互影响上,对汇率对中国商品期货价格的影响鲜有触及。作为新兴期货市场,我国汇率波动对期货市场到底存在何种作用,它们之间的信息是如何传递的,市场有效性如何等等,目前尚不十分清楚。本文试图通过对人民币—美元汇率和沪金、沪铜、沪铝、郑棉、豆一连续以及玉米连续等6种主要商品期货的价格进行实证研究,旨在发现汇率波动对中国商品期货价格的影响,从而在人民币升值的情况下帮助商品期货的参与者合理有效地规避汇率风险。

本文结构如下：在第二部分，我们将详细介绍我们要考察的中国期货种类及价格数据。在第三部分，我们详细介绍各种用于分析期货价格与汇率关系的方法。第四部分是对汇率与期货价格关系的实证检验。第五部分是本文的结论。

二、数据的选择与处理

2005 年 7 月 21 日，中国首次宣布实行以供求关系作为基础、参考一篮子的货币来调节、采用有管理的浮动汇率制度，人民币自此不再单一盯住美元，对美元的汇率以每年接近6%的速度大幅升值。

直到 2008 年美国的次贷危机席卷全球，流动性从世界各地回到欧美地区，美元汇率走强，人民币升值压力得到释放，人民币的升值戛然而止。仔细观察汇率变化发现，2008 年 6 月 20 日，美元兑人民币汇率就已降至 6.90 以下，而直到 2010 年 6 月 30 日，汇率才终于突破 6.80。这 0.10 的变化所经历的时间竟超过了两年，汇率在这段时间内几乎是一条水平线。同时，自 2008 年 7 月开始，人民币兑美元汇率的波动幅度大幅收窄，人民币汇率基本退回到汇改之前盯住单一美元的状态。

2010 年 5 月 10 日，中国人民银行在其发布的《2010 年一季度中国货币政策的执行报告》中重申了人民币汇改的立场。《报告》中提到："按照人民币汇率形成机制的改革原则，进一步地完善以市场供求为基础、参考一篮子货币来调节、有管理的浮动汇率制度，保持人民币汇率在合理均衡水平上的基本稳定。"这段文字被经济学家和学者们视为人民币重新回到汇改的轨道中、再一次与美元脱钩的重大信号。《报告》的提出时间是在 2010 年二季度中旬，其中汇改的信号在二季度末和三季度初得到了印证。

考虑到研究的问题是人民币升值对国内主要商品期货价格的影响，因此文章选取了从 2010 年 7 月 1 日人民币再一次稳步升值开始，截止到 2012 年 6 月 14 日的人民币日度收盘价作为汇率数据。

商品期货数据来自于国内具有代表性的 6 种商品期货的收盘价格，分别是：沪金连续、沪铜连续、沪铝连续、郑棉连续、豆一连续和玉米连续，时间跨度与汇率数据相对应,从 2010 年 7 月 1 日到 2012 年 6 月 14 日。由于国内期货市场节假日闭市,而外汇价格却是连续的,我们将不匹配的数据删除,每一组连续有效的时间序列数据 475 个。汇率数据和 6 种商品期货数据均来自于 WIND 资讯终端。

为简便起见,本文用 EX 代表所采集的汇率数据序列,用 FD、FJ、FL、FM、FT、FY 分别代表所采集的豆一连续、沪金连续、沪铝连续、郑棉连续、沪铜连续和玉米连续价格数据序列。为了使数据序列更为平滑,减小时间序列的异方差,本文对汇率及期货价格同时取自然对数进行分析研究。取自然对数后的汇率和商品期货数据分别用 LNEX 和 LNFD、LNFJ、LNFL、LNFM、LNFT、LNFY 表示。

三、实证模型介绍

(一)单位根检验

时间序列数据通常都是非平稳的,对于非平稳的时间序列不经处理直接进行回归分析,往往产生伪回归问题。为了避免在进行时间序列分析时出现伪回归,需要运用单位根检验方法检验时间序列数据的平稳性。

本文借助 ADF(Augumented Dickey-Fuller test)方法对期货和汇率价格序列进行平稳性检验。单位根检验分为含趋势项、含截距项、不含趋势项和截距项三种,文章通过序列趋势图确定 ADF 是否包含常数项和趋势项,其中,含截距项和趋势项的 ADF 单位根检验模型如下:

$$Y_t = a + bt + gY_{t-1} + \varepsilon_t$$

估计模型参数并计算出参数的 t 统计量,与 ADF 分布临界值表进行比较。零假设为 $H_0 : g = 1$。如果参数 g 的 t 统计量的绝对值大于临界值的绝对值,则拒绝零假设 H_0,说明序列不存在单位根,即序列 Y_t 是平稳的;否则,接受零假设 H_0,序列 Y_t 非平稳。

(二)协整检验

对于两个序列 X_t 和 Y_t ,如果 $X_t \sim I(1)$, $Y_t \sim I(1)$,并且存在一组非零常数 a 和 b ,使得 $aX_t + bY_t \sim I(0)$,则称 X_t 和 Y_t 之间是协整的。

为了检验时间序列是否存在长期协整关系,本文采用恩格尔(Engle)和格兰杰(Granger1987)提出的两步检验法,称为 EG 两步检验,即应用 ADF 检验来判断残差序列的平稳性,进而判断因变量和自变量之间的协整关系是否存在。

(三)ECM 模型与 Granger 因果检验

由于原序列之间的协整关系的存在,可以加入协整关系得到非均衡误差来构建误差修正模型 ECM。当时间序列不平稳但存在协整关系时,可以建立误差修正模型 ECM 来研究其短期变化关系。建立误差修正模型一般采用两步:第一步,建立长期协整关系模型,即通过水平变量和 OLS 估计时间序列变量间的长期关系。第二步,建立短期动态关系 ECM:

$$ECM_{t-1} = \ln Y_{t-1} - a_0 - a_1 \ln X_{t-1}$$

$$D\ln y_t = b_0 + b_{1i} \sum_{i=1}^{p} D\ln x_{t-i} + b_{2j} \sum_{j=1}^{p} D\ln y_{t-i} + b_3 ECM_{t-1} + \varepsilon_t$$

在 ECM 的基础上,本文采用格兰杰(1969)提出的格兰杰因果检验方法说明两个变量之间是否存在引导与被引导的关系:

$$\ln y = b_{y,0} + b_{y,1i} \ln x_{t-i} + b_{y,2i} \ln y_{t-i} + \varepsilon_{y,t}$$

$$\ln y = b_{y,0} + b_{y,1i} \ln x_{t-i} + b_{y,2i} \ln y_{t-i} + \varepsilon_{y,t}$$

模型使用 F 统计量进行检验。如果存在非零 $b_{y,1i}$,则称 X_t 对 Y_t 有引导关系;如果存在非零 $b_{x,1i}$,则称 Y_t 对 X_t 有引导关系;如果同时存在非零 $b_{y,1i}$ 和 $b_{x,1i}$,那么说明 X_t 与 Y_t 之间相互引导。

(四)VAR 模型、脉冲响应分析和方差分解分析

最后,文章采用脉冲响应分析和方差分解分析对上述分析结果进行进一

步的验证。

西姆斯(Sims1980)提出了向量自回归模型(vector autoregressive model)。此模型采用联立多方程的形式,不以经济理论为基础,在模型的每一个方程中,内生变量对模型的全部内生变量的滞后值进行回归,从而估计全部内生变量的动态关系。

脉冲响应函数反映出一个内生的变量对于误差冲击的反应。向量自回归(VAR)模型中,当某一变量 t 期的扰动项变动时,会通过变量之间的动态联系,对 t 期以后各变量产生一连串的连锁作用,脉冲响应函数将描述系统对冲击(或新生)扰动的动态反应,并从动态反应中判断变量间的时滞关系。确切描述的话,就是脉冲响应描述了一个标准差大小的冲击若施加在随机误差项上,其对各内生变量的当期值和未来值所带来的冲击。计算出系统中一个变量对另一个变量的脉冲响应函数,比较其不同滞后期的脉冲响应,可以确定一个变量对另一个变量的作用时滞。

方差分解提供了另一种描述系统动态变化的方法。脉冲响应函数是追踪系统对一个内生变量的冲击效果,而方差分解则是将系统的预测均方差分解成系统中各变量冲击所作的贡献。可考察 VAR 系统中任意一个内生变量的预测均方差的分解。将任意一个内生变量的预测均方差分解成系统中各变量的随机冲击所作的贡献,然后计算出每一个变量冲击的相对重要性,即变量的贡献占总贡献的比例。比较这个相对重要性信息随时间的变化,就可以估计出该变量的作用时滞,还可估计出各变量效应的相对大小。

四、实证检验

(一)平稳性检验

为避免伪回归的出现,我们使用 ADF 检验 6 种商品期货价格与汇率的对数序列的平稳性。

首先绘制两个对数序列的走势图,见图 2-11。其中,七个变量走势均较明显,且截距明显都不为零,进行 ADF 检验时均选择既含常数项又含趋势项。

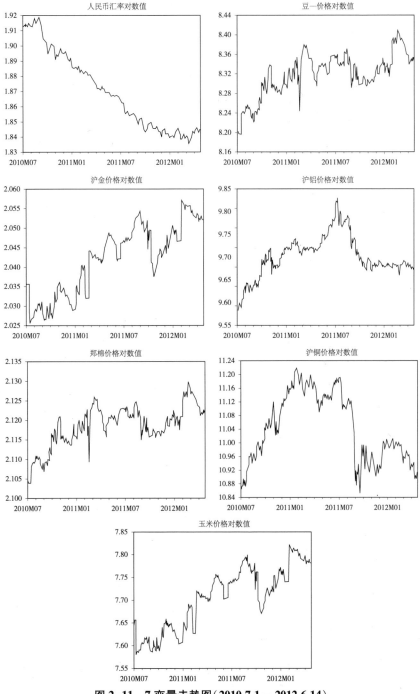

图 2-11　7 变量走势图（2010.7.1—2012.6.14）

表 2-5 是对数序列的 ADF 检验结果。结果显示 ADF 值均大于 5% 临界值,即在 5% 的置信水平下,时间序列非平稳的零假设都不能被拒绝,说明原时间序列非平稳。继续对对数序列的一阶差分进行平稳性检验,结果见表2-6。检验结果显示 ADF 值均小于 1% 临界值,即在 1% 的置信水平下,时间序列非平稳的零假设被拒绝,故一阶差分序列的平稳性得到验证。所以 6 种商品期货的价格对数序列和汇率的对数序列均为一阶单整 I(1)。

表 2-5　对数序列的 ADF 检验值

序列名称	lnEX	lnFD	lnFJ	lnFL	lnFM	lnFT	lnFY
ADF 检验值	−0.934192	−3.423711*	−3.586257*	−2.401682	−3.427625*	−2.534489	−3.585861*

表 2-6　一阶差分对数序列的 ADF 检验值

序列名称	$D(\ln EX)$	$D(\ln FD)$	$D(\ln FJ)$	$D(\ln FL)$	$D(\ln FM)$	$D(\ln FT)$	$D(\ln FY)$
ADF 检验值	−20.07784***	−25.31199***	−24.18239***	−18.29463***	−25.32740***	−23.26731***	−24.18308***

注:原假设:序列存在单位根。*、** 和 *** 分别表示在 10%、5% 和 1% 的置信水平下显著。

(二)协整性检验

虽然期货价格和汇率的对数序列自身非平稳,但是同为 I(1)序列的它们可能存在长期稳定的协整关系,即由 LNEX 和 LNFD 等组成的某种线性组合可能平稳。下面使用 EG 两步法验证两对数序列是否存在长期协整关系。分别对不同商品期货和汇率的对数序列进行最小二乘法回归,导出其残差序列 ε_t,验证其平稳性,检验结果见表2-7。结果显示 ADF 值小于 5% 临界值,即在 5% 的置信水平下,残差序列非平稳的零假设被拒绝,说明残差序列的平稳性得到验证。

由此我们验证了 6 种商品期货价格与汇率的对数序列的长期协整性。此结果说明 2010 年 7 月以后汇率价格和国内主要商品期货价格之间均有较强的联动性。

表 2-7　EG 两步检验

序列名称	e_{FD}	e_{FJ}	e_{FL}	e_{FM}	e_{FT}	e_{FY}
ADF 检验值	-3.490234**	-3.749635***	-2.338376**	-3.495583***	-2.310468**	-3.742971***

注: *、** 和 *** 分别表示在 10%、5% 和 1% 的置信水平下显著。

(三)误差修正模型 ECM 的建立

既然 $\varepsilon_t \sim I(0)$，那么汇率同国内主要商品期货之间存在长期的协整关系。在两对数序列存在协整关系的前提下，为进一步研究两变量之间的长期与短期动态关系，并检验两变量间的因果关系，我们引入误差修正项，将汇率同 6 种商品期货的 OLS 回归中得到的残差序列 ε_t 作为误差修正项，记作 ECM_t，即:

$$ECM_t = \ln FN_t - a_0 - a_1 \ln EX_t; N = D, J, L, M, T, Y$$

将 DLNEX、DLNFD、DLNFJ 等 7 个序列作为内生变量，在此基础上，构建 ECM 模型:

$$D\ln FN_t = b_0 + \sum_{i=1}^{p} b_{1i} D\ln EX_{t-i} + b_{2j} \sum_{j=1}^{p} D\ln FN_{t-j} + b_3 ECM_{t-1} + \varepsilon_t$$

$$N = D, J, L, M, T, Y$$

ECM 的估计结果见表 2-8 至表 2-13。回归结果表明，误差修正项对总体的 ECM 模型具有良好的误差调整机制作用。由于期货价格受很多因素影响，如国际期货市场上的同品种价格、政治因素、国家政策、投机心理、自然因素等，汇率只是金融货币因素中的一种。

表 2-8　豆一连续同汇率的 ECM 结果

Error Correction	D(LNFD)	D(LNEX)
CointEq1	-0.049954	0.000172
	[-3.43302**]	[0.11572]

续表

Error Correction	D(LNFD)	D(LNEX)
D(LNFD(-1))	-0.144734	-0.003290
	[-3.13252**]	[-0.69704]
D(LNFD(-2))	-0.066527	0.000276
	[-1.44872*]	[0.05878]
D(LNEX(-1))	-0.665982	0.095577
	[-1.46639*]	[2.06016**]
D(LNEX(-2))	0.082619	0.056442
	[0.18257]	[1.22100*]

表 2-9　郑棉连续同汇率的 ECM 结果

Error Correction	D(LNFD)	D(LNEX)
CointEq1	-0.050474	-0.005876
	[-3.35814**]	[-0.46436]
D(LNFM(-1))	-0.144903	-0.021780
	[-3.12717**]	[-0.55833]
D(LNFM(-2))	-0.066379	0.007184
	[-1.44218*]	[0.18539]
D(LNEX(-1))	-0.080337	0.079155
	[-1.45665*]	[1.70477*]
D(LNEX(-2))	0.010284	0.039602
	[0.18706]	[0.85562]
C	3.54E-05	-0.000129
	[0.63917]	[-2.76920**]

表 2-10　沪金连续同汇率的 ECM 结果

Error Correction	D(LNFD)	D(LNEX)
CointEq1	-0.050864	-0.011748
	[-3.38477**]	[-1.07221]

续表

Error Correction	D(LNFD)	D(LNEX)
D(LNFJ(-1))	-0.060553	-0.013078
	[-1.30661 *]	[-0.38703]
D(LNFJ(-2))	-0.025940	0.013864
	[-0.57757]	[0.42337]
D(LNEX(-1))	0.039602	0.081797
	[0.62340]	[1.76599 *]
D(LNEX(-2))	0.005949	0.043759
	[0.09392]	[0.94757]
C	4.46E-05	-0.000129
	[0.69697]	[-2.76736 **]

表 2-11　沪铜连续同汇率的 ECM 结果

Error Correction	D(LNFD)	D(LNEX)
CointEq1	-0.015543	0.000164
	[-3.03660 **]	[0.46089]
D(LNFT(-1))	-0.067244	-0.000346
	[-1.42456 *]	[-0.10517]
D(LNFT(-2))	-0.026115	0.005045
	[-0.55393]	[1.53733 *]
D(LNEX(-1))	-0.008246	0.081092
	[-0.01206]	[1.70351 *]
D(LNEX(-2))	-0.016688	0.058700
	[-0.02450]	[1.23818]
C	8.89E-05	-0.000127
	[0.13283]	[-2.73131 **]

表 2-12 沪铝连续同汇率的 ECM 结果

Error Correction	D(LNFD)	D(LNEX)
CointEq1	−0.015166	0.000106
	[−2.90121**]	[0.13847]
D(LNFL(−1))	−0.126895	−0.002966
	[−2.72750**]	[−0.43555]
D(LNFL(−2))	−0.119199	0.005218
	[−2.56411**]	[0.76673]
D(LNEX(−1))	−0.401788	0.077770
	[−1.24261*]	[1.64304*]
D(LNEX(−2))	0.171466	0.048163
	[0.53232]	[1.02142]
C	0.000185	−0.000129
	[0.58166]	[−2.77062**]

表 2-13 玉米连续同汇率的 ECM 结果

Error Correction	D(LNFD)	D(LNEX)
CointEq1	−0.050624	−0.001529
	[−3.37359**]	[−1.07558]
D(LNFY(−1))	−0.061207	−0.001776
	[−1.32064]	[−0.40454]
D(LNFY(−2))	−0.026213	0.001786
	[−0.58332]	[0.41949]
D(LNEX(−1))	0.300794	0.081779
	[0.61526]	[1.76566]
D(LNEX(−2))	0.048935	0.043744
	[0.10040]	[0.94733]
C	0.000344	−0.000129
	[0.69900]	[−2.76693]

因此短期内多种因素会对期货市场造成一定的冲击,从而出现国内期货价格与汇率背离的情况,但 ECM 模型结果表明长期内商品期货同汇率的关系

一定会得到纠正,从而有长期均衡关系的出现。

(四)格兰杰因果检验

由于经济变量的时间序列经常出现伪相关现象,即经济意义本无联系的两序列出现较大相关系数的现象,我们使用格兰杰因果检验的方法来进一步验证汇率与各商品期货是否互相为对方的格兰杰原因,验证结果见表2-14。

表2-14　格兰杰因果检验

原假设	F 统计量	P 值	结论
LNFD 不是 LNEX 的格兰杰原因	0.53115	0.5883	不能拒绝原假设
LNEX 不是 LNFD 的格兰杰原因	2.53041	0.0807	拒绝原假设
LNFJ 不是 LNEX 的格兰杰原因	0.33911	0.7126	不能拒绝原假设
LNEX 不是 LNFJ 的格兰杰原因	5.28930	0.0054	拒绝原假设
LNFL 不是 LNEX 的格兰杰原因	1.05071	0.3505	不能拒绝原假设
LNEX 不是 LNFL 的格兰杰原因	1.39866	0.2480	不能拒绝原假设
LNFM 不是 LNEX 的格兰杰原因	0.53397	0.5866	不能拒绝原假设
LNEX 不是 LNFM 的格兰杰原因	2.54544	0.0795	拒绝原假设
LNFT 不是 LNEX 的格兰杰原因	0.35677	0.7001	不能拒绝原假设
LNEX 不是 LNFT 的格兰杰原因	3.16227	0.0432	拒绝原假设
LNFY 不是 LNEX 的格兰杰原因	0.34992	0.7049	不能拒绝原假设
LNEX 不是 LNFY 的格兰杰原因	5.25118	0.0056	拒绝原假设

结果表明,国内商品期货市场只存在汇率价格到期货价格的单向引导关系,说明汇率的波动对商品期货价格具有预测作用,汇率价格能够引导商品期货价格;而商品期货价格对汇率价格没有预测作用,国内商品期货价格对汇率价格不具有引导作用。因此,国内期货交易者可以根据汇率波动来预测商品期货价格波动,反之则不然。

值得注意的是,沪铝同汇率之间不存在双向引导关系,这说明汇率价格对期铝价格不具有预测作用,期铝价格对汇率价格也不具有预测作用。这说明,相对其他5个主要商品期货品种,铝市场信息传递效率较低,影响铝价格的因素有很多,如国家的宏观调控政策、现货的供给与需求、现货的价格、沪铝期货的成交量与持仓量、国际政治形势、国际期货市场的影响等等。汇率只是其中的一个方面,而且不是决定的主要方面。

(五)VAR 模型的建立和滞后期的确定

协整分析只能说明变量之间在结构上的因果关系以及长期关系是否均衡,但不能反映各变量的单位变化对其内在联系的影响。因此,需要利用函数对各变量的关系做进一步的脉冲响应分析和方差分解分析,以找出变量间的长期动态关系。

首先本文要建立各商品期货同汇率的 VAR 模型,并确定其最佳滞后期。在 6 种商品期货的 VAR 模型中,所有变量都视为内生变量。选择滞后期时参考五种评价标准,分别是 LR,FPE,AIC,SC,HQ。在滞后期不大于 8 期的情况下,根据指标,我们选择豆一连续与郑棉连续滞后期为 2,其余 4 种商品期货的 VAR 模型滞后期均为 1。

在模型的稳定性检验方面,进一步分析各 VAR 模型的特征根。我们发现各模型的特征方程根的倒数值全部在单位圆内,各扰动项与其滞后值不相关,通过异方差检验发现均不存在异方差。因此,各 VAR 模型的稳定性都较强,可以对此模型做脉冲响应函数分析和方差分解分析。

(六)脉冲响应分析

下面对已建立的 VAR 模型进行脉冲响应分析。各商品期货对一个标准差信息的响应如图 2-12 所示。总体而言,对于一个汇率的标准差信息,各商品期货价格均有不同程度的响应,整体程度都较微弱。这也从一个侧面反映了人民币汇率只是影响中国商品期货价格的众多因素之一。

其中,豆一连续和郑棉连续期货价格对于第二期汇率的一个标准差信息响应较为剧烈,在图中显示为一个陡峭的波动幅度,第三期均有一个微弱的回升,随后响应程度缓慢下降,并随着时间推移,分别稳定在-0.08%和-0.01%。

沪金连续、玉米连续、沪铝连续和沪铜连续期货价格随时间推移,对于汇率的一个标准差信息的响应变动较为平滑,没有剧烈的波动性。其中,沪金连续和玉米连续对人民币汇率呈现负的响应,沪铝和沪铜对人民币汇率则相反,呈现了微弱的正响应。

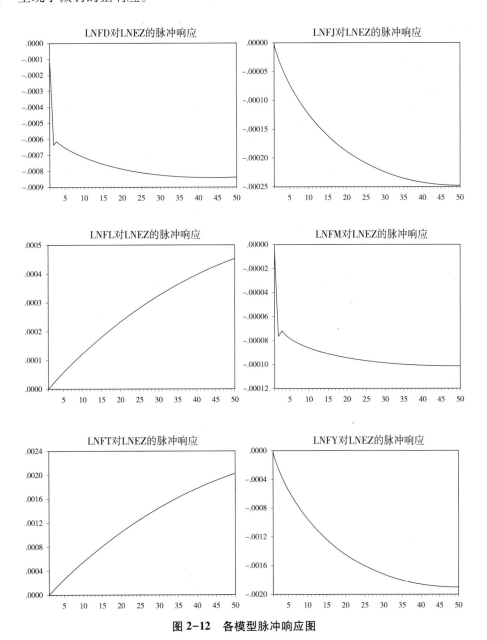

图2-12　各模型脉冲响应图

(七)方差分解分析

为了进一步研究关于某特定信息所引起的预测误差,将各商品期货价格与汇率的方差分别进行分解,见表 2-15 至表 2-20。

人民币汇率所产生信息的对于豆一连续、郑棉连续、沪金连续和玉米连续期货价格的贡献度相对较高,而对沪铝连续和沪铜连续的贡献度则明显较低,仅为 0.01% 和 0.06%。同脉冲响应分析一样,方差分析表明人民币汇率对商品期货的整体贡献度仍显微弱。

表 2-15　豆一连续的方差分解

Period	S.E.	LNFD	LNEX
1	0.009820	100.0000	0.000000
2	0.012711	99.74971	0.250290
3	0.014978	99.65244	0.347556
4	0.016774	99.57824	0.421762
5	0.018265	99.51725	0.482749
6	0.019530	99.46196	0.538036
7	0.020621	99.40950	0.590502
8	0.021572	99.35831	0.641692
9	0.022408	99.30754	0.692460
10	0.023148	99.25668	0.743318

表 2-16　沪金连续的方差分解

Period	S.E.	LNFJ	LNEX
1	0.001402	100.0000	0.000000
2	0.001929	99.99249	0.007511

Period	S.E.	LNFJ	LNEX
3	0.002301	99.97486	0.025144
4	0.002588	99.94692	0.053081
5	0.002821	99.90854	0.091459
6	0.003014	99.85963	0.140368
7	0.003178	99.80015	0.199851
8	0.003318	99.73010	0.269904
9	0.003439	99.64952	0.350481
10	0.003544	99.55851	0.441491

表 2-17　沪铝连续的方差分解

Period	S.E.	LNFL	LNEX
1	0.006866	100.0000	0.000000
2	0.009629	99.99977	0.000232
3	0.011695	99.99923	0.000773
4	0.013393	99.99837	0.001625
5	0.014850	99.99721	0.002790
6	0.016134	99.99573	0.004267
7	0.017285	99.99394	0.006059
8	0.018328	99.99183	0.008166
9	0.019283	99.98941	0.010589
10	0.020163	99.98667	0.013329

表 2-18　郑棉连续的方差分解

Period	S.E.	LNFM	LNEX
1	0.001182	100.0000	0.000000
2	0.001529	99.74641	0.253589
3	0.001801	99.64818	0.351822
4	0.002017	99.57322	0.426777

Period	S.E.	LNFM	LNEX
5	0.002197	99.51168	0.488321
6	0.002349	99.45592	0.544079
7	0.002480	99.40304	0.596963
8	0.002594	99.35146	0.648537
9	0.002695	99.30033	0.699669
10	0.002783	99.24913	0.750875

表 2-19 沪铜连续的方差分解

Period	S.E.	LNFT	LNEX
1	0.014228	100.0000	0.000000
2	0.019950	99.99894	0.001055
3	0.024226	99.99647	0.003525
4	0.027737	99.99258	0.007422
5	0.030750	99.98724	0.012758
6	0.033403	99.98046	0.019544
7	0.035779	99.97221	0.027790
8	0.037932	99.96249	0.037508
9	0.039902	99.95129	0.048707
10	0.041716	99.93860	0.061396

表 2-20 玉米连续的方差分解

Period	S.E.	LNFY	LNEX
1	0.010786	100.0000	0.000000
2	0.014843	99.99254	0.007455
3	0.017701	99.97504	0.024957
4	0.019914	99.94731	0.052685

续表

Period	S.E.	LNFY	LNEX
5	0.021706	99.90923	0.090774
6	0.023196	99.86069	0.139312
7	0.024456	99.80166	0.198341
8	0.025535	99.73214	0.267859
9	0.026469	99.65218	0.347820
10	0.027283	99.56187	0.438133

五、结 论

本文借助协整检验、误差修正模型 ECM、格兰杰因果检验、VAR 脉冲响应分析和方差分解分析等研究方法,从中国商品期货市场出发,对人民币汇率和沪金、沪铜、沪铝、郑棉、豆一连续以及玉米连续等 6 种主要商品期货的价格进行了深入具体的实证研究。定量分析结果表明:第一,汇率同 6 种商品期货价格均具有长期的协整性,汇率价格和国内主要商品期货价格之间有较强的联动性。第二,作为误差修正项,协整残差均能对 6 种商品期货市场和汇率价格的波动进行很好的解释,能够更加准确地刻画期货市场和汇率的短期动态波动。第三,国内主要商品期货市场只存在汇率价格到期货价格的单向引导关系,说明汇率价格的波动对商品期货价格具有预测作用,汇率价格能够引导商品期货价格。第四,商品期货价格对汇率价格没有预测作用,国内商品期货价格对汇率价格不具有引导作用。因此,国内期货交易者可以根据汇率波动来预测商品期货价格波动,反之则不然。第五,沪铝连续同汇率之间不存在双向引导关系,汇率价格对期铝价格不具有预测作用,期铝价格对汇率价格也不具有预测作用。这说明,相对其他 5 个主要商品期货品种,铝市场信息传递效率较低,汇率只是影响铝价格的因素之一,而且不是决定的主要方面。

　　另外,本文研究表明,人民币汇率虽然对各商品期货均有影响,但是影响程度总体较为微弱,对商品期货价格影响并不是很大。这不仅仅是因为汇率是影响商品期货的众多因素之一,还由于中国期货市场起步比较晚,开放程度低,中国期货市场可以上市交易的期货品种只有 23 种,期货品种太少,而且结构不合理;期货市场投机成分过重,期货市场总体效率不高。

汇率波动对出口贸易影响的实证分析

李广众　温　健

一、研究综述与问题的提出

汇率风险对出口贸易的影响,无论是在理论研究还是实证研究方面,现有研究尚未能够就此问题给出系统、一致的结论。

其中,理论研究方面,克拉克(Clark1973)、艾西尔(Ethier1973)、霍珀(Hooper)与柯尔哈根(Kohlhagen1978)、库希曼(Cushman 1983;1986)等说明汇率风险不利于国际贸易;吉奥瓦尼尼(Giovannini1988)通过构建局部均衡模型,说明若出口商品以国内货币计价,汇率风险上升,企业预期利润也将上升,供给也将随之上升;维安纳(Viaene)和弗理斯(Vries1992)从资产组合的角度,阐述了汇率波动风险对贸易有促进作用;德拉斯(Dellas)与西尔伯法布(Zilberfarb1993)认为经济主体可以通过选择不同的风险规避参数,使汇率波动风险有利于出口贸易;李(Lee)与申(Shin2000)分析了可能会影响汇率风险与实际经济变量(投资)之间关系的若干因素。

实证研究方面,由于理论假设、实证技术、波动性衡量方法以及样本期间选取有所不同,实证结果并不一致。贝利(Bailey,1986,1987)等,阿塞里(Asseery)与皮尔(Peel1991)等研究均未能够发现实际汇率波动性对贸易具有显著影响;凯南(Kenen)与罗德里克(Rodrik1986)发现了汇率风险对贸易具有正面影响;库什曼(Cushman1983;1986;1988),凯南与罗德里克(1986),德格洛瓦(De Grauwe1988),以及阿里泽(Arize1995)等则发现汇率风险上升不利于贸易。

　　国内有关汇率波动与出口贸易的研究多集中在实证研究方面,而且由于样本选取、实证技术不同,结果并不一致。余珊萍(2005)考察了汇率波动对我国双边贸易的影响,发现名义汇率波动对我国出口贸易影响并不明显。潘红宇(2007)研究汇率波动率对中国向三个主要贸易伙伴美国、欧盟和日本出口的影响。研究表明,中国对美国和欧盟的出口与实际汇率波动率存在长期显著的负相关关系,中国对日本的出口与汇率波动率无关。短期内汇率波动只影响中国对美国的出口,而对欧盟和日本的出口没有显著影响。吴武清等(2008)利用1999—2007年间的月度数据实证分析了人民币汇率升值对中国对美出口的影响,结果显示人民币汇率升值会减少中国对美国的出口,而且汇率波动的风险会降低出口贸易的增速。陈云与何秀红(2008)以1997—2006年HS分类商品出口的月度数据为样本,分析人民币实际有效汇率波动对不同商品出口的影响,结果显示不同类别商品出口受人民币汇率水平和波动率的影响有较大的差异。谷宇和高铁梅(2007)分析了在长期内,人民币汇率波动性对进口表现为正向冲击,对出口表现为负向冲击;在短期内,人民币汇率波动性对进、出口都表现为负向冲击,但对进口的冲击效应较大。

　　其中,部分研究表明人民币汇率波动风险对中国总的出口有显著的负向影响(曹阳、李剑武(2006);谷宇、高铁梅(2007));研究表明人民币汇率波动对中国和其他国家间双边贸易有不同的影响(李广众(2004);潘红宇(2007);安辉、黄万阳(2009));部分研究表明人民币汇率风险对出口贸易的影响因行业和企业的不同而产生差异(郑恺(2006);陈六傅等(2007);王宇雯(2009))。从上述文献来看,人民币汇率波动风险对出口贸易的影响并不确定。

　　实证研究一般应注意以下几个问题:第一,计量模型中误差项的方差可能与控制变量,例如国家的GDP等存在相关性,这样的异方差问题违反了OLS回归的基本假设,使估计结果造成偏差。第二,如果我们对贸易量取对数,这样会使双边贸易是零的观测值从样本中去除,使得实际样本对原始样本并没有代表性。第三,以前的研究中通常假设汇率波动性相对于贸易水平是个外生变量。如果设想两国为了促进双边贸易,可能会共同采取措施来降低汇率波动率,这样汇率波动率成为内生变量,进而内生性问题使得OLS估计产生偏差。第四,名义汇率的数据中可能存在测量误差,所以据此计算的汇率变动也会存在一定的测量误差。

二、计量模型与数据说明

伯纳德(Bernard)和詹森(Jensen2004)控制了资产规模、边际资本生产率、杠杆率以及人均工资等与企业相关的变量,分析了厂商是否选择出口贸易。借鉴他们的模型,本文的实证模型如下:

$$Export_{i,t}/Sales_{i,t} = \beta_0 + \beta_1 Export_{i,t-1}/Sales_{i,t-1} + \beta_2 Leverage_{i,t-1} +$$
$$\beta_3 Size_{i,t-1} + \beta_4 MPK_{i,t-1} + \beta_5 \ln(Employee)_{i,t-1} + \beta_6 Wages_{i,t-1} +$$
$$\beta_7 industry\_export_{i,t-1} + \beta_8 city\_export_{i,t-1} + \beta_9 city\_industry\_export_{i,t-1} +$$
$$\alpha_1 \Delta ier_{i,t-1} + \alpha_2 \sigma_{\Delta ier,i,t-1} + \varepsilon_{i,t} \qquad (1)$$

其中,$Size = \log(总资产)$,即为经过 CPI 调整后的资产

MPK(资本的边际生产力)= 营业收入/净固定资产

$Leverage$ = 总负债/总资产

$Wages$ =(总工资)/员工数量

$Employee$ = 员工数量

$indnstry\text{-}export$ = 同一行业其他城市出口比例

$city\text{-}export$ = 同一城市其他行业出口比例

$city\text{-}industry\text{-}export$ = 不同城市不同行业出口比例

Δier :2 位数行业的汇率收益

$\sigma_{\Delta ier}$:2 位数行业的汇率波动率

$State$ =(来自国家实收资本)/总实收资本

$Foreign$ =(来自外资以及港、澳、台的实收资本)/总实收资本

$Individual$ =(个人投资者实收资本)/总实收资本

$Corporate$ =(企业投资实收资本)/总实收资本

$Collective$ =(集体投资实收资本)/总实收资本

表 2-21　中美贸易各行业分布和分行业汇率（1998—2006 年）

表 A

NBSC 编码	行业	美国贸易份额		汇率收益率		汇率波动率		出口额/销售额	
		均值	标准差	均值	标准差	均值	标准差	均值	标准差
13	农副食品加工业	0.133	0.016	1.255	2.681	1.415	0.185	0.146	0.314
14	食品制造业	0.135	0.030	0.324	2.176	1.255	0.224	0.143	0.308
15	饮料制造业	0.038	0.022	−0.708	3.370	1.109	0.657	0.067	0.216
16	烟草制品业	0.059	0.022	0.329	0.803	0.724	0.080	0.001	0.006
17	纺织业	0.090	0.023	0.211	0.957	0.962	0.178	0.277	0.381
18	纺织服装、鞋、帽制造业	0.142	0.028	0.374	1.237	1.130	0.215	0.558	0.441
19	皮革、毛皮、羽毛（绒）及其制品业	0.146	0.036	0.380	0.584	0.854	0.160	0.557	0.449
20	木材加工及木、竹、藤、棕、草制品业	0.196	0.052	0.404	0.796	1.189	0.365	0.231	0.381
21	家具制造业	0.489	0.055	0.150	0.582	0.634	0.090	0.360	0.439
22	造纸及纸制品业	0.142	0.017	0.513	0.718	1.161	0.284	0.059	0.202
23	印刷业和记录媒介的复制	0.260	0.035	0.617	1.067	0.880	0.120	0.052	0.196
24	文教体育用品制造业	0.436	0.063	0.153	0.974	0.708	0.094	0.632	0.414
25	石油加工、炼焦及核燃料加工业	0.069	0.019	1.219	3.465	1.496	0.813	0.016	0.103
26	化学原料及化学制品制造业	0.123	0.014	0.325	0.645	0.974	0.233	0.102	0.239
27	医药制造业	0.168	0.016	0.881	0.909	1.212	0.236	0.102	0.246
28	化学纤维制造业	0.078	0.017	0.345	1.194	1.037	0.213	0.078	0.219
29	橡胶制品业	0.403	0.066	0.221	0.368	0.681	0.142	0.212	0.349
30	塑料制品业	0.258	0.028	0.425	0.427	0.818	0.136	0.215	0.368
31	非金属矿物制品业	0.179	0.023	0.644	0.875	1.003	0.207	0.097	0.265
32	黑色金属冶炼及压延加工业	0.050	0.017	0.370	0.852	1.127	0.280	0.039	0.154
33	有色金属冶炼及压延加工业	0.058	0.020	0.315	0.357	0.934	0.197	0.071	0.195

续表

NBSC 编码	行业	美国贸易份额		汇率收益率		汇率波动率		出口额/销售额	
		均值	标准差	均值	标准差	均值	标准差	均值	标准差
34	金属制品业	0.236	0.026	0.388	0.882	0.863	0.106	0.239	0.381
35	通用设备制造业	0.169	0.021	0.571	1.361	1.188	0.165	0.141	0.292
36	专用设备制造业	0.113	0.009	1.274	1.555	1.403	0.175	0.089	0.223
37	交通运输设备制造业	0.219	0.022	0.742	1.324	1.174	0.282	0.107	0.260
39	电气机械及器材制造业	0.186	0.025	0.492	0.833	0.916	0.127	0.223	0.366
40	通信设备、计算机及其他电子设备制造业	0.164	0.016	0.185	0.745	0.852	0.174	0.251	0.376
41	仪器仪表及文化、办公用机械制造业	0.210	0.042	0.273	0.754	0.819	0.103	0.367	0.417
42	工艺品及其他制造业	0.230	0.044	0.386	0.643	0.961	0.281	0.511	0.448

表B

变量	美国贸易份额	汇率回报率	汇率不确定性	出口额
美国贸易份额	1			
汇率收益率	−0.115	1		
汇率波动率	−0.571	0.594	1	
出口额	0.509	−0.257	−0.413	1

注:本表包括1998—2006年各行业中美贸易占贸易总量的比重,分行业汇率差分取对数(分行业汇率收益),和分行业汇率差分取对数后的标准方差(分行业汇率波动率)。

本文使用数据来自于国家统计局对我国所有工业企业普查的年度数据,时间跨度从1998年到2006年。数据库包括了所有国有企业以及年销售收入大于500万人民币的制造企业。这当中涵盖了采掘企业、制造企业以及水电、供暖企业。与已有研究文献一致,例如汉卡(Hanka1998)和凯曼纳尔(Chemmanur)等(2010),我们的分析集中于对制造业企业的研究。

本文使用企业经营状态标识为"正在运营"的企业作为样本。研究剔除了缺失公司总资产、总负债、销售收入以及职工人数等信息的企业样本。为了降低变量异常值对回归结果的影响,我们分别去掉了所使用的大多数变量处于分布上分位 1% 和下分位 1% 的数据。对于所有者结构变量和资本结构变量我们剔除了负值和大于 1 的数据。对于只取正值的变量我们只剔除上分位 1% 的数据。

我们的贸易数据来自于中国海关总署的官方数据,包括 1998 年到 2006 年中国与 223 个国家和地区、4640 种货物(包括数量和价值)进出口的贸易数据。根据中国统计局(NBSC)的工业分类标准(SIC),制造业中的企业数据分成 29 种类别(NBSC13-42),近似对应于凯迪洛夫(Kandilov)和莱布里比希尔格鲁(Leblebicioğlu2010)中 SIIC 的 3 位数数据。

我们合并了 NBSC 行业类别和协同系统(HS)的商品定义计算了 NBSC 中 2 位数和 3 位数商品的进出口量。首先,我们把 HS6 位数商品分成 122 个国际标准行业分类(ISIC)行业,然后再划分到 NBSC 相应的类别。因为在国际贸易研究中广泛采用了这种分类方法,我们把 ISIC 以及 HS 和 ISIC 之间的对应关系作为标准,进而建立了 HS 代码和中国标准分类(CSIC)代码之间的对应关系。我们把 4640 种 HS6 位数的商品,转化为 106 种 3 位数 NBSC 分类和 29 种 2 位数 NBSC 分类。

利用中国与 223 个国家和地区之间行业水平进出口的年度数据,以及从国际货币组织的国际金融统计数据库(IFS)得到的 182 个汇率月度数据,我们以行业贸易做权重,计算了行业贸易加权汇率。所有双边的汇率均为人民币的外币价格,双边汇率的降低表明人民币相对于贸易伙伴贬值,在双边贸易中更加有竞争力。所有双边汇率以 2000 年为基准调整。计算行业汇率的公式如下:

$$IER_{j,t} = \sum_i w_{i,j,t} \cdot ER_{i,t} , \ w_{i,j,t} = \frac{(IM_{i,j,t} + EX_{i,j,t})}{\sum_C (IM_{i,j,t} + EX_{i,j,t})} \tag{2}$$

$IM_{i,j,t}$ 和 $EX_{i,j,t}$ 分别是行业 j 与国家 i 在 t 年的进口与出口,$W_{i,j,t}$ 代表行业 j 在 t 年中国家 i 的贸易份额。$ER_{i,t}$ 是国家 i 和中国人民币的双边汇率。$IER_{j,t}$ 的变动为 $\Delta ier_{i,t} = \ln(IER_{j,t}) - \ln(IER_{j,t-1})$。

现有的实证研究中对计算不确定性并没有一致的看法。沿照达比(Darby），哈利特（Hallett），爱尔兰（Ireland）和潘达记（Piscitelli1999），克拉克（Clark）等（2004），腾雷罗（Tenreyro2007）采用的方法，我们把月度行业汇率收益的无条件波动率，作为汇率波动的度量。行业汇率收益是由行业贸易双边汇率加权而成，故双边汇率变动的相关性也度量了汇率的变动：

$$\sigma_{\Delta ier_{j,t}} = St.Dev\left[\Delta ier_{j,t}\right] ，t = 1,2,\cdots,12 \tag{3}$$

表 2-21 列出了我国分行业的对美贸易份额，分行业汇率收益和分行业的汇率波动。从表 2-21 中 A 部分中看出，从 1998 年到 2006 年我国对美贸易份额有显著的变化，对美贸易主要集中在三个行业：家具制造业、文教体育用品制造业和橡胶制品业，对应的贸易份额分别为 48.9%、43.6% 和 40.3%。相比之下，饮料制造业、黑色金属冶炼及压延加工业、有色金属冶炼及压延加工业和烟草制品业仅占对美贸易份额的 3.8%、5.9%、5.0% 和 5.8%。家具制造业、文教体育用品制造业和橡胶制品业的分行业汇率保持相对稳定，月度分行业汇率浮动在 -0.02% 到 0.02% 的区间。与我们预期相同，与美国保持重要贸易往来的行业经历了最小的汇率波动。表 2-21 中 B 部分也列出了分行业的对美贸易份额与汇率波动的相关系数是 -0.571，而分行业的汇率收益和汇率波动的相关系数是 0.594。饮料制造业的汇率变动范围在 -0.07% 到 0.04%，而黑色金属冶炼及压延加工业、有色金属冶炼及压延加工业，以及总体贸易加权汇率在 -0.04%——-0.07% 到 0.03% 之间变动。表 2-22 给出了各变量的描述性统计。

表 2-22　描述性统计

变量	观测数目	均值	标准差	最小值	最大值
出口额/销售额	388454	0.207	0.359	0.000	1.000
同一行业其他城市出口比例	388454	0.181	0.177	0.000	0.879
同一城市其他行业出口比例	388454	0.195	0.133	0.000	0.749
不同城市不同行业出口比例	388454	0.192	0.249	0.000	1.000
杠杆	388454	0.574	0.231	0.000	1.000
规模	388454	9.677	1.314	6.504	17.846
资本边际生产率	388454	7.944	10.354	0.328	86.181
工资率	388454	8.906	5.348	0.014	53.834

续表

变量	观测数目	均值	标准差	最小值	最大值
员工数	388454	332	1113	11	166857
汇率收益	388454	0.121	0.448	−0.770	1.113
汇率波动率	388454	1.013	0.272	0.525	2.942

三、结果解释

表 2-23 列出了计量模型的回归结果,样本按全国、东部、中部、西部不同地区进行划分。在全国和东部的样本中,汇率收益以及汇率波动均对出口有显著的负作用,其中汇率波动对出口的影响更为显著。相比于中部和西部,全国和东部有更多对外出口型企业,出口贸易更加容易受到汇率波动的影响,这个结果与我们的预期一致。溢出效应普遍显著存在于各地样本中,同城同行业其他企业的出口对研究企业的出口有正向的溢出效应,同城同行业其他企业的出口增加 1%,被研究企业的出口在全国范围平均会提高 0.08%,回归系数从东部、中部和西部依次递减,溢出效应逐渐减小。其他控制变量,金融杠杆率、企业总资产规模与出口显著负向相关,平均工资和员工数量与出口有显著的负向关系,边际资本生产力对出口的影响统计上不显著。

表 2-23　汇率波动率与出口:按区域分

	全体样本	东部	中部	西部
$Export_{i,t-1}/Sales_{i,t-1}$	0.807**	0.807**	0.782**	0.810**
	(520.11)	(502.94)	(92.69)	(70.30)
$leverage_{i,t-1}$	−0.010**	−0.012**	−0.000	−0.003
	(−8.72)	(−8.50)	(−0.24)	(−1.59)
$Size_{i,t-1}$	−0.003**	−0.003**	−0.002*	0.003**
	(−7.36)	(−7.39)	(−2.20)	(4.75)

续表

	全体样本	东部	中部	西部
$MPK_{i,t-1}$	0.000*	0.000	0.000	0.000
	(2.01)	(1.81)	(0.29)	(1.54)
$\ln(employee)_{i,t-1}$	0.011**	0.013**	0.005**	−0.001
	(24.73)	(24.40)	(6.49)	(−1.70)
$Wages_{i,t-1}$	0.001**	0.001**	0.000**	−0.000
	(12.98)	(12.63)	(3.45)	(−0.35)
$industry\_export_{i,t-1}$	0.085**	0.085**	0.080**	0.054**
	(28.89)	(26.20)	(9.22)	(6.33)
$city\_export_{i,t-1}$	0.059**	0.056**	0.035**	0.006
	(22.99)	(18.39)	(2.72)	(0.23)
$city\_industry\_export_{i,t-1}$	0.089**	0.089**	0.088**	0.053**
	(37.20)	(34.93)	(9.52)	(4.54)
$\Delta ier_{i,t-1}$	−0.003**	−0.004**	0.000	−0.002*
	(−5.21)	(−5.42)	(0.24)	(−2.22)
$\sigma_{\Delta ier,i,t-1}$	−0.005**	−0.007**	0.001	0.000
	(−5.11)	(−6.03)	(0.73)	(0.04)
Observations	388,454	318,677	42,847	26,930
R^2	0.790	0.784	0.718	0.722

注:此表给出了系统 GMM 估计结果(由以下回归模型得出)

$$Export_{i,t}/Sales_{i,t} = \beta_0 + \beta_1 Export_{i,t-1}/Sales_{i,t-1}$$
$$+ \beta_2 leverage_{i,t-1} + \beta_3 Size_{i,t-1} + \beta_4 MPK_{i,t-1} + \beta_5 \ln(employee)_{i,t-1} + \beta_6 Wages_{i,t-1}$$
$$+ \beta_7 industry\_export_{i,t-1} + \beta_8 city\_export_{i,t-1} + \beta_9 city\_industry\_export_{i,t-1}$$
$$+ \alpha_1 \Delta ier_{i,t-1} + \alpha_2 \sigma_{\Delta ier,i,t-1} + \varepsilon_{i,t}$$

t 值是基于允许以公司及年份计算的标准差得出的,此方法出自卡梅仑(Cameron),盖尔博(Gelbach)和米勒(Miller2006)的论文。

* 与**分别表示系数在 5% 与 1% 水平上统计显著。

表 2-24 报告了国有企业、外资与港澳企业以及私有企业样本的回归结果。对于国有企业和私有企业,汇率收益对出口有负向的影响作用,对港澳企业的作用不显著;汇率波动对外企和港澳企业有显著的负相关性。

表 2-24　汇率波动率与出口:按企业性质分

	国有企业	外资与港澳企业	私有企业
$Export_{i,t-1}/Sales_{i,t-1}$	0.856**	0.765**	0.804**
	(110.72)	(235.74)	(305.49)
$leverage_{i,t-1}$	0.001	-0.013**	-0.001
	(0.21)	(-3.25)	(-0.65)
$Size_{i,t-1}$	0.002	-0.012**	-0.003**
	(1.88)	(-9.31)	(-5.81)
$MPK_{i,t-1}$	0.000	-0.000	0.000*
	(1.92)	(-0.38)	(2.31)
$\ln(employee)_{i,t-1}$	0.001	0.024**	0.010**
	(1.32)	(16.33)	(15.28)
$Wages_{i,t-1}$	-0.000	0.000**	0.000**
	(-0.31)	(3.02)	(3.74)
$industry\_export_{i,t-1}$	0.071**	0.070**	0.071**
	(7.60)	(9.50)	(15.38)
$city\_export_{i,t-1}$	0.013	0.069**	0.038**
	(1.74)	(10.07)	(9.73)
$city\_industry\_export_{i,t-1}$	0.034**	0.078**	0.101**
	(5.20)	(14.21)	(25.79)
$\Delta ier_{i,t-1}$	-0.004**	-0.004	-0.003**
	(-2.91)	(-1.83)	(-3.41)
$\sigma_{\Delta ier,i,t-1}$	0.000	-0.031**	0.001
	(0.30)	(-8.54)	(0.97)
Observations	28,828	63,754	156,579
R^2	0.805	0.712	0.770

注:此表给出了系统 GMM 估计结果(由以下回归模型得出)

$$Export_{i,t}/Sales_{i,t} = \beta_0 + \beta_1 Export_{i,t-1}/Sales_{i,t-1}$$
$$+ \beta_2 leverage_{i,t-1} + \beta_3 Size_{i,t-1} + \beta_4 MPK_{i,t-1} + \beta_5 \ln(employee)_{i,t-1} + \beta_6 Wages_{i,t-1}$$
$$+ \beta_7 industry\_export_{i,t-1} + \beta_8 city\_export_{i,t-1} + \beta_9 city\_industry\_export_{i,t-1}$$
$$+ \alpha_1 \Delta ier_{i,t-1} + \alpha_2 \sigma_{\Delta ier,i,t-1} + \varepsilon_{i,t}$$

t 值是基于允许以公司及年份计算的标准差得出的,此方法出自卡梅伦,盖尔博和米勒(2006)的论文。

* 与** 分别表示系数在5%与1%水平上统计显著。

表 2-25 和表 2-26 运用 Tobit 模型对结果做了稳健测试,结果与上述结果基本类似。

表 2-25　汇率波动率与出口:Tobit 检验 1

	全体样本	东部	中部	西部
$Export_{i,t-1}/Sales_{i,t-1}$	1.270**	1.261**	1.445**	1.301**
	(473.13)	(453.94)	(97.76)	(93.58)
$leverage_{i,t-1}$	−0.035**	−0.045**	−0.016	0.005
	(−9.91)	(−11.92)	(−1.07)	(0.38)
$Size_{i,t-1}$	0.028**	0.022**	0.052**	0.049**
	(26.50)	(19.26)	(12.45)	(13.13)
$MPK_{i,t-1}$	0.000	−0.000	0.000	0.001*
	(0.44)	(−1.48)	(1.19)	(2.18)
$\ln(employee)_{i,t-1}$	0.041**	0.045**	0.050**	0.026**
	(33.75)	(33.93)	(10.07)	(6.17)
$Wages_{i,t-1}$	0.005**	0.005**	0.007**	0.003**
	(34.08)	(29.75)	(9.25)	(4.77)
$industry\_export_{i,t-1}$	0.308**	0.265**	0.557**	0.453**
	(50.06)	(40.47)	(20.74)	(17.79)
$city\_export_{i,t-1}$	0.303**	0.229**	0.779**	0.238
	(44.06)	(30.13)	(9.79)	(1.66)
$city\_industry\_export_{i,t-1}$	0.182**	0.191**	0.222**	0.173**
	(38.71)	(38.46)	(11.47)	(8.66)
$\Delta ier_{i,t-1}$	−0.022**	−0.022**	−0.015*	−0.025**
	(−12.46)	(−11.40)	(−1.98)	(−4.09)
$\sigma_{\Delta ier,i,t-1}$	−0.013**	−0.012**	−0.014	0.017
	(−4.14)	(−3.45)	(−1.25)	(1.80)
Observations	388,454	318,677	42,847	26,930

注:此表给出了系统 GMM 估计结果(由以下回归模型得出)

$$Export_{i,t}/Sales_{i,t} = \beta_0 + \beta_1 Export_{i,t-1}/Sales_{i,t-1}$$
$$+ \beta_2 leverage_{i,t-1} + \beta_3 Size_{i,t-1} + \beta_4 MPK_{i,t-1} + \beta_5 \ln(employee)_{i,t-1} + \beta_6 Wages_{i,t-1}$$
$$+ \beta_7 industry\_export_{i,t-1} + \beta_8 city\_export_{i,t-1} + \beta_9 city\_industry\_export_{i,t-1}$$
$$+ \alpha_1 \Delta ier_{i,t-1} + \alpha_2 \sigma_{\Delta ier,i,t-1} + \varepsilon_{i,t}$$

t 值是基于允许以公司及年份计算的标准差得出的,此方法出自卡梅伦,盖尔博和米勒(2006)的论文。

* 与** 分别表示系数在 5% 与 1% 水平上统计显著。

表 2-26 汇率波动率与出口：Tobit 检验 2

	国有企业	外资与港澳企业	私有企业
$Export_{i,t-1}/Sales_{i,t-1}$	1.154**	1.073**	1.343**
	(141.39)	(231.13)	(268.76)
$leverage_{i,t-1}$	0.002	−0.038**	−0.016*
	(0.25)	(−5.52)	(−2.45)
$Size_{i,t-1}$	0.035**	−0.016**	0.025**
	(12.91)	(−7.68)	(13.38)
$MPK_{i,t-1}$	0.001**	−0.000*	0.000
	(3.42)	(−2.09)	(1.36)
$\ln(employee)_{i,t-1}$	0.025**	0.043**	0.057**
	(8.10)	(17.79)	(25.17)
$Wages_{i,t-1}$	0.002**	0.002**	0.003**
	(4.12)	(8.85)	(9.69)
$industry\_export_{i,t-1}$	0.294**	0.122**	0.282**
	(17.73)	(10.51)	(24.98)
$city\_export_{i,t-1}$	0.163**	0.208**	0.420**
	(9.54)	(17.23)	(29.66)
$city\_industry\_export_{i,t-1}$	0.071**	0.135**	0.240**
	(6.34)	(15.48)	(28.08)
$\Delta ier_{i,t-1}$	−0.016**	−0.017**	−0.025**
	(−3.73)	(−4.84)	(−8.09)
$\sigma_{\Delta ier,i,t-1}$	0.003	−0.052**	0.004
	(0.45)	(−8.12)	(0.71)
Observations	28,828	63,754	156,579

注：此表给出了系统 GMM 估计结果（由以下回归模型得出）

$$Export_{i,t}/Sales_{i,t} = \beta_0 + \beta_1 Export_{i,t-1}/Sales_{i,t-1}$$
$$+ \beta_2 leverage_{i,t-1} + \beta_3 Size_{i,t-1} + \beta_4 MPK_{i,t-1} + \beta_5 \ln(employee)_{i,t-1} + \beta_6 Wages_{i,t-1}$$
$$+ \beta_7 industry\_export_{i,t-1} + \beta_8 city\_export_{i,t-1} + \beta_9 city\_industry\_export_{i,t-1}$$
$$+ \alpha_1 \Delta ier_{i,t-1} + \alpha_2 \sigma_{\Delta ier,i,t-1} + \varepsilon_{i,t}$$

t 值是基于允许以公司及年份计算的标准差得出的，此方法出自卡梅伦，盖尔博和米勒（2006）的论文。

* 与 ** 分别表示系数在 5% 与 1% 水平上统计显著。

四、结 论

通过实证分析国家统计局对所有工业企业1998—2006年的普查数据,本文分别从溢出效应、企业性质和地域分布等方面,检验了出口和汇率收益、汇率波动的关系。这也是本文对该领域研究的一个重要贡献。实证结果显示溢出效应在出口贸易中普遍存在,尤其在全国范围和东部地区表现明显。对于国有企业和私有企业,汇率收益对出口有负向的影响作用,对港澳企业的作用不显著;汇率波动对外企和港澳企业有显著的负相关性。

第三部分　人民币汇率与股票市场

　　汇率变动不仅影响一国宏观经济运行,而且影响微观视野中公司的股票收益率、业绩、经济行为和价值等等。股票市场是反映实体经济的重要窗口,将汇率问题与股票市场结合起来研究,有助于深入分析汇率变化对投资者的影响及投资者的反应,具有重要现实意义。本部分研究了汇率与投资者情绪传递对股票市场的影响,探索了人民币汇市中可以预测股市的信息,研究了泰勒法则基本面对汇率和股价的复合影响,分析了汇率与合格境内机构投资者基金收益的关系,研究了货币贬值前后,股票市场的回应以及决定股市回应程度的主要宏观经济因素。

汇率与投资者情绪传递及其
对股票市场的影响

周月刚

一、引 言

中国经济与世界经济的联系正变得越来越紧密,这个紧密的联系体现在很多方面。例如,通过直接的贸易关系,我国向全世界输出商品;通过创造良好的投资环境,我国吸引了全世界许多直接投资;同时还向外输出资本和劳务。因为这些经济活动所体现的联系可以直接用相对应的统计数据进行测量,所以我们比较容易了解它们的变化。近来,随着中国继续深化金融体制的改革,确定了汇率完全由市场决定的目标。汇率作为一个经济体金融系统中的重要组成部分,它既影响着实体经济,同时也影响着金融资产。那么,我国的汇率市场化会给我国的经济发展带来什么样的影响? 这仍然是一个有着很多争议的问题。本文力图部分回答这一问题,但集中在汇率改革过程中股票市场的反映,以期为该领域的学术研究和政策制定提供一定的参考。

在现有的研究中,我们比较容易注意到国际经济发展中各经济体之间在实体经济、金融领域的相互联系,但近来另一个题目受到越来越多的关注,那就是,国际经济变得更加紧密的同时,经济体内的投资者的情绪是否会更容易传递到与之关联的另一个经济体? 这个问题本身就是个重要的问题。特别是近来金融领域发生许多让世界经济陷入困境的问题,从美国的次贷危机到前途未卜的欧债危机。我们前所未有地感受到这些危机对中国经济的影响。与实体经济的危机有些不同的是,金融危机很多时候与投资者的情绪高度相关,当投资者情绪高涨时,金融资产的市场价格往往高涨,有时会严重偏离其基本价值,这往往潜伏着下一轮金融问题,而悲观的情绪又会互相传递,从而导致金融问题的严重化。虽然每一次金融问题都有经济层面、监管层面和技术层面的原因,但投资者的情绪在金融领域中扮演的角色无疑比在其他任何地方都要重要。

　　本文正是研究我国投资者与国际主要经济体投资者情绪的传递问题,以及研究主要经济体的投资者情绪对我国股票市场的影响。具体来讲,本文试图回答的主要问题是:我国汇率市场化是否会使我国的投资者和世界主要经济体投资者的情绪更容易相互影响,从而导致国外经济体投资者情绪的变化更容易影响我国的股票市场? 因为汇率的特殊性,它本质上似乎就是一个很好的渠道,国际各经济体投资者情绪通过它得以更容易传导。对比1998年的亚洲金融危机和正在演绎中的欧债危机,我们发现,1998年的亚洲经济危机对我国的股票市场的影响不大,而当时我国的汇率市场化程度较低;但当下的欧债危机似乎不断地打击着我国投资者的信心,并伴随着我国股票市场长时间熊市,背离了我国经济发展的现实。

　　因而本文具体研究的问题有以下几个方面:第一,随着我国汇率的市场化,我国的投资者情绪是否会更容易影响其他经济体的投资者情绪? 第二,我国和其他主要经济体的投资者情绪是否会影响我国的股票市场? 第三,如果其他主要经济体的投资者情绪会影响我国股票市场,这个影响是否通过汇率这个渠道传递? 第四,其他经济体的投资者情绪是否会先影响我国的投资者情绪,然后再影响我国的股票市场? 第五,其他经济体的投资者情绪对股票回报和股票市场的波动的影响有何不同?

　　建立在现有文献、变量的可比性和数据的可获得性等基础上,本文利用消费者信心指数作为投资者情绪的代理变量,并结合股票市场和汇率市场的相关数据进行分析,部分回答了上面提及的问题。本文发现,随着汇率市场化发展,我国的投资者情绪不再是被动地受到美国等其他主要经济体投资者情绪的影响,而成为影响其他一些经济体投资者情绪的原因。我国的投资者的情绪对我国股票市场回报的影响并不显著,但美国的投资者情绪变化对我国的股票市场回报有显著的影响,而且在最近时间段与在较远的过去,这种影响方向相反,最近为正相关关系并且更加显著。同时,其他经济体对我国股票市场回报也有一定影响。另外,汇率的波动比汇率的均值的变化对我国股票市场回报的影响更大。更为重要的是,本文发现一些证据,证明国外主要经济体的投资者情绪变化对我国股票指数回报的影响是通过汇率实现的;但是国外投资者情绪变化对我国股票市场波动的影响更加明显,而且这个影响却并不是完全通过汇率实现的。即便考虑汇率因素,不仅我国投资者情绪变化会显著地影响我国的股票指数的波动,国外一些经济体的投资者情绪变化也会影响股票市场的波动。这说明国外主要经济体的投资者情绪变化对我国股票市场波动的影响中有一部分并不是通过影响我国投资者的情绪来实现的。

总体上来说,本文对我国汇率市场化改革、国际各经济体投资者情绪传递及对股票市场的影响的研究可以起到一些抛砖引玉的作用。

二、汇率改革和国际经济联系及投资者情绪传递

(一)汇率改革历程

自新中国成立以来,我国的汇率改革可以大略地分为三个阶段。第一阶段由单一浮动汇率制到单一固定汇率制。中国人民银行 1948 年 12 月 1 日在河北省成立,并发行人民币作为中国的新货币,且在 1949—1952 年间实行单一浮动汇率制;但于 1952—1972 年间,因各种原因,改为单一固定汇率制。这也是我国经济与国际经济分离的标志。第二阶段主要是经济改革初期,结合国内国际经济金融形势而实行的汇率政策。1973—1980 年间,我国实行盯住一篮子货币的单一浮动汇率制。随着布雷登森林体系瓦解,人民币汇率改为盯住一篮子货币。到 1980 年,中国银行设立外汇调剂中心,持有外币者可在调剂中心向需要者出售外币,这为汇率管理松动的开始。1981—1984 年间,实行官方汇率与贸易结算汇率并存的双重汇率制度。在此期间,从 1981 年起,人民币实行复汇率,牌价按一篮子货币加权平均的方法计算。1985 年,外汇管理制度改革,政府允许企业创汇可以按比例留成,多余外汇可以到官办的外汇调剂市场进行交易。第三阶段为 1994 年至今,这是一个向市场化汇率目标逐步迈进的过程。1995—2005 年间,实行以市场供求为基础的单一、有管理的浮动汇率制度。在此期间,我国对外汇管理体制进行重大改革,确立了实

现人民币完全可兑换的最终目标。1996 年,中国接受国际基金组织第八条款,实现经常项目的完全可兑换。2005—2010 年间,确立以市场供求为基础、参考"一篮子货币"进行调节、有管理的浮动汇率制度。以市场供求为基础是以放宽汇率的波动幅度为手段的。自 2007 年 5 月 21 日,人民币兑美元汇率单日波动幅度由千分之三扩大至千分之五。2010 年至今,我国政府进一步推进人民币汇率形成机制改革,增强人民币汇率弹性;自 2012 年 4 月 16 日起,银行间即期外汇市场人民币兑美元交易价浮动幅度由 5‰扩大至 1%。

自从 20 世纪 80 年代以来,我国汇率改革的进程比我国经济改革的步伐相对要慢。这有多方面的原因,其中最主要的是为了保护出口导向型经济的稳定发展,为国内企业创造一定的国际竞争优势。但自从 21 世纪初期,国外主要经济体开始对我国汇率改革施加压力,另外,要保证我国经济长期稳定发展,市场化的汇率制度是一个发展方向。而市场化的过程也是一个充满风险和挑战的过程,因为汇率会影响一国的实体经济,并会对国际金融投机活动创造机会。学术界和实务部门对我国的汇率改革节奏的讨论一直没有停止。

为了对 20 多年来,主要经济体的货币的人民币价格有较直观的了解,我们使用美元、欧元、英镑和日元的人民币买入价格的日数据,计算了它们在一个月内的平均价格及其回报的月内波动率。

我们发现,在 1997 年前外汇的价格受到严格控制,而 1996 年接受国际货币基金组织第八条款,实现经常项目的完全可兑换,这时 4 个经济体的货币的价格都发生了跳跃性的上升。这说明以前对外币的需求被严重地抑制。另外一个比较明显的特征是,最近几年人民币相对于英镑、欧元和美元都有一定程度的升值,特别是相对英镑升值最大,人民币唯独相对日元近来是贬值的。另外,美元的价格变化不大,这是因为我国的汇率政策主要是盯住美元的,而其他三个经济体的货币的人民币价格变化较大,这主要反映的是它们与美元的汇率波动。

我们还计算了 4 个经济体货币的人民币价格回报波动率的对数。由于汇率变化幅度较小,因而日回报都较低,计算得到的月度波动率的值都较小。其他几个经济体的波动率在样本时间区间内的变化相对较小,而美元的波动率变化却相对较大。同时也发现,美元在最近的时间里的波动率比 2006 年以前的波动率显著要大,这反映了我国通过放宽汇率波动幅度来逐步实现汇率市场化的政策。

(二)汇率与国际经济

在世界经济中,汇率是对外贸易价格体系的重要组成部分,它的变动能直接影响到一国对外经济的发展。不同的汇率制度,对各个国家之间的经济活动影响也不同。20世纪70年代后期以来,盯住汇率制度的国家数量一直在稳步下降,实行更灵活的汇率制度的国家数目不断上升(国际货币基金组织,1997)。

对于发展中国家和新兴亚洲经济体来说,汇率制度的选择对经济增长有显著的非线性影响(黄Huang和王Wang,2004)。汇率制度对各国之间的经济影响主要体现在进出口、FDI等几个方面;在不同汇率制度下,进出口、FDI会有所变化。例如,汇率波动与贸易增长成正相关(德拉斯Dellas和西尔近法布Zilberfarb1995),盯住汇率制度会促进投资,但浮动汇率下生产率增长更快(高希Ghosh,1997)等。

而在发展水平不同的经济体下,不同的汇率制度带来的影响也不一样。随着经济体成熟程度的增加,汇率灵活性将上升,对于发达国家来说,相对灵活的货币制度将在不增加信用成本的同时带来更高的经济增长。除此,在不同的汇率制度下,风险传递也是有差异的。非盯住汇率制度的国家往往不会遭受与盯住汇率的新兴市场经济体相同类型的危机。浮动汇率可以帮助转移或吸收不利的外部和内部的冲击所造成的影响,并避免实体经济较大的波动。这些冲击通常需要实际汇率的灵活调整,而盯住汇率吸收冲击的能力是非常有限的。

我国的汇率制度经过多次改革,这些改革在诸多方面对我国经济有显著影响。在贸易方面,1994年汇改以来,人民币实际汇率波动对我国进出口存在着显著的影响(卢向前、戴国强,2005),而且,人民币升值对我国贸易结构的优化有着正向积极的影响(陈哲等,2011)。在信息传递方面,2005年汇改以来,汇率的短期和长期传递效应明显增加,更有弹性的汇率制度改革能够更有效地吸收国外物价变化对国内物价水平带来的冲击(王晋斌、李南,2009),但是,人民币名义汇率波动对进口商品价格的传递效应是不完全的,而且是不对称的(封福育、梅国平,2009)。

(三)情绪与股票市场的研究

不同的经济开放程度下,经济体之间的经济活动和信息传递会有所不同。投资者作为经济活动的一部分,他们的情绪在经济体之间传递的效果是否也受经济开放程度的影响呢? 更强的市场一体化,更丰富的信息,更强的整合度等等,在不同程度上,有助于加强情绪指数的预测能力。研究发现,本地投资者在汇率预测上有信息优势(海登,Heiden,2011)等,那么情绪的传递有助于其他经济体的投资者了解本地经济的状况。而且长期来看,投资者情绪与汇率回报是相关的,情绪与市场基本面是一致的。同时有研究证实,不同汇率制度下,国家之间的经济关系有所不同,那么,我国的汇率制度是否会影响我国投资者与其他经济体投资者之间的情绪传递? 如果影响,又是如何影响的呢?迄今为止在这方面的研究还非常缺乏,因而本文力图为这方面的研究作出一些初步尝试。

投资者情绪反映的是投资者心理状态。在古典的金融学研究框架下,股票价格反映的是股票未来现金流的期望,是不会受到投资者情绪的影响的,但在行为金融学分析中,投资者情绪是影响股票收益的重要因素。情绪会影响人的判断和行为,投资者的投资决策行为也会受情绪波动的影响,并且在面对风险和不确定时会体现得更加明显。有些研究发现投资者情绪可以预测股票市场将来的回报率,比如,积极乐观的情绪能够显著推动投资者继续看好未来股票市场(刘仁和、陈柳钦,2005);投资者情绪与各个国家市场回报预期呈负相关关系,当情绪很高,未来的股票收益率往往要低一些,反之亦然(施梅林 Schmeling,2007)。

研究者对投资者情绪可以预测股票回报的原因进行了一些探索。投资者情绪在市场诚信程度低、易发生羊群般的行为和过度反应的市场上对股票收益的影响更大(施梅林,2007)。在投资者情绪与市场收益的纵向研究中,投资者的中期情绪将会对股票市场波动产生显著影响(程昆、刘仁和,2005),长期内,股票收益率与机构投资者情绪不相关,但在短期内,投资者情绪与股票收益率形成一个正反馈过程,即高市场收益使机构投资者更加乐观,而这种乐观又促使投资者进一步投资。

投资者情绪不仅影响股票回报,还会导致市场的波动发生变化。有证据显示投资者情绪低落时会导致股票市场的更大波动性(李,Lee,2002)等。同时也有人发现,中期投资者情绪指数对股市的收益率波动的影响要远大于投资者短期情绪指数,中期情绪指数对股市收益率有格兰杰因果关系(程昆、刘仁和,2005)。

另外,不同类型的投资者的情绪对股票市场的影响不同。机构投资者和个人投资者的情绪变化对股票市场的影响应该不尽相同。同样,不同类型股票对投资者情绪的反应也会不同。资本化程度低、低龄化、非盈利、高波动性、非派息、成长型企业,或处于财务困境公司的股票,对广大投资者的情绪敏感性与其他的股票不成比例(贝克,Baker 和沃格勒,Wurgler2006)。

(四)情绪的测度

在研究投资者情绪对股票市场的影响时,选取不同的指标来衡量投资者情绪往往会有不同的结果。国内外文献衡量投资者情绪通常有两种办法:直接法和间接法。直接法是直接对投资者进行问卷调查的方法;间接法是通过选择一个可观测的代理变量,或者由多个变量构造而成的情绪综合指数来衡量投资者情绪。表3-1罗列了文献中所用到的部分情绪测量方法及相关研究结论。

表3-1　投资者情绪测量方法及相关研究结论

测量指标		构建方法	研究结论
直接法	投资者智能指数	看涨/看跌比例	布朗(Brown)和柯利弗(Cliff2004)发现,该指数与资产误定价正相关,而且与未来1至3年的收益负相关
	个体投资者协会指数	看涨/看跌比例	费雪(Fisher)和斯特曼(Statman2000)发现,该指数是预测S&P500未来收益率的有效的反向指标
	企业景气指数	看涨比例	绍尔特(Solt)和斯特曼(Statman1988)发现,该指数对S&P500未来收益的预测能力并不显著
	分析师情绪指数	分析师所推荐股票的表现	贝尔斯坦(Berstein)和普荷曼(Pradhuman1994),费雪和斯特曼(2000)均发现,该指数确实对未来收益具有反向预测能力,但统计上并不显著

续表

	测量指标	构建方法	研究结论
直接法	投资者信心指数	由投资者对市场未来信心的调查数据加权平均构成	薛斐(2005)发现,该指数与短期沪深收益、中信系列指数与未来收益显著正相关;其中个体情绪对中信小盘收益预测能力强,机构情绪对大盘收益预测能力强
	央市看盘	由看涨、看跌或看平比例构成	饶育蕾、刘达峰(2003)发现,该指数与未来收益之间的关系并不显著;而王美今、孙建军(2004)则发现,该指数不仅显著影响沪深两市的均衡收益,而且显著地反向修正沪深两市的收益波动
	好淡指数	看涨比例	程昆和刘仁和(2005)发现,该中期指数对股市收益率波动的影响远强于短期指数的影响,且中期指数是股市收益率的格兰杰原因,而短期指数明显受到市场收益率波动的冲击。 而陈其安和赖琴云(2010)发现,该中期指数对不同盈利能力的股票组合收益产生相同程度的显著正向影响,而短期指数对中国股票市场不同盈利能力的股票组合收益的影响是不显著的
	消费者信心指数	反映消费者对前景的预期,是一种先行经济预测指标	费雪和斯特曼(2000)发现,该指数是投资者情绪较好的代理变量,可作为股票收益预测的反向指标。 薛斐(2005)发现,该指数比封闭式基金折价能更好地度量投资者情绪,更适合作为投资者情绪指数的代理变量
间接法	封闭式基金折价	(基金价格－基金净值)/基金净值	李(Lee1991)等,尼尔(Neal)和惠特利(Wheatley1998)认为,该指数可作为反映个体投资者情绪的指标,且发现其与低机构持有股、小盘股收益变动正相关。 而布朗和柯利弗(2005)发现,该指数并不能预测股票未来收益
	IPO数量及首日收益	IPO发行数量,上市首日收盘价－发行价格	王春峰(2007)发现,投资者情绪与发行价格、上市首日交易价格和新股溢价间存在正相关关系
	基金资产中现金比例	基金中现金与总资产之比	布朗和柯利弗(2004,2005)发现,该指标主要反映机构投资者的情绪,且发现它与大盘股的未来收益显著正相关,而与小盘股收益的相关性并不显著

续表

	测量指标	构建方法	研究结论
间接法	共同基金净赎回	共同基金买入与赎回之差	尼尔和惠特利(1998)发现,相对于大盘股,该指标对小盘股溢价的预测能力更强。布朗和柯利弗(2005)也发现,该指标与大盘股未来收益显著正相关,与小盘股未来收益虽然也正相关,但不显著
	交易量	交易股数或金额	琼斯(Jones2001)发现,高成交量往往伴随着低回报,即该指标可作为股票收益的反向预测指标
	零股买卖比例	小于100股的股票卖出买入比例	尼尔和惠特利(1998)发现,该指标并不能预测股票的未来收益。 而库马尔(Kumar)和李(2005)发现,该指标能反映个体投资者情绪,且对小盘股、价值股、低价股、小机构股收益的影响较大
其他	天气、季节性情感障碍等	相关数据	仪垂林、王家琪(2005)发现,某些变量,如湿度、风速等,能影响投资者情绪,从而影响指数收益

此外,人们还用VIX(波动率指标)(惠利,Whaley,2000)、市场流动性水平(贝克,Baker和斯泰恩,Stein2004)、股利收益(贝克和沃格勒Wurgler2004)、内幕交易(西亨,Seyhun,1998)、投资者信息冲击衰减系数(丁志国、苏治,2005)等作为情绪代理指标来预测市场的波动和收益。

我们发现,不同的情绪衡量指标得出的结论会不一样,同样的情绪衡量指标也会得出不一样的结论,目前,世界范围内并没有统一的投资者情绪衡量指标。鉴于此,很多文献将各种指标综合运用,通过自行构建、组合相关指标来代表投资者情绪。如贝克和沃格勒(2004)选择"封闭式基金折价率、市场换手率、IPO首日平均报酬率、IPO发行数量、红利升水指数"五个变量,并利用主成分分析法构建投资者情绪指数。王一茸、刘善存(2011)选择"央视看盘BSI指数、封闭式基金折溢价律及消费者信心指数"三个变量作为投资者情绪的度量指标。

由于,本文要调查的是不同经济体之间的投资者情绪传递,一个最重要的要求是这些情绪指标具有一定的共性;同时结合现有文献,我们发现消费者信心指数是一个比较理想的指标,因而本文使用消费者信心指数来作为投资者情绪指标代理变量并进行研究。

三、数　据

本文使用的原始数据有几个来源。上证指数、深证指数、六个月国债即期收益、定期三个月利率来自 wind 数据库。国内生产总值、居民消费价格指数、进出口、货币量 M1 来自中经网统计数据库的宏观月度数据。中国对几个主要经济体的汇率、月汇率平均值来自中经网统计数据库的宏观月度数据和财新网①。金融机构存款准备金率来自中国人民银行网站。

美国的消费者信心指数来自圣路易斯联邦储备银行的官方网站②。这个数据是由密歇根大学(University of Michigan)开发的消费者情绪指数(UMC-SENT)。以 1964 年 12 月的数据为 100,以此为基准,汤姆森·路透(Thomson Reuters)和密歇根大学每月发布通过调查问卷获得的消费者信心指数。为了获得有效数据,每月至少有 500 名美国大陆地区的被调查者接受电话问卷。该指数被许多机构所使用。

欧元区和英国的消费者信心指数来自欧盟委员会的官方网站③。该系列消费者信心指数是几个指标的算术平均值。这些分指标是受调查这对以下方面问题回答的百分比值:在将来 12 月内的家庭财务状况、一般经济状态、失业率和储蓄等的预期。本文从该网站获得消费者信心指数的月度数据。

日本的消费者信心指数来自日本政府内阁办公室官方网站④。该数据是建立在对日本近 500 万家庭的抽样调查的基础上的。调查由日本首相主管,委托给申君虎执行。该调查使用直接寻访和自己完成调查问卷的方式,期间的调查方法也有一些调整。受访者主要需要回答的问题涉及总体生活水平、收入增长、就业和购买奢侈品的意愿等。本文从该网站获得日本消费者信心

---

① 财新网网站地址为 http://data.caixin.cn/macro/index.html#top。

② 地址为 http://research.stlouisfed.org/fred2/series/UMCSENT。

③ 具体的调查方法、实施过程、数据调整和计算,请参照欧盟委员会的官方网站,其地址是 http://ec.europa.eu/economy_finance/db_indicators/surveys/time_series/index_en.htm。

④ 网址为 http://www.cao.go.jp/index-e.html。

指数的月度数据。

中国的消费者信心指数来自财新网①。该数据与其他一些渠道获得的我国消费者信心指数大体相当,其相关系数很高。本文从该网站获得月度数据。

四、汇率改革与情绪传递

汇率改革的过程是一个放松控制、更加市场化的过程,这个过程自然加强了中国经济与世界经济的联系。除了实体经济活动联系的加强,一些非经济的因素比如投资者信心等之间的联系也应该变得更加紧密。自从 1991 年我国股票市场运行以来,在 2005 年进行的外汇管理体制改革是最具有意义的,确定了人民币完全可兑换的最终目标,并开始逐步放宽人民币对美元的单日波动幅度。因而本章以 2005 年 7 月为分界点,考察前后我国的消费者信心指数与国外消费者信心指数的关系变化,并研究汇率改革是否会导致投资者情绪传递变得更加容易。

表 3-2　各国之间消费者信心指数的相关性

	cci_cn	
	2005 年 7 月前	2005 年 7 月后
cci_us	−0.337	0.638
cci_uk	−0.017	0.684
cci_ur	−0.129	0.707
cci_ja	0.092	0.492

注:本表中,cci_cn、cci_us、cci_uk、cci_ur 和 cci_ja 分别表示中国、美国、英国、欧元区和日本的消费者信心指数。

我们使用的消费者信心指数包括从 1990 年 2 月到 2012 年 3 月的月度数据。表 3-2 报告的为 2005 年 7 月前后我国的消费者信心指数与美国、欧元

---

① 请参看网站 http://data. caixin. com/macro/macro _ indicator _ more. html? id = E0033&cpage = 1&pageSize = 30&url = macro_indicator_more.html#top。

区、日本及英国等主要发达经济体的相关性。从表 3-2 中我们可以看到,
2005 年 7 月前中国的 CCI 与 4 个主要经济体的相关性都不高,最高的是与美
国 CCI 的相关性,为-0.36,与英国和日本的 CCI 几乎就没有相关性。与美国
CCI 的负相关性也不能说明中美两国的消费者情绪传导。然而,2005 年 7 月
以后,中国与 4 个经济体的 CCI 的相关性都显著变高,除了与日本 CCI 的相关
性在 0.49 外,与其他 3 个经济体的相关系数都超过 0.64。

　　从相关系数可以粗略地发现,随着人民币汇率的市场化,我国的消费群体
与其他主要经济体的消费群体在情绪上越来越互相影响。也就是说,我国的
消费者信心越高,别的国家的消费者信心也越高。那么,一个问题是,到底
是我国的消费者容易受到其他经济体消费者的影响呢,还是其他经济体消
费者更容易受到我国消费者的影响。因而我们对此进行格兰杰因果检验。
首先我们对五个经济体的 CCI 进行单位根检验,发现美国、欧洲和日本的
CCI 为有趋势的非静态时间序列。为了消除非静态的影响,我们获得所有
经济体的 CCI 的一阶差分,然后对一阶差分进行格兰杰检验。与表 3-2 一
样,我们将数据按时间分为两段,分别为 2005 年 7 月以前和以后,其结果如
表 3-3 所示。

表 3-3　我国消费者信心指数变换与几个主要经济体消费者信心变化的因果关系

	子表 A:他国对我国		子表 B:我国对他国	
	2005 年 7 月前	2005 年 7 月后	2005 年 7 月前	2005 年 7 月后
Dcci_us	0.001	0.166	0.409	0.007
Dcci_uk	0.386	0.099	0.442	0.645
Dcci_ur	0.104	0.488	0.598	0.029
Dcci_ja	0.314	0.167	0.641	0.200

注:表中 Dcci_us、Dcci_uk、Dcci_ur 和 Dcci_ja 为美国、英国、欧元区和日本的消费者信心指数的月度一
　　阶差分。我国的 cci 一阶差分为 Dcci_cn。

　　从表 3-3 的子表 A 和 B 的右列可以得知,2005 年 7 月以前,在时滞为 5
期的基础上,美国的 CCI 变化是引起中国的 CCI 变化的原因,而中国的 CCI 却
不是引起其他 4 个经济体 CCI 变化的格兰杰原因。而 2005 年 7 月以后,英国
CCI 的变化仍然会引起中国 CCI 的变化,而其他经济体的 CCI 变化不再影响

中国 CCI 的变化。一个重要的发现为,中国的 CCI 变化却成为美国、欧元区 CCI 变化的格兰杰原因。这说明,随着中国汇率政策向市场化转变,中国的实体经济对其他国家经济的影响在加深的同时,我国消费者的情绪对其他国家消费者情绪的影响力也在上升。当然,由于我们没有控制其他的变量,这个影响是通过什么途径达到的,依然需要更进一步的研究。

五、情绪、汇率与股票市场

1.中国股票指数回报与情绪

在现有文献中,研究者发现投资者情绪越高,将来的股票回报越低(布朗和柯利弗,2004;费雪和斯特曼,2000 等)。相关文献认为这是因为投资者情绪高时,往往是市场处于过度乐观的状态,因而市场价格偏高,而随后的调整将导致将来的回报较低。我国股票市场是否存在相似的现象还是一个没有得到深入研究的问题。研究这个问题需要寻找一个能准确测度投资者情绪的变量。因为本文主要是从国际各经济体投资者情绪传递的角度来研究这个问题,除了消费者信心指数外,很难找到其他的具有可比性的测度投资者情绪的指标。本文以我国消费者信心指数来度量投资者情绪,研究它的变化是否会影响将来的股票回报。

本文分别以上证指数和深圳指数计算指数回报,其公式为:

$$r_t = \log(index_t) - \log(index_{t-1})$$

其中, $index_t$ 表示上海或深圳指数在 t 月末的值, r_t 为上海或深圳的指数回报。我们将上海和深圳的指数回报在 t 月末的值分别表示为 r_t^h 和 r_t^z。因为股票市场反映一个经济体的整体状况,我们在考虑投资者情绪时应该同时考虑那些影响股票市场的主要因素。因而本文所用的实证回归模型为:

$$r_t^i = \alpha + \sum_{l=1}^{p} X_{t-l}\beta_l + \sum_{j=1}^{k} h_j \Delta S_{t-j}^{cn} + \varepsilon_t$$

上式中, r_t^i ,($i=h,z$)为 t 月上海或深圳的指数回报; X_{t-l} 为控制变量向量在 $t-l$ 月的值; ΔS_{t-j}^{cn} 为 $t-j$ 月中国投资者情绪变化,即, $\Delta S_t^{cn} = C_t^{cn} - C_{t-1}^{cn}$; ε_t 为本文实证模型没有包含的部分。

本文主要考虑的控制变量有无风险利率的一阶差分 Δr_t^f、外汇储备增加值 $\Delta \text{Reserve}_t$、GDP 的自然对数的一阶差分 $\Delta \ln(GDP)_t$、净出口 Nxp_t、CPI 的环比增加值 ΔCPI_t、中央银行规定的主要商业银行的存款准备金率一阶差分 ΔCRR_t 和货币量 M1 的一阶差分 $\Delta M1_t$。这些变量取一阶差分的原因主要是它们往往有很强的自相关性,而一阶差分后的变量都是静态的。另外根据数据的可获得性,我们在有些回归里会包含国债 ΔGB_t 和生产者价格指数 ΔPMI_t。本文使用的国债和 PMI 数据从 2005 年 1 月开始。

在报告信心指数之前,我们先报告将上海和深圳指数回报回归到控制变量的结果。为了节省篇幅,我们省略了表格。如果将上海指数回报回归到控制变量(包含时滞到之前 4 个月的观察值),我们可以发现,上两个月的存款利率变化与本月的回报负相关,但是不显著;这说明股市和银行存款之间的替代关系。而前两月的外汇储备增长率增加会显著预测股市的上升。一个奇怪的现象是,$t-2$ 和 $t-3$ 月的国内生产总值的增加值($\Delta \ln(GDP)$)增加时,t 月的股市却下降,这也说明了我国的股市往往没有反映经济发展的状况。而 $t-2$ 月的净出口增加时,t 月的股票市场会表现较好,这说明我国的上市公司更多的是出口导向型企业。另外,前几月的 CPI 和存款准备金率的变化与股票市场为负相关关系,这符合人们的预期,因为二者的增加往往意味着货币政策的紧缩。同时近期,M1 的增加也会一定程度上导致股票市场表现良好。我们以深圳指数回报作为因变量,可以获得相似的关系。但是这些回归的调整的 R^2 都不高,表明用宏观经济数据来预测股票市场的效果并不明显。

下面我们调查情绪变化对股票回报的预测能力。在回归方程中,我们取 $k=6$;因变量分别为上海指数回报和深圳指数回报。上海指数回报为因变量的回归结果如表 3-4 所示。为了节省篇幅,表 3-4 有包含控制变量。为了强调汇率政策的变化,本文对 2005 年 7 月前后的数据分别进行了回归。结果发现,在 2005 年 7 月以前,对于月股指回报,只有 CCI 增加会引起股指回报的增加。最近月份的 CCI 的增加会导致回报的降低,但是却并不显著。这与文献中发现的结果有一致之处,但结果并不很好,也许是消费者信心指数并不能很好地测度投资者情绪的原因。2005 年 7 月以后,我国消费者信心指数的变化对上海指数回报几乎没有影响。

表 3-4　中国消费者信心指数变化对上海指数回报的影响

2005 年 7 月前							
时间区间	I	II	III	IV	V	VI	VII
L1	0.021						0.061
	[0.05]						[0.13]
L2		−0.124					0.055
		[−0.28]					[0.12]
L3			−0.163				−0.124
			[−0.38]				[−0.26]
L4				0.393			0.158
				[0.91]			[0.33]
L5					0.896**		0.915*
					[2.12]		[1.96]
L6						−0.082	−0.279
						[−0.18]	[−0.59]
R-sqr	0.07	0.071	0.086	0.094	0.128	0.087	0.136
2005 年 7 月后							
L1	0.024						−0.282
	[0.03]						[−0.33]
L2		0.494					0.306
		[0.58]					[0.35]
L3			−0.587				−0.42
			[−0.74]				[−0.52]
L4				1.226			1.277
				[1.53]			[1.51]
L5					−0.434		−0.346
					[−0.49]		[−0.38]
L6						−0.952	−1.01
						[−1.15]	[−1.18]
R-sqr	0.066	0.071	0.074	0.097	0.07	0.084	0.128

注:L1-L6 表示 t-1 到 t-6 月的情绪指标。空白表示该回归中不包含该项。方括号内为 t 统计量。* 表示在 10% 的水平下显著;** 表示在 5% 的水平下显著。

　　从上文的分析中我们知道,汇率政策市场化后,美国的 CCI 与我国的 CCI 的变化相互影响的关系变得非常显著,因而我们将美国前 6 个月的消费者信心指数的变化带入回归方程(1)。结果如表 3-5 所示,为了节省篇幅,只报告了情绪指标的系数估计。如表 3-5 所示,美国的消费者信心指数变化在 2005 年 7 月前后的显著性同中国的相应变量的显著性有相反的变化。在 2005 年 7 月以前 t-6 月美国的情绪变化对我国 t 月的上海股指回报有负向影响,但显著性水平不高。而在 2005 年 7 月后,t-2 和 t-6 月美国的情绪变化却有非常显著的影响。而且如回归模型 VII 所示,同时考虑历史情绪变化时,L2 和 L6 的系数依然显著为正。也即,美国投资者的信心增加会引起我国股票市场的回报增加。结合表 3-4 和表 3-5,美国的投资者情绪并不是通过影响中国投资者的情绪来实现的。这说明美国投资者的信心增加很可能是因为美国的经济环境改善,从而提高我国经济发展态势的预期。

表 3-5　美国消费者信心指数变化对上海指数回报的影响

2005 年 7 月前							
时间区间	I	II	III	IV	V	VI	VII
L1	0.18						0.107
	[0.61]						[0.35]
L2		−0.205					−0.198
		[−0.68]					[−0.63]
L3			0.164				0.141
			[0.53]				[0.44]
L4				0.194			0.206
				[0.64]			[0.66]
L5					−0.03		−0.087
					[−0.10]		[−0.30]
L6						**−0.509***	**−0.522***
						[−1.80]	[−1.79]
R−sqr	0.038	0.039	0.037	0.038	0.035	0.057	0.067

续表

2005 年 7 月后							
L1	0.148						0.234
	[0.68]						[1.08]
L2		0.394*					0.472**
		[1.80]					[2.15]
L3			0.07				0.216
			[0.30]				[0.94]
L4				−0.073			0.218
				[−0.32]			[0.93]
L5					0.132		0.249
					[0.59]		[1.12]
L6						0.626***	0.695***
						[2.73]	[2.93]
R−sqr	0.073	0.108	0.068	0.068	0.071	0.157	0.236

注:L1—L6 表示 t−1 到 t−6 月的情绪指标。空白表示该回归中不包含该项。* 表示在 10%的水平下显著;** 表示在 5%的水平下显著。

　　这些结果表明,在我国的汇率更加市场化以后,国外的投资者情绪对我国的股票市场的影响更大。我们对深圳股指回报做了相似的回归,其结果几乎完全一致。

　　虽然上一节的格兰杰因果检验发现,2005 年 7 月以后,美国以外的其他经济体的 CCI 不是引起中国 CCI 变化的原因,但我们在此依然独立考虑了这些经济体的情绪变化对我国股指回报的影响。也即,在回归方程(1)中,分别独立地加入欧元区、英国和日本的情绪变化代理变量。其结果如表 3-6 所示。这里也省略了其他宏观变量的系数,而且只报告同时考虑所有过去 6 月变量的回归结果。

表 3-6　过去各国消费者信心指数变化对上海指数回报的影响

时间区间	2005 年 7 月前			2005 年 7 月后		
	UK	UR	JA	UK	UR	JA
L1	0.041	**-2.481*****	-0.324	0.465	0.441	0.705
	[0.11]	[-3.22]	[-0.37]	[1.07]	[0.59]	[0.79]
L2	0.166	0.802	-0.529	**0.837***	0.416	1.056
	[0.43]	[1.04]	[-0.60]	[1.99]	[0.54]	[1.08]
L3	**0.727***	0.424	-1.098	0.298	1.142	-0.506
	[1.90]	[0.56]	[-1.26]	[0.69]	[1.53]	[-0.55]
L4	0.038	1.007	0.117	-0.143	-0.359	1.27
	[0.10]	[1.25]	[0.13]	[-0.32]	[-0.47]	[1.32]
L5	**-0.763***	0.429	0.12	0.074	0.916	0.211
	[-1.97]	[0.57]	[0.13]	[0.17]	[1.20]	[0.24]
L6	-0.345	-0.784	1.295	-0.049	-0.43	**1.627***
	[-0.94]	[-1.05]	[1.38]	[-0.12]	[-0.56]	[1.74]
R-sqr	0.093	0.114	0.071	0.144	0.153	0.156

注:L1-L6 表示 t-1 到 t-6 月的情绪指标。UK、UR 和 JA 表示英国、欧元区和日本。* 表示在 10%的水平下显著;** 表示在 5%的水平下显著。

　　表 3-6 表明英国的情绪变化对我国的股票市场有较明显的影响,而且较近期在两个时间区间都为正。对于欧元区的情绪变化,2005 年 7 月前与我国股票指数回报有负相关性,而之后却没有效应。单独考虑日本,我们发现在2005 年 7 月之前,其情绪变化对我国的股票市场没有显著的影响,而之后却有一定正相关关系。如果将所有其他经济体同时考虑,我们发现美国和欧元区的情绪变化对我国的股票市场回报有显著影响,而包括中国在内的其他经济体的情绪变化对我国的股票市场回报都没有影响,这进一步证明美国的经济在世界上的主导地位。

　　另外从各表的 2005 年 7 月前后相应回归的 R-squared 值的对比中,也可以发现一些不同,即,所有变量相同的回归,2005 年 7 月后的 R-squared 值都显著比之前的高。例如表 3-6 中,2005 年 7 月之前的 R-squared 分别为0.093、0.114 和 0.071,而 2005 年 7 月之后的相应值为 0.144、0.153 和

0.156。这从一个侧面说明了汇率市场化之后，我国的股票市场与其他经济体的关系变得更加紧密。

2.汇率的影响

中国汇率改革的过程就是汇率市场化的过程，其最大的体现不在于人民币与国际货币的比值的趋势，而在于波动的幅度变化。本文使用的原始汇率数据为美元、欧元、英镑和日元的以人民币衡量的每日收盘价及涨跌幅。利用日数据，我们计算了 4 种主要外币在每月的波动及其平均价格。其计算公式为 $VLT_m^c = \frac{1}{M} \sum_{t=1}^{M} e_t^c$ 和 $AEP_m^c = \frac{1}{M} \sum_{t=1}^{M} EP_t^c$，其中 VLT_m^c 表示经济体 c 的货币在 m 月兑人民币的波动率，AEP_m^c 表示经济体 c 的货币在 m 月兑人民币的平均价格。EP_t^c 表示经济体 c 的货币在 m 月第 t 日兑人民币的收盘价；e_t^c 为回报，其公式为 $\ln(EP_t^c) - \ln(EP_{t-1}^c)$。在下文的分析中，由于日平均波动率的值较小，我们使用 VLT_m^c 的对数 $\ln VLT_m^c = \ln(VLT_m^c)$。另外由于平均价格 AEP_m^c 是有趋势的非静态过程，我们取其一阶差分 ΔAEP_m^c 进行分析。

本节首先检验汇率在上一月平均价格的变化 ΔAEP_{m-1}^c 和波动 $\ln VLT_{m-1}^c$ 是否与当前月的股指回报有一定关系。也即，这里使用的实证分析模型为：

$$r_m = a + \sum_{i=1}^{4} b_i \Delta AEP_{m-1}^i + \sum_{i=1}^{4} h_i \ln VLT_{m-1}^i + X_{m-1}s + \varepsilon_m$$

其中，r_m 为上证或深成指数在 m 月的回报，X_{m-1} 为与回归方程（1）一样的控制变量。$i = 1,\cdots,4$ 分别表示美元、欧元、英镑和日元。

随着我国汇率改革的深入，主要经济体的货币的价格波动范围也变得更大，所以波动率本身也包含着我国汇率改革的信息。但是为了进行一定的对比，除了对全样本进行回归外，我们也将样本分为 2005 年 7 月之前和之后，分别进行回归。以上海指数回报为应变量的回归结果如表 3-7 所示。该表省略了控制变量的系数估计值。

表 3-7　上证指数回报与汇率的关系

		2005 年 7 月前	2005 年 7 月后	全样本
均值变化	US	2.317	−61.655	−49.93
		[0.03]	[−1.23]	[−1.31]
	UR	−2.502	1.500	−3.989
		[−0.26]	[0.20]	[−0.77]
	UK	0.026	7.658	**7.642** *
		[0.00]	[1.36]	[1.67]
	JA	−6.223	−6.232	−5.55
		[−0.85]	[−0.91]	[−1.14]
波动	US	−0.25	−0.944	−0.709 *
		[−0.35]	[−1.24]	[−1.93]
	UR	2.047	**−7.870** **	**−4.586** **
		[0.53]	[−2.62]	[−2.31]
	UK	−3.359	**6.217** *	2.700
		[−0.95]	[1.82]	[1.37]
	JA	0.144	**−4.307** **	**−2.424** *
		[0.05]	[−2.65]	[−1.94]
	R−sqr	0.154	0.336	0.189

US、UR、UK 和 JA 分标表示美元、欧元、英镑和日元。方括号内为 t-统计量。* 表示在 10% 的水平下显著；** 表示在 5% 的水平下显著。

　　表 3-7 表明过去一月的汇率对上证指数回报有一定的影响。从全样本的回归中,我们发现英镑的价格变化与上证指数回报有一定的正相关性,但其显著性水平并不高。除此之外,无论是在分样本还是全样本中,四个经济体的货币价格均值的变化对上证股指回报几乎没有什么影响。然而从表 3-7 的下半部分发现,汇率的波动对上证指数回报是有明显的影响的。首先,在全样本中,美元、欧元和日元的价格波动都与上证指数的回报负相关。这说明汇率波动越大,股票回报越低。这似乎表示,汇率的波动在一定程度上降低了人们对经济的预期,从而导致较低的回报。但在后一区间的样本中,日本的汇率波动与上证指数回报的关系为正。

　　对比表 3-7 的前两列,可以发现,在 2005 年 7 月以前,汇率的均值变化和波动对上证指数的回报都没有影响;而在 2005 年 7 月之后,汇率波动的影响才变得明显。这表明,之前的汇率没有包含太多的经济信息,而市场化之后,汇率的波动能反映宏观经济的变化和国际经济的状态和关系。

　　3.汇率和情绪

　　前两小节的分析中,我们发现以消费者信心指数为代表的投资者情绪和汇率变化都对上证指数和深成指数回报有一定影响。汇率指标的影响在 2005 年 7 月以后才变得显著,而情绪变化的影响却在两个时间区段都有所反应。表 3-8 只报告了 2005 年 7 月以后同时考虑情绪变化和汇率指标时的回归结果,与前面的表一样,本表省略了其他控制变量的结果;另外,还省略了不显著的变量。

表 3-8　同时考虑情绪和汇率指标

	情绪变化			
	US	UR	UK	JA
$\ln VLT^{UR}$	-7.470^{**}	-7.639^{**}	-8.031^{**}	-7.653^{**}
	$[-2.40]$	$[-2.40]$	$[-2.63]$	$[-2.36]$
$\ln VLT^{UK}$	5.794	6.284^{*}	6.392^{*}	5.904
	$[1.66]$	$[1.75]$	$[1.80]$	$[1.62]$
$\ln VLT^{JA}$	-3.784^{**}	-4.204^{**}	-3.824^{**}	-3.786^{**}
	$[-2.37]$	$[-2.41]$	$[-2.18]$	$[-2.06]$
L6	0.598^{**}	-0.858	-0.051	0.648
	$[2.55]$	$[-1.13]$	$[-0.12]$	$[0.67]$
R-sqr	0.439	0.376	0.381	0.354

注:US、UR、UK 和 JA 分标表示只考虑美国、欧元区、英国和日本的情绪变化。L1-L6 表示 t-1 到 t-6 月的情绪指标。方括号内为 t-统计量。* 表示在 10% 的水平下显著;** 表示在 5% 的水平下显著。

　　表 3-8 表明,当同时考虑汇率指标和情绪变化时,情绪指标的影响或者变弱或者消失。这在一定程度上证明汇率是国外经济体的情绪变化影响我国股票市场的途径。虽然各经济体货币的平均价格变化对上证指数回报没有影响,但波动率中,除了美元的波动率外,其他经济体活动对人民币的波动都有

比较明显的影响。

　　如果同时考虑中国和四个主要经济体在过去六个月的情绪变化,我们发现美元价格的均值变动系数变为显著为负;而波动率指标中,只有欧元的系数显著为负。此时,美国在 t-6 月的情绪变化的系数显著为正;欧元区在 t-1 月的情绪变化的系数显著为负;英国、日本和中国的情绪变化没有影响。

　　另外,当我们控制上证指数在 t-1 月的回报,上面的结果没有大的变化。使用深圳指数回报作为应变量,重复上面的回归,其结果与表 3-8 一致,并且欧元价格的波动在 1% 的水平下显著,而英镑的波动在三个回归中显著,日元的波动在所有回归中在 5% 或 10% 的水平下显著。另外,情绪指标除了美国的情绪变化在 t-6 月的系数显著外,英国的情绪变化在 t-2 月的系数也显著为正,其他都不显著。这说明汇率在很大程度上的确是导致国外投资者的情绪传递到中国股票市场的原因,而这个传递过程却并不是通过影响中国投资者的情绪实现的。

　　4.股票市场波动率的反应

　　股票市场的风险也是投资者关心的问题,而在测度风险的指标中,股票回报的波动率是一个经常使用的变量。情绪会影响股票的回报,也会影响股票回报的波动,本小节试图检验,在我国汇率改革的过程中,我国及其他主要经济体的情绪变化是否会影响我国股票市场的风险。

　　本文使用上证综指和深圳成指的日回报数据计算月度回报波动,其公式为 $RVLT_m^i = \sum_{t=1}^{M} (ret_t^i)^2$, $i = sh$, sz。ret_t^i 为市场 i 的指数在 m 月第 t 个交易日的回报。虽然 $RVLT$ 是一个静态随机过程,但其分布有很大的偏度和峰度,因此本文使用的波动率变量为其对数,即 $LnRVLT$。与上文所作回归相似,将上证综指或深圳成指回报的波动率对数作为应变量,回归到控制变量、汇率变量、情绪变量或同时回归到所有变量上。其结果如表 3-9 所示。为了节省篇幅,控制变量中在所有回归中都不显著的变量也省略。表 3-9 只使用了 2005 年 7 月以后的数据,这是因为之前情绪传递的作用并不明显。

表 3-9　情绪和汇率与上证指数回报波动率的关系

	CN	CN-US	CN-UR	CN-UK	CN-JA
	I	II	III	IV	V	VI
ΔAEP^{UR}	−0.096	1.696*	3.198***	2.834**	2.048*	2.038**
	[−0.15]	[1.90]	[3.09]	[2.90]	[1.96]	[2.17]
ΔAEP^{UK}	0.038	−1.297*	−2.047**	−1.983**	−1.716*	−1.369*
	[0.08]	[−2.00]	[−2.81]	[−2.77]	[−1.84]	[−1.82]
$\ln VLT^{US}$	0.101	−0.171*	−0.117	−0.275**	−0.076	−0.183
	[1.52]	[−1.86]	[−1.00]	[−3.01]	[−0.60]	[−1.74]
$\ln VLT^{UR}$	−0.321	1.241**	1.521***	1.767***	1.393**	1.150**
	[−1.27]	[2.60]	[3.18]	[3.42]	[2.27]	[2.55]
$\ln VLT^{UK}$	0.416	−0.514	−1.068**	−0.916**	−0.666	−0.632
	[1.46]	[−1.24]	[−2.19]	[−2.20]	[−1.29]	[−1.51]
$\ln VLT^{JA}$	0.460***	0.316	0.307	0.152	0.379	0.267
	[3.37]	[1.56]	[1.46]	[0.61]	[1.39]	[1.41]
L2		0.317*	0.383*	0.387**	0.439*	0.138
		[1.85]	[1.80]	[2.24]	[1.87]	[0.73]
L4		−0.239**	−0.284**	−0.360**	−0.321**	−0.183*
		[−2.29]	[−2.50]	[−2.90]	[−2.20]	[−1.87]
L5		−0.393***	−0.517***	−0.494***	−0.480**	−0.450***
		[−3.32]	[−3.82]	[−3.89]	[−2.61]	[−3.39]
L6		−0.150*	−0.184**	−0.115	−0.124	−0.318***
		[−1.82]	[−2.26]	[−1.42]	[−1.14]	[−3.43]
L3			−0.01	0.062	0.026	0.194**
			[−0.33]	[0.79]	[0.42]	[2.32]
L5			−0.016	−0.167*	−0.008	−0.196**
			[−0.48]	[−2.02]	[−0.18]	[−2.41]

注:CN、US、UR、UK 和 JA 分标表示考虑中国、美国、欧元区、英国和日本的情绪变化。L1-L6 表示 t-1 到 t-6 月的情绪指标。方括号内为 t-统计量。* 表示在 10% 的水平下显著;** 表示在 5% 的水平下显著;*** 表示在 1% 的水平下显著。

　　表 3-9 的模型 I 只考虑汇率指标,我们发现只有日元的人民币价格计算的回报波动率对上海指数回报的波动率有影响。模型 II 加入中国消费者的

情绪变化指标时，我们发现，不仅更多的汇率指标都变得显著，而且，t−2月、t−4月到t−6月情绪变化都对上证指数回报的波动有明显的影响。具体来说，t−2月的情绪升高会导致更高的股票波动，而更远的过去的情绪升高又会伴随较小的股市波动。这说明情绪变化对股市的影响是与情绪变化的时间有关的。再看模型Ⅲ—Ⅵ，当加入其他国家的情绪变化时，我国消费者的情绪变化与股市波动的关系依然存在，而且在不同的回归间表现得比较一致。其中只有欧元区和日本的消费者情绪变化还有一定的影响。这表明，影响我国股票市场波动的主要是我国的消费者情绪变化。其他国家的消费者情绪变化对中国股票市场的波动有一定影响，而这个影响是通过影响中国投资者的情绪来实现的。而这个情绪传递的通道很可能是汇率。

在未报告的回归中，我们同时考虑了所有其他四个经济体的情绪指标，发现基本没有改变表3−9中汇率指标和情绪指标的系数。另外使用深圳指数波动率为因变量，主要发现没有发生改变。

从汇率、中国和四个主要经济体的情绪变量与我国股票市场的指数回报和波动的关系中，我们可以发现，国外投资者的情绪变化的影响是不一样的。即，国外投资者的情绪变化可以直接引起我国股票市场的指数回报变化，但却只能通过引起我国投资者的情绪变化来影响我国股票市场的波动，而且，汇率对情绪传递起着重要的作用。这证明汇率的市场化不仅使我国与其他国家之间的经济联系更加紧密，还使我国投资者与他国的投资者在情绪上更加容易相互影响。

汇市中可以预测股市的信息，
中国市场的证据

李建栋　高晓轩

一、引　言

外汇市场是指经营外币和以外币计价的票据的买卖市场，是金融市场的主要组成部分。资本市场是指期限在一年以上各种资金借贷和证券交易的场所，主要指股票市场和一年期以上的债券市场。巨大的交易规模和广泛的群众基础，使得股票市场和外汇市场成为投资者和政府关注的焦点。

股票市场和外汇市场是中国最大的两个金融资本市场，而股价和汇率是这两个主要金融资本市场的价格，又同为反映国民经济实力的重要指标。那么股价和汇率之间存不存在内在的联系，汇率的波动能否导致股价的波动以及收益率的变化，这些问题都值得深入研究。我们认为：与汇改前相比，汇改后股市和汇市的联动性更强，当汇市出现大幅波动时，股票投资者会产生国际经济和投资环境不稳定的预期，从而使股市的收益率出现波动，而且这种影响会在拥有更多机构投资者和国外理性投资者的 B 股市场得到更充分的体现。

二、文献回顾

现有解释汇率与股价关联效应的比较成熟的理论有两个。第一个是汇率的"流量导向"（flow—oriented）模型（多恩布什，Dornbusch 和费舍尔，

Fischer1980),该理论集中于讨论经常账户和贸易平衡对汇率动态的影响。该理论认为,汇率的变化将会影响到一个国家企业的国际竞争力以及国际贸易的平衡,这将导致国家企业的实际收入和产出受到影响,从而更进一步影响到公司现在和未来现金流的现值。也就是说,对于一个出口企业来说,如果本国汇率上升,也就是本币贬值,这样会使得出口商品更加便宜,导致国外需求的增加,该公司的预期收益以及价值也会随之升高,股价也就上涨。反之,汇率的下降则会产生相反的作用。

第二个理论是"股票导向"(stock oriented)模型(布兰森,Branson,1983;费兰克尔,Frankel,1983)。该模型则主要关注资本账户对汇率动态的影响。"股票导向"理论认为股市的上涨会吸引国外资本的不断流入,这将导致本国货币的需求增加,进而使得本币升值。当股市下跌时则会产生相反的效果。

在解释汇率的波动性是否对股票的波动性和收益率具有影响时,大多数学者采用 ARCH 系列模型。卡纳斯(Kanas,2000)用协整和 EGARCH 模型实证分析了欧美 6 个国家的汇率的波动与股市收益的关系,没有发现汇市的波动性对股市的收益率有显著的影响。而博达尔(Bodart)和雷丁(Reding,2001)使用 GARCH(1,1)模型进行实证研究,发现欧洲 5 个国家的汇率变动对行业股票收益及其波动有显著影响。董(Doong,2005)等人使用同样的方法,根据 G27 国家数据验证了汇率的波动对股市的收益率有显著影响。

我国对于汇率和股价相关性的研究起步比较晚,实证研究主要集中于汇率制度改革后两者的因果关系以及相关性分析。舒家先和谢远涛(2008)利用多因素 TGARCH 模型,将人民币兑美元收益率作为解释变量来解释上证股市收益率,结果发现人民币汇率的收益率能够作为股票收益率的解释变量。高海霞等人(2007)采用单变量 EGARCH 模型对汇率和股价收益的相关性进行了实证研究,结果也发现汇率市场的收益变动会对股市的收益率产生影响。

本文利用更新的数据,检验中国汇市和股市间的关系。本文创新之处在于,我们采用 GARCH-M 的思想,用汇率的波动性作为一个解释因子,来解释股市的收益率。而以前的研究则要么关心汇率与股市收益率之间的关系,要么关心汇率波动与股市波动的关系，很少将汇市的波动性用来解释股市的收益率。在样本区间的选择方面，本文将分为汇改前、汇改后两个样本区间来研究。

三、样本数据

1.汇率数据：汇率数据分别由人民币兑美元、人民币兑日元、人民币兑欧元的月度实际汇率组成。汇率数据分为汇改前（1994 年 1 月—2005 年 6 月），汇改后（2005 年 7 月—2011 年 12 月）两大部分。实际汇率变化率时间序列如图 3-1、图 3-2、图 3-3 所示：

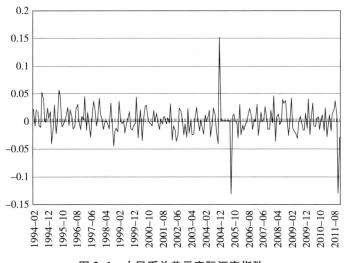

图 3-1　人民币兑美元实际汇率指数

2.股票数据：本文选取 1994 年 1 月至 2011 年 12 月上证 A 股与上证 B 股每月最后一个交易日的收盘股指作为代表股价收益率的数据。时间序列如图3-4、图 3-5 所示：

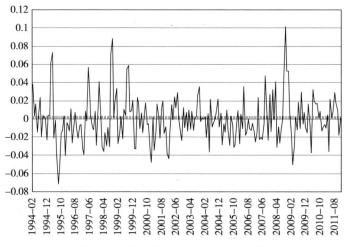

图3-2　人民币兑日元实际汇率指数

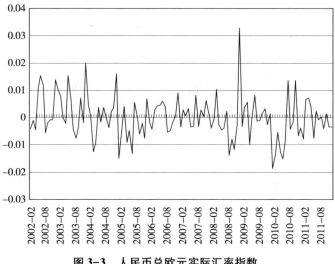

图3-3　人民币兑欧元实际汇率指数

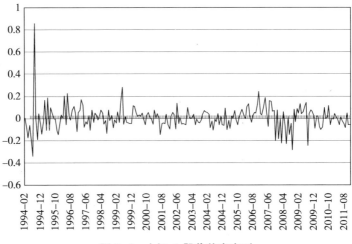

图 3-4　上证 A 股收益率序列

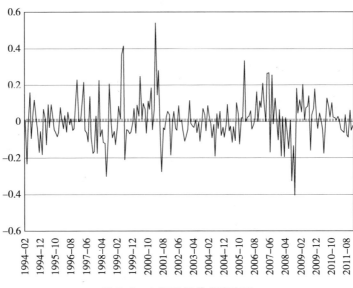

图 3-5　上证 B 股收益率序列

四、模型介绍与实证分析结果

(一)VAR 模型

VAR 模型能够比较合理地描述变量间的互动关系,并通常用于预测相互联系的时间序列系统,以及分析随机扰动对变量系统的影响。利用 VAR 模型,我们来研究人民币兑各国实际汇率指数与上证 A 股和上证 B 股的收益率之间是否存在格兰杰因果关系。为了使数据更加平稳,我们对汇率和股价指数等时间序列先进行一阶差分,然后取对数。所以此处格兰杰因果检验对象是汇率变化和股市收益率,其具体模型如下:

$$
\begin{cases}
\text{stock} = \sum_{i=1}^{j} a_i \text{stock}(-i) + \sum_{i=1}^{j} b_i \text{exchange}(-i) \\
\text{exchange} = \sum_{i=1}^{j} c_i \text{exchange}(-i) + \sum_{i=1}^{j} d_i \text{stock}(-i)
\end{cases}
$$

其中,stock 表示股市价格的一阶差分取对数的时间序列。stock(-i)表示股市价格的一阶差分取对数第 i 阶滞后的时间序列。exchange 表示汇率的一阶差分取对数的时间序列,exchange(-i)表示汇率的一阶差分取对数第 i 阶滞后的时间序列。

我们先对股指和汇率序列进行 ADF 检验。在 ADF 检验中,我们不断改变滞后期以找到使 AIC 和 SC 值达到最小的滞后期 j,然后我们以此时得到的格兰杰因果检验的结果为标准。结果如表 3-10 所示:

表 3-10　汇率变化与股市收益率变化间的格兰杰因果关系

	H0	汇改前		汇改后	
		A 股	B 股	A 股	B 股
美元	汇率不是股价变化的原因	不显著	不显著	不显著	不显著
	股价不是汇率变化的原因	不显著	不显著	不显著	不显著

续表

	H0	汇改前		汇改后	
		A 股	B 股	A 股	B 股
日元	汇率不是汇率变化的原因	不显著	不显著	不显著	显著**
	股价不是汇率变化的原因	不显著	不显著	不显著	显著*
欧元	汇率不是股价变化的原因	不显著	不显著	不显著	显著**
	股价不是汇率变化的原因	不显著	显著**	不显著	不显著

注：*、**、*** 分别表示 10%、5%、1% 的显著水平。

从表 3-10 我们可以看出，汇改前，上证 B 股的收益率对人民币兑欧元的真实汇率具有解释作用。汇改后，人民币兑日元真实汇率与上证 B 股的收益率存在双向的格兰杰因果关系，人民币兑欧元的真实汇率对上证 B 股的收益率具有单向的解释作用。总体而言，以上结果部分地支持了流量导向理论和股票导向理论，汇市与股市存在"因果"关系，并且对中国而言，B 股市场体现得更明显。但是这种支持是极轻微的，由于种种未考虑因素，简单的 VAR 模型并不能很好地揭示两个市场之间的联系。

（二）BVBEKK—GARCH 模型

对于变量而言，一阶变量之间的关系是最主要的（即上文的 VAR 模型所考虑的汇率变化与股市收益率），因为它直接体现着盈利与否。但二阶变量之间的关系也常在考察范围之内，原因在于一阶变量之间的关系如上文结果所示，常常并不显著。下文采用 BVBEKK—GARCH 模型分析人民币汇率的波动性与股票市场的波动性是否相互影响。BVBEKK—GARCH 模型分为两个方程。首先建立均值方程如下：

$$y_t = \mu_t + \varepsilon_t$$

其中 y_t 为 2×1 向量，为变量序列；μ_t 为长期飘移系数，也为 2×1 向量；ε_t 为市场在 t 时刻受到新生变量的冲击。其次建立条件方差方程如下：

$$H_t = \omega\omega' + \sum_{i=1}^{q} \alpha(\varepsilon_{t-i}\varepsilon_{t-i}')\alpha' + \sum_{i=1}^{p} \beta H_{t-i}\beta'$$

　　其中 ω 为 2×2 的上三角形矩阵；α 和 β 均为 2×2 的矩阵，ω'，α'，β' 分别为 ω，α，β 的转置矩阵。h_{11} 为 t 时刻股票市场收益率序列的条件方差，h_{22} 为 t 时刻人民币汇率序列的条件方差。ω_{ij} 为矩阵 ω 中的第 (i,j) 个元素，α_{ij} 为矩阵 α 中的第 (i,j) 个元素，β_{ij} 为矩阵 β 中的第 (i,j) 个元素。

　　考察股票市场与外汇市场的波动是否相互影响时，可以检验系数 α_{ij} 和 β_{ij}（i≠j）是否显著不等于 0。检验股市的波动对汇率的波动不存在影响时，原假设为 H_0：$\alpha_{12}=0$，$\beta_{12}=0$；检验汇率的波动对股市的波动不存在影响时，原假设 H_0：$\alpha_{21}=0$，$\beta_{21}=0$。本文主要研究汇市对股市的影响，即市中的参数是否可以用来预测股市参数。表 3-11 是 BEKK 模型的检验结果。

　　从结果我们可以看出，汇市的波动性与股市的波动性存在相互的影响。汇市的波动性通常会影响股市收益率的波动性。对于 A 股市场而言，美元与日元的波动性很明显地影响股市波动性，而欧元则相对地没有影响。对于 B 股市场而言，欧元的波动也影响到股票市场。值得一提的是，在汇改后，股市收益率的波动性也开始对汇市的波动性产生影响，并且汇改后双方的波动性联动得到了增强。

表 3-11　三种汇率的 BEKK 模型的估计结果

		美元			日元			欧元		
		汇改前	汇改后	总样本	汇改前	汇改后	总样本	汇改前	汇改后	总样本
A股	α_{12}	0.155	0.173	0.01	0.001	0.001	0.001	0.001	0.004	0.001
		[1.35]	[0.31]	[1.02]	[0.97]	[0.31]	[0.43]	[0.76]	[1.31]	[1.10]
	α_{21}	0.336**	0.001***	0.011***	0.001***	0.001***	0.001***	-0.198	0.026	0.005
		[2.51]	[2.73]	[2.66]	[7.01]	[2.43]	[6.36]	[-0.32]	[0.49]	[1.22]
	β_{12}	0.101	-0.01	0.063	0.415***	0.557***	0.518***	0.2	0.037	0.268
		[0.67]	[-0.17]	[0.55]	[3.75]	[4..17]	[3.85]	[0.52]	[0.27]	[1.55]
	β_{21}	0.369	0.785***	0.577**	0.406**	0.899***	0.861***	0.522	0.857***	0.871***
		[1.33]	[4.88]	[2.04]	[2.22]	[4.88]	[3.04]	[1.08]	[7.84]	[6.04]

		美元			日元			欧元		
		汇改前	汇改后	总样本	汇改前	汇改后	总样本	汇改前	汇改后	总样本
B股	α_{12}	0.269	0.001	0.001	0.001	0.001	0.001	−0.001	0.002	0.001
		[0.18]	[0.48]	[0.38]	[0.18]	[0.58]	[0.48]	[−0.49]	[1.34]	[1.30]
	α_{21}	0.010***	0.328	0.133***	0.001	0.001***	0.001***	−0.034	0.012	0.001
		[4.076]	[1.29]	[3.36]	[1.07]	[4.09]	[3.19]	[−0.09]	[0.41]	[0.49]
	β_{12}	0.171**	0.895***	0.720***	0.518***	0.478***	0.516***	−0.001	0.016	−0.0016
		[2.16]	[6.64]	[4.23]	[4.93]	[3.49]	[4.23]	[0.03]	[0.099]	[−0.14]
	β_{21}	0.718***	0.679**	0.785***	0.868***	0.915***	0.883***	1.006***	0.937***	0.877***
		[5.63]	[2.16]	[4.33]	[11.69]	[4.57]	[6.33]	[6.46]	[17..02]	[16.63]

注：每一参数的第一行为估计值，其下一行为相应的 t 值。*、**、*** 分别表示 10%、5%、1%的显著水平。

(三)GARCH-M 模型

为了检查汇率的波动性是否能影响股票收益率，我们首先分别生成各个汇率序列的 Garch(1,1)序列，然后将汇率的波动性放在股市收益率 GARCH 模型的一阶方程中。经典的股市收益率 Garch—M 模型只考虑序列股市的波动性，而我们则灵活运用，考虑汇市的波动性。回归模型如下：

$$\begin{cases} R_{S,T} = C + \sum_{i=1}^{2} \gamma_i h_{EX,T-i} \\ h_{S,T} = \alpha + \beta_1 h_{s,t-1} + \beta \varepsilon_{t-1}^2 \end{cases}$$

其中 $R_{S,T}$ 表示 T 时期股票的收益率。$h_{EX,T}$ 表示 T 时期汇率的 Garch 序列。γ_i 表示的是第 i 阶滞后的 garch 序列的系数。β_1 表示上一期股市收益率方差的系数，β_2 表示上一期均值方程中残差的系数。回归结果如表 3-12 所示。

表 3-12　汇改前后汇市波动性对股市收益率 GARCH 模型的影响

			美元		日元		欧元	
汇改前	A股	C	0.021	0.030	0.034	0.044	0.095	-0.069
			[0.40]	[0.52]	[0.74]	[0.55]	[-3.44]	[-1.28]
		G(-1)	-349.292	-540.673	-457.472	-437.677	0.093*	-0.098
			[-0.38]	[-0.37]	[-0.38]	[-0.87]	[1.86]	[-0.94]
		G(-2)		86.289		97.561		0.137*
				[0.09]		[0.11]		[1.65]
		F-stat	0.00	0.01	0.00	0.02	0.51	0.08
		R^2	0.00	0.01	0.00	0.01	0.07	0.02
	B股	C	0.029	0.001	0.111	0.003	-0.077	-0.125
			[0.62]	[0.03]	[0.66]	[0.26]	[-1.52]	[-2.5]
		G(-1)	-89.949	-729.874	-90.546	-601.235	-0.181**	0.092
			[-0.12]	[-0.59]	[-0.32]	[-0.96]	[2.34]	[0.75]
		G(-2)		618.367		715.355		0.123
				[0.80]		[0.86]		[1.02]
		F-stat	0.04	0.03	0.04	0.05	1.17	0.15
		R^2	0.01	0.02	0.01	0.01	1.42	0.22
汇改后	A股	C	0.010	-0.015	0.004	0.000	0.008	0.007
			[0.69]	[0.79]	[0.19]	[0.06]	[0.37]	[-0.29]
		G(-1)	-2.378	-15.988	4.384	3.469	-0.009	-0.029
			[-0.17]	[-0.45]	[0.11]	[0.07]	[-0.08]	[-0.18]
		G(-2)		8.075		5.570		0.032
				[0.38]		[0.12]		[0.33]
		F-stat	0.04	0.14	0.04	0.02	0.00	0.11
		R^2	0.00	0.01	0.00	0.01	0.00	0.01

			美元		日元		欧元	
汇改后	B股	C	0.032	0.035	−0.004	−0.023	0.002	−0.049
			［1.86］	［−1.56］	［−0.07］	［−0.37］	［−0.69］	［−1.50］
		G(−1)	−24.343	−57.564*	22.166	24.286	−0.007	0.041
			［−0.60］	［−1.71］	［0.26］	［0.33］	［−0.04］	［−0.18］
		G(−2)		29.365		64.182		0.068
				［0.704］		［0.94］		［0.40］
		F−stat	0.14	0.16	0.27	0.02	0.20	0.03
		R^2	0.01	0.02	0.02	0.01	0.01	0.02

注：表中 C 表示截距，G(−1)表示汇市 garch 序列一阶滞后序列，G(−2)表示汇市 garch 序列二阶滞后序列。括号中的数值代表 t 值，*、**、*** 分别表示 10%、5%、1%的显著水平。

从估计结果中可以看出，汇改前，欧元的波动性可以直接影响到股市收益率。欧元的 garch(−1)序列对上证 A 股的收益率具有解释能力。garch(−2)序列对上证 A 股的收益率具有解释能力。garch(−1)序列对上证 B 股的收益率具有解释能力。但在汇改后，欧元波动性的影响下降，而美元的 garch(−1)序列对上证 B 股的收益率具有解释能力。

总体而言，我们通过这种 GARCH-M 模型，虽然发现了少部分显著性，但并没有得到十分有力的证据来证明汇市的波动性会给 A 股和 B 股市场的股价收益率带来很大的影响。

（四）OLS 模型

在前面模型三中，我们用汇率的 garch(1,1)序列来代表外汇市场的波动性，结果并没有发现满意的汇市影响股市的结果。在模型四中，我们将利用 BVBEKK—GARCH 模型来得到股市收益率与汇市的协方差 garch(1,1)序列，然后将其作为汇市的波动性的代表，看其对股票市场收益率有何影响。我们在模型二中得到 h_{12} 或 h_{21} 后，对下式进行 OLS 回归：

$$R_{S,T} = C + \sum_{i=1}^{2} \gamma_i h_{12,t-i}$$

如果 γ_i 显著，则我们认为汇市的波动性对股票市场的收益率有影响。结果如表3-13所示。从结果中可以看出,汇改前,美元的 COVG(-1) 序列对 B 股市场的收益率有显著的解释能力。汇改后,美元的 COVG(-2) 序列对 A 股市场的收益率有显著的解释能力。COVG(-1)、COVG(-2) 均对 B 股市场有着显著的解释能力。

表3-13 汇改前后汇市股市协方差对股市收益率的影响

			美元		日元		欧元	
汇改前	A股	C	0.015	0.017	0.008	0.008	−0.012	0.009
			[0.87]	[0.71]	[0.74]	[0.77]	[−0.66]	[0.40]
		GOVG(−1)	−205.050	−221.044	16.974	16.625	0.081	−0.223
			[−0.88]	[−0.90]	[1.29]	[1.24]	[0.04]	[−0.13]
		GOVG(−2)		−19.137		2.924		−1.871
				[−0.08]		[0.22]		[−1.09]
		F-stat	0.77	0.40	0.19	0.84	0.01	0.61
		R^2	0.01	0.01	0.01	0.01	0.00	0.03
	B股	C	0.004	0.002	0.006	0.005	−0.012	0.003
			[0.55]	[0.07]	[0.69]	[0.62]	[−1.28]	[0.26]
		GOVG(−1)	−53.086*	−67.389**	−30.684	−32.606	0.748	−0.992
			[−1.85]	[−2.24]	[−1.08]	[−1.16]	[0.72]	[−0.55]
		GOVG(−2)		−46.216		−10.226		0.579
				[−1.54]		[−0.68]		[0.06]
		F-stat	3.43	2.95	1.35	1.39	0.52	0.48
		R^2	0.02	0.04	0.03	0.03	0.02	0.01
汇改后	A股	C	0.000	−0.001	0.011	0.008	0.021	0.020
			[0.04]	[0.12]	[0.97]	[0.72]	[0.29]	[0.26]
		GOVG(−1)	−44.146	132.676	10.677	14.361	−0.358	−9.352
			[−1.81]	[1.48]	[0.88]	[1.12]	[−0.14]	[−1.09]
		GOVG(−2)		−172.392**		−13.509		9.024
				[−2.24]		[−1.06]		[1.19]
		F-stat	1.39	3.04	0.77	0.93	0.03	0.71
		R^2	0.02	0.07	0.01	0.02	0.01	0.02

			美元		日元		欧元	
汇改后	B股	C	0.004	0.012	0.014	0.011	0.051	0.144
			［0.93］	［0.07］	［0.93］	［0.68］	［1.68］	［1.74］
		GOVG (-1)	−5.128	80.316**	−5.870	−3.693	−1.154	−40.358
			［−0.38］	［2.48］	［−0.49］	［−0.22］	［−1.22］	［−1.30］
		GOVG (-2)		−80.670**		−5.777		36.908
				［−2.81］		［−0.36］		［1.27］
		F-stat	0.14	3.97	0.24	0.26	1.51	1.36
		R^2	0.01	0.10	0.01	0.01	0.02	0.03

注：表中 C 表示截距，COVG（-1）表示汇市 garch 序列一阶滞后序列，COVG（-2）表示汇市 garch 序列二阶滞后序列。括号中的数值代表 t 值，*、**、*** 分别表示 10%、5%、1%的显著水平。

同以前的模型一样，我们没有发现三个汇率完全一致的结果，只是发现了美元汇率对股票市场的影响。而且在汇改后，汇市的波动性对股市的收益率的影响力增强，对 B 股的影响尤为明显。但鉴于美国是我国拥有最大的贸易伙伴，美元也是我国拥有最多的外汇储备，此模型的结果仍旧说明汇市中含有可以用来预测股票市场走势的信息。

五、结　论

本文选取上证综合指数（A 股和 B 股）和人民币兑美元、日元、欧元的实际汇率等指标，分别使用 VAR、BVBEKK、GARCH—M 模型和 OLS 模型，检测了我国汇改前后汇市的信息内容能否预测股票市场的收益率及波动性。

从结果我们可以看出，我国汇市和股市存在双向的格兰杰因果效应，而且汇市的波动性在一些时候的确能够对股票市场的波动性和收益率产生影响。这种汇市波动性一方面来自汇率本身通过 GARCH 模型产生的条件方差，另一方面来自 BEKK 模型产生的汇市股市协方差。

特别是在汇改后，这种影响得到了显著的加强。我们还发现上证 B 股对中国汇市波动的反应更为明显。原因可能在于外汇的波动会让股票投资者产生国际经济形势不稳定的预期,从而影响到其在投资股票市场时的决策。尤其对于 B 股市场,其投资者大多是境外发达国家金融机构或个人投资者、机构投资者等具有一定经济常识和投资能力的投资人,这使得 B 股市场的收益率较之 A 股市场的收益率更易受到外汇市场波动的影响,从而使得 B 股市场与外汇市场的联系更为紧密。

泰勒法则基本因素对
汇率和股价的复合影响

向　巨

一、引　言

　　经济学原理决定了货币政策应该对汇率有很大的影响。许多研究发现泰勒法则基本因素,例如通货膨胀率和产出缺口,可以很好地解释和预测汇率行为。恩格尔(Engel)和韦斯特(West2006),恩格尔、马克(Mark)和韦斯特(2007),马克(2009),莫罗特索娃(Molodtsova)和帕佩尔(Papell2009),以及莫罗特索娃,尼柯斯科(Nikolsko-Rzhevskyy)和帕佩尔(2008,2011)都发现在样本内和样本外的数据中这些变量有很好的实证结果。

　　与此对照的是,虽然对股票收益率进行研究的时间更长,但股票收益率是否能被预测依然尚无定论。戈亚尔(Goyal)和韦尔奇(Welch2008)认为传统的宏观经济或者金融变量对于过去30年中样本内收益的解释和样本外收益的预测效果都不明显。他们也指出了其他研究中提到的股票收益可预测的相关证据的不稳定性。

　　货币政策对股票收益率的影响可以通过以下渠道进行。首先,由于股票价格是对未来预期收益的折现,货币政策可能通过折现利率影响股票的价格和收益。其次,对未来经济走势的预期可以通过利率的期限结构体现出来,从而影响股票的预期收益。另外,市场投资组合的调整和改变往往来源于基准利率的变化,并进而引起股票供求和价格的波动。

　　大量宏观经济研究已经表明了货币政策和股票收益率之间的相互作用关系。通常它们采用一些短期名义利率方法来进行事件研究,或者通过VAR体系进行研究①。而运用利率设定法则即泰勒法则(泰勒,1993)产生了更多的动态研究成果。泰勒法则如今已成为货币政策评价的主导方法。其中,名义利率被看作是对如下宏观变量的经济反应:通货膨胀和其目标之间的差异、产出缺口、滞后利率和实际汇率差异、均衡实际利率②。从盖里(Clarida),格特勒(Gali),和克拉里达(Gertler1998)开始,泰勒法则被运用于研究和对比多个国家及时间段的市场。

库珀(Cooper)和普里斯特利(Priestley2008)指出产出缺口可以有效的预测股票收益率,其他研究发现利率也有类似的可靠预测功能。然而,通货膨胀率和经济活动等其他宏观变量的预测性相对较弱。布德(Boyd2005)等发现不同经济周期下股票市场对就业新闻的反应有所不同,在经济扩张期间出现的较差劳动力市场新闻往往会使得股票价格上扬,而在紧缩时同样的坏消息却会推动股票下跌。

恩格尔(Engel)和韦斯特(West2005)运用资产定价中的现值模型,将泰勒法则中汇率与基本因素之间的联系刻画为折现关系。在该模型中,随着折现率越接近于1,资产价格将越接近于I(1)的随机游走过程。扎尼蒂拉(Junittila2013)同时考虑了泰勒法则分别与股票和汇率的关系,发现股票市场的股息收益率和实际汇率一起与泰勒法则基本因素密切相关。

本文也以更加整合的方式,同时研究泰勒法则基本因素对股票和汇率的复合影响是如何在 A 股对 B 股、A 股对 H 股溢价上体现出来。我将使用2005—2011 年泰勒法则基本面的中国月度数据,来检验 A-B 股和 A-H 股股票每月溢价的可预测性。本文专注于 A 股对 B 股、A 股对 H 股的相对估值差

---

① 例如,伯南克(Bernanke)和库特纳(Kuttner2005)研究了货币政策冲击对股票价格的影响,并且发现如果广义股票指数上升1%,联邦基金利率将下降25bp。帕特里斯(Patelis1997),索贝克(Thorbecke1997),后藤(Goto)和瓦尔卡诺夫(Valkanov2002)使用 VAR 模型来研究股票收益率对联邦基金利率、通货膨胀率或联邦基金期货变化的反映。克劳德(Crowder2006)在 SVAR 模型中或包括或排除价格指数,预测了股票收益率对联邦基金利率创新的反映。他发现 FFR 的正冲击会引起标准普尔 500 回报率的立即下降,而价格指数的增长会引起 FFR 的增长和股票收益率的降低。瑞格本(Rigobon)和赛克(Sack2004)在 GARCH 模型中预测了股票日收益率对 FFR 变化的反映。译朱科(D'Amico)和发卡(Farka2003)在 FOMC 会议期间研究了货币政策改变对联邦基金期货变化的反映。两篇论文均得到货币紧缩会引起股票收益率下降的结论。

② 亚索(Asso),卡恩(Kahn),和里森(Leeson2007)检验了泰勒法则及其对货币政策评价和宏观经济研究影响的较长期历史。

异,而不是绝对估值差异。由于在两个市场交叉上市的 A 股和 B 股(或 H 股)除了用不同货币定价外,基本面几乎相同,因此 A-B 股和 A-H 股股票溢价与汇率变化也应该紧密相关。

中国的 B 股在上海交易所以美元计价,在深圳以港币计价,而且有对应的几乎完全相同权益的 A 股。H 股在香港交易所以港币计价,而香港采用的联系汇率制受到美国货币政策的极大影响。许多中国的研究(附录 1)试图从各种角度解释 A-B 股和 A-H 股的显著溢价,然而到目前尚无研究能给出很确切的溢价原因。由于方法的局限性,这些研究只能把汇率和股票因素分开研究,而本文利用泰勒法则可同时作用于股票和外汇的这个特点来弥补已有研究文献中的缺陷。

本文其余部分安排如下:第二部分介绍含有泰勒法则基本面的 Fed 模型。在第三部分,我们介绍数据,尤其是如何计算产出缺口。第四部分展示和讨论实证结果。第五部分得出结论。

二、泰勒法则基本因素模型

根据泰勒(Taylor1993)以及莫罗特索娃(Molodtsova)和帕佩尔(Papell2009),美联储遵循的货币政策法则如下:

$$i_t^* = \pi_t + \varphi(\pi_t - \pi^*) + \gamma y_t + r^* \tag{1}$$

其中, i_t^* 是联邦基金利率的目标水平, π_t 是通货膨胀率, π^* 是通货膨胀率目标水平, y_t 是产出缺口值,定义为实际产出偏离潜在水平的百分比, r^* 是实际利率的均衡水平。另外,布兰德(Blinder)和里斯(Reis2005)指出,自然失业率和失业率水平的差异可以用于替代产出缺口值。

由于 $\mu = r^* - \varphi\pi^*$,将方程(1)中的 π^* 和 r^* 组合在一起,可得到下面短期名义利率的目标水平方程:

$$i_t^* = \mu + \lambda\pi_t + \gamma y_t \tag{2}$$

其中 $\lambda = 1 + \varphi$.

根据克拉里达(Clarida)、盖里(Gali)和格特勒(Gertler1998),我们可以逐步调整利率以实现其目标水平:

$$i_t = (1 - \rho)i_t^* + \rho i_{t-1} + v_t \tag{3}$$

将方程(2)代入方程(3)，得到下面的方程：

$$i_t = (1 - \rho)(\mu + \lambda\pi_t + \gamma y_t) + \rho i_{t-1} + v_t \tag{4}$$

另外，莫罗特素娃(Molodtsova)和帕佩尔(Papell2009)在泰勒法则中引入了实际汇率 q_t。中央银行有维持汇率水平与购买力平价(PPP)一致的动机：如果汇率低于(高于)平价水平，央行可以通过提高(降低)名义利率来使得二者趋于一致。含有实际汇率的泰勒法则模型如下：

$$i_t = (1 - \rho)(\mu + \lambda\pi_t + \gamma y_t + \delta q_t) + \rho i_{t-1} + v_t \tag{5}$$

接下来我们用回归方法分析上面模型中泰勒法则基本因素变量对汇率和股价的复合影响情况。复合影响已经包含在被解释变量 A-B 股或 A-H 股溢价中。对于中国数据，我们用 3 个月存款利率代替上面模型中的联邦基金利率。解释变量为产出缺口值、通货膨胀率、3 个月存款利率、期间利差和上证指数月收益。表 3-14 列出了这些变量的简单统计值。

表 3-14   月度数据描述性统计量

变量	均值	标准差	最小值	最大值
A-B 股溢价率	162.14	19.13	119.80	198.18
A-H 股溢价率	122.93	21.93	93.41	187.11
线性产出缺口(月)	0.21	0.72	-2.21	2.09
线性产出缺口(季)	3.40	1.58	0.69	6.16
通货膨胀率	2.57	0.36	1.05	3.22
3 个月存款利率	2.12	0.60	1.71	3.33
长期收益率	6.58	0.69	5.94	7.83
期间利差	4.46	0.33	3.95	5.13
上证指数	2613	1147	1011	6092
上证指数月收益	1.66	9.81	24.63	27.45

注：线性产出缺口是线性去趋势缺口的百分比形式。长期收益率是政府债券的长期收益率。期间利差是长期收益率和 3 个月存款利率的差异。

三、数　据

本文采用 2005—2011 年间 A-H 及 A-B 股股票溢价、中国通货膨胀率、线性产出缺口、银行利率、国债收益率和中国股市收益率的月度数据。A-H 股、A-B 股股票溢价，及长期银行利率等从 WIND 数据库获得。本文采用两个溢价指数：对于 A-B 股溢价采用中证 AB 溢价指数，对于 A-H 股溢价采用恒生中国 AH 溢价指数。期间利差定义为长期（10 年）和短期（3 个月）之间的利率差异。

估计的产出缺口取决于潜在产出水平的测量方法，潜在产出水平一般由最常用的四种去趋势方法估计出来：实际产出水平对线性时间序列回归、二次时间序列回归、使用 Watson（2007）修正方法以修正最后样本不确定性后的 Hodrick-Prescott（1997）（HP）平滑值和 Baxter-King（1999）（BK）平滑值。产出缺口值则为实际产出水平对估计的产出缺口的偏离程度百分比。

所有这些去趋势方法均将实际产出水平 y_t 的对数值分解为周期部分 c_t 和趋势部分 T_t：

$$y_t = T_t + c_t$$

目前我们仅采用线性时间序列去趋势法来计算产出缺口。产出缺口由残差值构建，而该残差值是通过常数项和线性时间序列 $X = \{1t\}$ 对实际产出 y_t 的对数进行 OLS 回归得到的。由于末尾样本值可能存在数据调整的问题，另外预测需要初始样本，所以初始和最后部分数据预测的准确性尤其需要注意。

由于我国统计年鉴只发布 GDP 季度数据，2005—2011 年间总共只有 28 个季度数据。对我们的线性回归而言，数据样本数量不足。所以，本研究还用工业增加值增长率来对 GDP 月度数据进行估计，得到月度 GDP 数据的近似值并进而得到产出缺口①。

---

① 计算 GDP 月度数据的逻辑如下：假如工业增加值增长率 2 月和 3 月分别是 10% 和 11%，1 季度 GDP 为 100，则 1 月份 GDP 为 100/（1+1+10%+（1+10%）*（1+11%））；进而用 1 月份 GDP 乘以 1+10%，得到 2 月份 GDP；再用 2 月份 GDP 乘以 1+11% 得到 3 月份 GDP。

四、实证结果

我们用 2005—2011 年泰勒法则基本因素的月度数据来评估这些基本面变量对 A—B 股和 A—H 股溢价的解释效果。表 3-15 报告了这些解释变量的相关性。在我们的数据样本中，通货膨胀率与其他变量之间存在比较明显的正或负的相关性，这表明了通胀目标在货币政策体系中的重要地位。为了避免此相关性带来的多重共线性问题，本研究把包括及不包括通货膨胀率的回归模型分别运行。多重共线性可能导致回归系数表现为不显著，但不会影响模型的整体解释能力。

表 3-15　泰勒法则基本面变量间相关系数

变量	线性产出缺口（月）	3 个月存款利率	期间利差	上证指数月收益	通货膨胀率
线性产出缺口（月）	1	0.44	0.11	-0.14	-0.30
3 个月存款利率		1	-0.02	-0.37	-0.56
期间利差			1	0.32	0.38
上证指数月收益				1	0.43
通货膨胀率					1

表 3-16 和 3-17 表明泰勒法则基本因素模型很好的整体解释了 A-B 股及 A-H 股溢价。经调整的 R^2 在剔除通货膨胀率后依然超过 25%，当加入通货膨胀率时更接近 60%。另外，模型的解释效果对 A-B 和 A-H 股溢价并无明显差别，表明泰勒法则对相似的外汇和股票起着很接近的作用，并不会因为市场和地区的不同而改变。

表 3-16　A-B 股溢价的线性回归结果

	系数	t-统计值	p-值	经调整的 R^2
不包括通货膨胀率				

续表

	系数	t-统计值	p-值	经调整的 R^2
线性产出缺口（月）	203.6	0.70	0.48	
3个月存款利率	9.11	2.39	0.02*	
期间利差	−29.78	−4.93	0.00*	0.26
上证指数月收益	18.64	0.85	0.40	
包括通货膨胀率				
线性产出缺口（月）	51.29	0.13	0.89	
3个月存款利率	15.36	3.80	0.00*	
期间利差	−4.37	−0.57	0.57	0.60
上证指数月收益	19.14	0.93	0.36	
通货膨胀率	−20.15	−3.14	0.00*	

* 代表在10%水平以上显著。

表3-17　A-H股溢价的线性回归结果

	系数	t-统计值	p-值	经调整的 R^2
不包括通货膨胀率				
线性产出缺口（月）	58.49	0.21	0.83	
3个月存款利率	3.24	0.88	0.39	
期间利差	−28.89	−5.23	0.00*	0.31
上证指数月收益	8.39	0.39	0.69	
包括通货膨胀率				
线性产出缺口（月）	322.2	0.57	0.57	
3个月存款利率	13.62	1.57	0.13	
期间利差	−14.82	−0.84	0.41	0.55
上证指数月收益	27.19	1.04	0.31	
通货膨胀率	−14.12	−1.40	0.17	

* 代表在10%水平以上显著。

　　多重共线性使得回归系数不容易在各种情况下都一致的显著。在这些基本面变量中,期间利差系数在剔除了通货膨胀率的情况下都非常显著;3 个月存款利率对 A-B 股溢价一直非常显著,而对 A-H 股溢价不显著。造成这种差别的原因可能是中国内地的利率水平直接影响资金供求以及 A 和 B 股在内地市场上的交易情况,而对 H 股没有此种影响。

上证指数月收益在本研究中的任何情况下都不显著。这说明虽然溢价现象直接来源于股价,但股价本身并不能很好解释溢价,而其他基本经济因素如泰勒法则变量与溢价有更紧密的关联。

五、结　论

以往的文献对于中国 A-B 股和 A-H 股股票价格溢价问题的根本原因尚未给出明确的答案。通过运用基于泰勒法则基本面的 Fed 模型,本文发现泰勒法则变量与这两种溢价有非常紧密的联系。这种联系同时来源于泰勒法则对目标汇率设定的影响,以及这些变量与股票收益率的经济关联。本文中使用了泰勒法则研究汇率和股票预期两者对交叉上市股票的复合影响,这种方法还可以广泛运用于所有类似的跨地区交叉上市股票研究,比如在美国上市的欧洲及中国股票的表现研究。

QDII 基金收益与汇率关系的实证研究

文　华　赵宇航

一、QDII 发展背景

QDII(Qualified Domestic Institution Investor,合格境内机构投资者)是指我国在资本项目未完全开放的情况下,允许政府认可的境内金融机构到境外资本市场投资的机制。这一机制有序引导投资者投资海外,在更加广泛的市场中配置资产,不仅能够分享其他国家经济增长带来的投资机会,同时能够分散投资风险。我国从 2003 年开始筹办 QDII,经历了探索、准备、试点扩大以及规范和加速发展四个阶段。

(一)探索阶段

2001 年上半年,香港政府向国务院呈交报告,建议设立特许内地机构投资者制度(即 QDII 制度)。其目的是绕开人民币不可兑换的障碍,使国内的资金通过一个受控的渠道,以专用的在岸投资基金的形式投资于香港。这项建议如能实施,将为香港市场提供一个新的源头活水。

香港市场是全球性的市场,在香港联交所上市的公司总市值至少是我国沪深股市当时流通市值的 2 倍,很多香港股票价格低,市盈率低,投资价值高于境内的 A 股和 B 股,港股市场中的投资者具有战略性眼光和相对更成熟的投资理念。同时期国有资金存在投资渠道缺乏的问题,包括社保基金在内,如果全都投在国内市场,风险相对较大,开放投资香港市场可以有效解决这一问

题。有关部门之所以如此看重 QDII 的推行,也是想借此提升内地基金的运作
达到国际水平。QDII 制度一旦浮出水面,由于内地投资者对 H 股和红筹股比
较熟悉,此类股票可能会受到追捧,这不仅有利于香港证券市场的繁荣,同时,
内地市场中带 H 股的股票由于比价效应,也会有不错的表现。QDII 制度也将
有利于提升中资企业的国际市场形象,增强其筹资和融资的能力。2003 年 3
月 24 日,中国人民银行副行长、国家外汇管理局局长郭树清表示,我国正在研
究放宽对外证券投资的限制,研究 QDII 制度的运作方式。

(二)准备阶段

2003 年 6 月,保监会公布了《关于保险外汇资金投资境外股票有关问题
的通知》,保险外汇资金可投资于在境外成熟资本市场证券交易所上市的股
票,投资品种仅限于中国企业在境外发行的股票。2003 年 8 月 7 日,保监会、
人民银行颁布了《保险外汇资金境外运用管理暂行办法》,首次允许保险公司
在核准制下在境外运用外汇资金对银行存款、债券、票据等金融工具进行
投资。

2004 年 9 月底,保监会和中国人民银行联合发布的《保险外汇资金境外
运用管理暂行办法》给保险公司打开了一条境外投资通道,使保险公司有条
件作为 QDII 制度的先行金融机构,率先进入境外资本市场。2005 年 1 月,第
一笔保险外汇资金境外运用额度 17.5 亿美元批给了中国平安。但是从 QDII
制度的运作原理来看,保险外汇资金境外投资并非真正实施 QDII 制度。主要
在于保险公司是运用自有的外汇资金投资境外资本市场,其投资过程并不涉
及用人民币兑换外币再投资境外资本市场的问题。

2004 年年初,我国政府动用 450 亿美元外汇储备向中国银行和中国建设
银行补充资本金,促使其进行股份制改造。2005 年 10 月 27 日,建设银行在
香港成功上市;2005 年 10 月 28 日,经过财务重组之后,工商银行股份有限公
司正式挂牌成立。同时,国有商业银行的大量呆坏账也得到了大规模清理。
国有商业银行股份制改革的顺利进行为 QDII 的推出创造了条件。

2005 年 7 月 21 日起,我国开始实行以市场供求为基础、参考一篮子货币
进行调节、有管理的浮动汇率制度。因此,在中国开始改革人民币汇率形成机

制之后,QDII 制度作为我国外汇体制改革链条中的一环,其实施的条件也逐渐成熟。

(三)试点扩大阶段

2006 年一季度后,QDII 进程明显加快,针对银行、券商、基金开办 QDII 业务的暂行管理条例纷纷出台。2006 年 4 月 13 日央行发布了《关于调整外汇管理政策的〈五号公告〉》,(以下简称《五号公告》)。中国人民银行《五号公告》中开放资本账户的政策主要有以下三个方面:

第一,允许符合条件的银行集合境内机构和个人的人民币资金,在一定额度内购汇投资于境外固定收益类产品;第二,允许符合条件的基金管理公司等证券经营机构在一定额度内集合境内机构和个人自有外汇,用于在境外进行的包含股票在内的组合证券投资;第三,允许符合条件的保险机构购汇投资于境外固定收益类产品及货币市场工具,购汇额按保险机构总资产的一定比例进行控制。银行、保险机构和基金管理公司成为首批"合格的境内投资者"。这是我国迈向资本项目开放的一个重大举措。

2006 年 4 月,《商业银行开办代客境外理财业务管理暂行办法》发布,QDII 完成了从试点到制度的转变。银行系 QDII 业务最先起航。首先是 2006 年 6 月 30 日,建设银行、中国银行、交通银行、工商银行,以及汇丰银行和东亚银行的内地分行等六家中、外资银行率先获批开办代客境外理财业务,成为首批经营 QDII 的金融机构。随后,各商业银行纷纷争抢 QDII 产品的第一单。

早在 2006 年 3 月,社保基金就在香港联交所开户,中金公司首笔受托管理的 300 万美元外汇且已获准汇出进行投资。2006 年 5 月,《全国社会保障基金境外投资管理暂行规定》正式开始实施,拥有 2000 多亿元人民币资产的中国社会保障基金正式启动海外投资。正当各大商业银行推出 QDII 产品如火如荼之际,中国证监会于 2006 年 8 月 21 日正式批准了华安基金管理公司启动 QDII 试点。9 月,国内首只基金 QDII 产品——华安国际配置基金向中国内地投资者公开发行。同年,工商银行、建设银行、中国银行、交通银行、汇丰银行、东亚银行获得了首批 QDII 牌照,并相继推出了代客境外理财产品。

在经历几年中多次微启之后,QDII 大门就此正式徐徐打开。人民币资本项目开放,亦由此迈出决定性一步。

(四)规范和加速发展阶段

2007 年 5 月,中国银监会颁布了《关于调整商业银行代客境外理财业务境外投资范围的通知》;2007 年 6 月,中国保监会会同中国人民银行、国家外汇管理局制定的《保险资金境外投资管理暂行办法》正式实施;2007 年 7 月,中国证监会颁布的《合格境内机构投资者境外证券投资管理试行办法》以及《关于实施有关问题的通知》正式实施。至此,我国 QDII 进入了规范和加速发展阶段。积极推进 QDII 在我国的发展,在全球范围内国际金融市场寻求更大的投资空间、更多的投资机会、更大程度地分散风险,可以充分分享全球化带来的不同地区不同国家的经济成长,与国际资本共享全球化收益。图 3-6以 QDII 基金为例,自 2008 年以来,数量从最初的 9 只,增加到如今的 59 只,数量翻了 6 倍以上,反映了我国的 QDII 基金进入了加速发展的快车道。

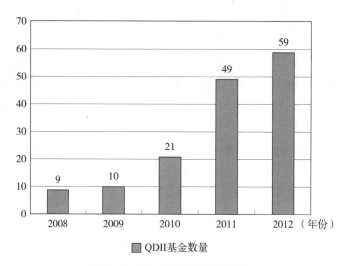

图 3-6　各年度 QDII 基金数量

数据来源:Wind 资讯。

由于我国处在国内经济发展的关键阶段,面临国际经济环境的变化以及更加复杂的全球金融格局,大力发展 QDII 对我国和全球的经济有重要的意义。

（一）宏观层面

从宏观层面来看，我国 GDP 增长迅速，进出口总值达到世界第三的水平。作为世界一大外汇储备国，我国的外汇储备已超过万亿美元成为世界第一。这些衡量经济水平的数据使我国作为发展中国家的地位遭到质疑，也导致人民币汇率面临国际争议。因此，我国宏观货币金融政策的制定和实施遭到了巨大的挑战。QDII 的实施为国内金融机构和大型企业对外金融投资提供了出口和途径，在减缓外汇储备增长的同时，使得国内宏观经济政策的实施更加有效。同时，缓解由于人民币汇率问题所导致的国际争论。这些都为我国的经济发展构建了和谐良好的外部环境。

（二）微观层面

从微观的层面来看，我国居民可支配收入随着经济的迅猛发展而得到提高。由于家庭的财富逐渐增长，个体金融投资的需求也逐渐增加。由于资本账户和投资账户受到严格的管理，国内居民的投资渠道受到很大的限制。国内的个体投资者基本不能投资于国外证券和金融资产，这不利于国内居民进行财富的积累和管理，在世界范围内，金融资源也没有得到有效的配置。QDII 使得国内个体投资者的投资需求得到满足，让个体投资者拥有更多投资渠道，提高了国内居民的理财水平。因此 QDII 对于国内金融投资者的理财水平的提高有着至关重要的意义。

而 QDII 的基本风险特征主要有以下几个方面：

1.汇率风险

由于 QDII 投资产品为境外资产，而这些资产以外币计价，当所计价的外币对人民币的汇率发生变动，QDII 的人民币价值也会随之改变。并且，随着人民币汇率逐步走向浮动汇率形式，人民币汇率的浮动幅度和频率大大提高，尤其当前人民币升值明显，汇率风险更加突出。因此 QDII 投资的汇率风险是投资者必须面对的风险，如何有效地规避汇率风险无疑成为符合条件的机构投资者首先要考虑的重大问题。

2.市场风险

由于 QDII 业务投资境外金融市场中的产品,因此 QDII 就必然要面对来自境外市场中的系统性风险。因此,国外宏观经济基本面的变动直接影响 QDII 在国外资本市场投资的产品,如固定收益证券、股票的收益。如果 QDII 对于投资的境外国家的宏观的金融市场状况及所投资的相关金融产品的了解不够深入,面临的市场系统性风险也就较大,很可能达不到预期的收益率。这些都是 QDII 销售者和投资者必须考虑的问题。

3.利率风险

利率风险是指由于利率变动而给资产收益率带来的风险。由于目前 QDII 相关政策对可投资的产品有严格的限制,特别是对符合条件的境内银行,将它们的投资对象锁定在了境外固定收益类产品上。虽然如此限定的目的是为了保护投资者的利益,体现出监管部门在此业务推行初期的谨慎态度,但是由于固定收益类产品对利率的敏感性较高,在利率变化比较大的情况下,市值变化也可能比较剧烈。收益率也不能得到确定。

4.信用风险

主要指投资对象违约的可能性风险。中国 QDII 产品所投资的债券、票据等发行主体可能存在到期日不能支付本息的信用风险,从而给银行和投资者带来损失。

在 QDII 产品家族中,开放式基金的关注度无疑是最高的。从 2006 年 9 月华安基金公司推出第一只 QDII 基金——华安国际配置基金开始,QDII 基金产品就受到了国内投资者的热捧。虽然经过近 5 年的发展,无论从数量还是规模来看,QDII 基金都已经取得了突飞猛进的发展,但是截至 2012 年 6 月,国内 59 只①QDII 基金几乎全部处于亏损状态。虽然为投资者提供了间接投资海外市场,分散投资风险的方式,但其并未能达到合理收益水平,这与 QDII 基金的创始初衷完全背道而驰。

众所周知,汇率变动对于海外投资来说有着各种直接或间接的影响。尤其 2005 年 7 月人民币二次汇改之后,人民币放开了盯住美元汇率的制度,实

---

① 数据来源于 Wind 金融数据库。

行有管理的浮动汇率制度,汇率的波动幅度和频率也显著提高,对海外投资收益的影响也显著增强。从二次汇改至今,人民币对美元汇率基本处在升值通道,而这对主要投资于香港市场的 QDII 基金来说属于重大利空。而近一年多以来,人民币汇率的变动更为频繁,由过去的单向升值转向不定向波动,这也使得 QDII 海外投资面临的汇率风险增大。

基于上述事实,本文以 QDII 产品家族中的开放式基金作为研究对象。对于 QDII 基金所面临的各类风险中,汇率风险对于基金收益的影响效果最为直接,影响途径最为复杂,是基金管理者和投资者最为关注的风险因素,因此,本文主要关注汇率因素对于 QDII 基金收益的影响,以及对于基金管理者和投资人行为的影响。

二、文献回顾

汇率风险暴露(敏感度)这一术语是用来描述证券收益与汇率变动的关系。学术界对于资产收益率与汇率变动之间的关系的研究由来已久。早期的学者们从资产定价的角度研究了汇率作为单独的风险因素在资产定价中的作用。阿德勒(Adler)和杜马斯(Dumas1980,1984)首次构造了股票收益率与汇率变动之间的一元回归模型,并将模型中股票收益对于汇率变动的敏感度作为资产汇率风险暴露的量化指标,但其结果显示汇率变动对于股票收益并不存在显著影响。乔瑞(Jorion1990)在阿德勒(Adler)和杜马斯(Dumas)模型的基础上加入市场收益率控制影响资产回报率的其他重要因素,帕萨德(Prasad)和拉詹(Rajan1995),米勒(Miller)和儒尔(Reuer1998),科拉里(Kolari2008)等学者在多元模型中控制了利率、股息率、法玛·法兰奇三因子等资产定价要素。除了控制其他定价因素外,张伯伦(Chamberlain1997)、劳登(Loudon1993)、班森(Benson)和法弗(Faff2004)等人在研究中改变了汇率的衡量方式,包括使用双边汇率、加权平均有效汇率、IMF 的储备资产特别提款权汇率、多边汇率或者主要国双边汇率,以及变换了汇率变动的数据频率。上述学者的研究结果虽然并不一致,但更多的文献结果证明了汇率波动对于资产收益率存在显著影响。

随着国际贸易体系的不断完善和国际金融秩序的不断变化、修正,越来越多的学者开始从跨国经营、国际分散化投资的角度审视汇率变动对于资产收益的影响,而关注点开始放到了跨国企业和金融市场与机构。对于跨国公司而言,由于自身的出口贸易或是其海外的项目开展,其经营也会受到世界汇率变化的影响,进而影响该公司的价值(股票价格)。例如,直观来讲对于来料加工企业,当本币汇率升值时,可以降低原材料进口成本,提高公司利润水平进而提高公司价值(股票价格);而对于出口导向型企业而言,本币升值会使得产品在海外市场价格上升,竞争力下降从而降低公司价值。而事实上汇率变动对于企业经营的影响远不止以上所述,其影响途径,效果也会更加复杂。崔(Choi)和帕萨德(Prasad1995)以美国409家跨国企业为样本,研究了他们的汇率风险敏感度及其决定因素,结果表明汇率变动对于跨国企业的股票收益率存在显著影响,而这一影响受到企业海外利润额、主营收入大小以及资产规模等一系列财务因素的影响。哈特森(Hutson)和德里斯科尔(Driscoll2010)对于欧盟国家中的跨国企业研究表明,随着欧元的引进,不同国家市场层面的汇率风险暴露显著降低而公司层面的汇率风险反而提高,欧元区国家公司的汇率风险提升幅度要大于非欧元区,导致这一结果的原因来源于两者在公司治理方面方式、目标等的差异。

对于金融机构及其产品的汇率风险而言,其影响机制就更为复杂。王(Wong2009)等在对中国银行业的研究中发现,除了银行自身经营活动或投资行为会受到汇率变动的直接影响,其贷款客户所受汇率风险会间接影响银行的资产安全。裴(Bae Kwon)和李(Li2008)对美国存托凭证(ADR)①的研究中发现美元汇率变动与ADR的标的股票收益率呈负相关关系,而与美国市场中ADR的收益率呈正相关关系,导致这一差异的原因在于美国投资者不仅要承受由于汇率变动对标的公司的经营产生直接影响的风险,还要承担汇率变动对标的股票结算价格产生影响的风险。上述文献为我们研究QDII基金的汇率风险提供了有效思路。国内的QDII基金可以视为投资于海外市场(主要是香港市场的投资组合),对于投资于海外市场的投资组合而言,汇率对其

---

①　存托凭证(American Depository Receipts,简称ADR),又称存券收据或存股证。是指在一国证券市场流通的代表外国公司有价证券的可转让凭证,这里的有价证券既可以是股票,也可以是债券。美国存托凭证(ADR)是面向美国投资者发行并在美国证券市场交易的存托凭证。

价值的影响有两个层次:第一层次是当本币对外币的汇率发生变化时,投资组合的价值会受到直接影响,例如,如果外币升值,则该投资组合以本币结算的价值将提升。第二层次是构成该投资组合的公司,根据前文所述其经营也会受到世界汇率变化的影响,进而影响该公司的价值(股票价格)。第一层次的影响相对更为直接,班森(Benson)和法弗(Faff2003),斯旺森(Swanson)和蔡(Tsai2005)的研究结果均表明汇率变动与资产收益之间存在显著的正相关关系。但是班森和法弗(2004)在研究中发现,对于不同的国际证券投资基金,其汇率风险暴露并不完全相同,即便对于同一只基金,在本币的升值区间和贬值区间中也会表现出不同的汇率风险暴露。上述结果表明第二层次影响的存在是上述实证结果不一致的主要因素。

基于两个层次的影响机制,理论上基金管理者可以通过不同的方式对汇率风险进行控制。第一类是通过金融衍生品包括远期、期货合同的运用来对冲基金的汇率风险;第二类是在选股过程中通过持有汇率风险暴露较低的个股从而降低 QDII 基金整体的汇率风险暴露。从部分基金公司公布的基金简介来看,第一类方式是基金经理比较常用的,但是这类方式依赖于衍生品市场的发展。班森和法弗(2004)对于澳大利亚的国际股权投资基金研究第一次从实证的角度证明了基金经理利用金融衍生工具对基金进行的套期保值策略可以有效降低风险暴露,部分基金经理甚至采取趋于投机的方式,改变基金收益的汇率风险暴露,以期利用汇率变动获取更大的收益率。对于 QDII 基金而言,利用汇率变化赚得利润的具体方式是一个相对复杂的过程,但理论研究和实务过程中证明很多基金管理者都具备这样的能力。

在充分研究文献的基础上,本文首先将考察汇率变动对于国内 QDII 基金收益的影响程度及机制,然后考察基金经理和基金投资人行为对于汇率变动的反应,并尝试用以解释基金收益的汇率风险暴露成因。最后在完成实证研究的基础上,对国内 QDII 基金的发展提出相关建议。

三、样本与变量

(一)样本

本文的数据来源于以下三个部分:Wind 金融数据库中的 QDII 相关数据,港股数据;IMF 公布的汇率数据;RESSET 金融研究数据库中的国际指数数据,样本取自以上数据库的合并数据,包括 Wind 收录的股票及偏股型 QDII 基金①。鉴于 2008 年以前 QDII 基金数量极少,且相关数据大量缺失。样本期间设立于 2008—2011 年,数据最小频率为日度。由于 QDII 基金出现时间较晚,暂无基金倒闭,因此本文所得基金数据不存在明显的"生存偏差"(Survivorship Bias)。最终我们得到 30 只 QDII 基金的数据。本文的所有研究结果都是基于这 30 只基金总计 11929 个原始观测数据得到的。

(二)变量

1.加权名义有效汇率及其变动

本文借鉴 IMF 构造特别提款权②的方式,运用等式(1)构造每只 QDII 基金的加权名义有效汇率:

$$E_{i,i} = \sum w_{j,t} * E_{j,t} \tag{1}$$

其中 $w_{j,t}$ 为基金当季所持某国股票市值占基金持股总市值的比例;$E_{j,t}$ 为某国货币与人民币之间的名义汇率,采用直接标价法,即 1 单位外币兑换的人民币数量。

根据等式(2)得到名义有效汇率的变动:

$$R_{e,t} = E_{i,i} / E_{i,i-1} - 1$$

---

① 根据《证券基金运作管理办法》的规定,股票型基金股票配置比例通常为 60%;偏股型基金指的是那种相当大比重的投资在股票市场上的基金,股票配置比例通常为 50%—70%。

② 特别提款权采用一揽子货币的定值方法。篮子中的货币是国际交易中所使用的那些具有代表性的货币,各货币所占的权重反映了其在国际贸易和金融体系中的重要程度。

2.变量的波动率

由于 QDII 基金的标的资产在海外市场上市交易,基金的表现预期对于不同市场和不同货币将体现相应的风险暴露。波动率衡量了海外市场及外汇市场的异质信息,对于基金收益会产生一定影响。为了分析汇率收益和汇率收益波动率对于基金收益的不同影响效果,本文将变量的波动率纳入模型,采用滚动过程的非条件方差。为了捕捉波动性的预期和非预期变化,移动平均方差是由某变量前五天的日数据计算得出,之后丢掉第一日的数据加入第六日的数据获得新的波动率估计[默顿(Merton,1980);奥费舍(Officer,1973);理查兹(Richards,1996);斯旺森(Swanson,2004)]。波动率的计算公式如下:

$$v^2 = \frac{\sum_{i=1}^{n} (x_i - \bar{x})^2}{n-1} \qquad (3)$$

其中 n 是样本大小,$\bar{x}$ 为变量均值。

3.资金净流入(流出)

由于各基金在其公布的季报中只公布了当季申购赎回的净额(单位为份),因此本文以基金净值的中值作为当季基金价格来计算相应的资金净流入(流出),计算公式如下:

$$CF_{i,t} = NAV_{i,t} * SF_{i,t} \qquad (4)$$

其中,$NAV_{i,t}$ 为基金 i 当季基金净值的中值,$SF_{i,t}$ 为当季基金 i 申购赎回的净额,单位为份。

3.其他主要变量列表

表 3-18   变量定义

变量名称	变量定义
基金收益率	基金净值的日变化率,计算公式为 $NAV_t/NAV_{t-1}-1$
全球市场收益率	摩根斯坦利全球指数的日收益率
主要投资市场收益率	QDII 的五大主要投资市场的股市日收益率,包括香港(恒生指数)、美国(美国 AMEX 主要市场指数)、澳大利亚(澳大利亚标普 200 指数)、韩国(韩国综合指数)、英国(伦敦富时 100 指数)
主要货币的名义汇率	主要货币与人民币之间的双边汇率,包括美元、欧元、日元
基金存续时间	基金从成立到当日的天数

续表

变量名称	变量定义
基金规模	基金报告中公布的资产净值
基金管理费用	基金报告中公布的管理费用
港股收益	港股的季度收益率
港股上市公司规模	港股总市值
港股市净率	港股每股股价与每股净资产的比率

四、研究方法

为了研究汇率变动对于基金收益的影响,我们构造了如下模型进行考察:

$$R_{i,t}=\alpha_0+\beta_1 * R_{e,t}+\beta_2 * R_{w,t}+\beta_3 * \mathrm{Ln}(age)_{i,t}+\beta_4 * \mathrm{Ln}(size)_{i,t}+$$
$$\beta_5 * \mathrm{Ln}(fee)_{i,t}+\sum\beta_{6+i} * YRDDUM+\varepsilon_{i,t} \tag{5}$$

其中 $R_{i,t}$ 为第 t 日基金 i 的超额收益率; $R_{e,t}$ 为第 t 日加权名义有效汇率的收益率,以每个币种下的持股总市值为权重; $R_{w,t}$ 为第 t 日 MSCI 全球指数的超额收益率,用于调整获得上述超额收益的无风险收益率为以日为单位计量的三个月期中央银行票据的票面利率; Age 为以日为单位的 QDII 基金存续时间; $Size$ 为基金的资产净值; Fee 为基金的管理费用; $YRDDUM$ 为年度虚拟变量。

本文所选样本基金均是采用分散化投资策略投资于各国市场,即使有基金专注于某一海外市场的投资(如香港),但是这些基金同时也在拓展他们的投资区域。全部 30 只样本基金中,29 只基金投资于全球市场或是某一区域国家市场,因此我们选择 MSCI 全球指数的收益率作为基金收益的基准收益率,同时选择加权名义有效汇率来衡量整体汇率的波动。

QDII 与境内所存在的理财业务最大的不同就在于首先要将资金兑换为外币,使用这些外币投资于境外金融市场,经过一段时间,获得收益后再兑换为人民币。因此,即便使用外币计算时有正的收益率,但是两次本外币兑换的时间间隔内的汇率波动导致的本币价值变化有可能使投资收益受损。人民币升值所带来的汇率风险是所有 QDII 产品无法回避的。其汇率风险因素是在一定时间内外国货币与人民币要进行两次相互兑换,风险事故是人民币汇率在一定时间内发生无法预期的变动,风险结果是 QDII 投资者的实际收益不同于投资者所预期的收益,从而蒙受经济损失。这一影响途径便是汇率波动对于 QDII 表现影响的第一层次。从这一角度来看,模型中名义有效汇率的系数 β_1 应该显著为正($R_{e,t}$ 增大或减小表示外币相对于人民币升值或贬值),表明基金收益相对于外币汇率波动表现出正的风险暴露(risk exposure)。但是由于构成基金投资组合的公司,其经营也会受到世界汇率变化的影响,进而影响该公司的价值(股票价格),即汇率影响的第二层次的存在,对于 β_1 的情况我们无法作出准确预期。以上预期均未考虑基金经理所采用的风险控制策略。当基金经理运用汇率远期、期货等金融衍生品进行风险对冲时,可以有效降低基金收益的汇率风险暴露。如果对冲策略能够有效规避风险,汇率风险暴露可能接近于 0,即 β_1 不显著区别于 0。基金经理的对冲策略趋于投机时,甚至可能出现负的风险暴露,即 β_1 显著为负。

库特莫斯(Koutmos)和马丁(Martin2003)的研究结果表明,汇率变动对于资产回报率的影响存在不对称性,因此为了区别 QDII 基金收益的汇率敏感度在外币升值和贬值时的差异,我们对模型(4)进行扩展得到下面的方程

$$R_{i,t} = \alpha_0 + \beta_1 * D_u R_{e,t} + \beta_2 * D_d R_{e,t} + \beta_3 * R_{w,t} + \beta_4 * \mathrm{Ln}(age)_{i,t} +$$
$$\beta_5 * \mathrm{Ln}(size)_{i,t} + \beta_6 * \mathrm{Ln}(fee)_{i,t} + \sum \beta_{7+i} * YRDDUM + \varepsilon_{i,t} \qquad (6)$$

其中当 $R_{e,t} > 0$(即外币升值),$D_u = 1$,否则 $D_u = 0$;当 $R_{e,t} < 0$(即外币贬值),$D_d = 1$,否则 $D_d = 0$;其他变量的定义与方程(5)一致。

在仅考虑汇率对于基金收益影响的第一层次,无论是外币升值或贬值,相应的风险暴露 β_1 和 β_2(汇率敏感度)均显著为正,即外币汇率变化直接正向影响 QDII 标的资产的价值和基金的回报率。而考虑基金经理的对冲策略之后,风险暴露的情况会变得更加复杂,在外币贬值或升值的不同时期,基金经理可能会采取不同的对冲策略,甚至通过更加积极的操作手段利用汇率变动获取收益,从而导致在两种情况下基金回报率的汇率风险暴露不同。

以上检验考察了一篮子汇率的波动对于基金收益的影响。邱(Khoo1994)、班森和法弗(2004)等人的研究指出以本币计价的外国资产收益变动对于双边汇率的敏感程度要高于一篮子汇率,原因是主要货币间的汇率

变动是影响汇率风险的主要因素。因此我们在上述研究的基础上,将一篮子汇率换成主要国际货币与人民币之间的双边汇率,同时将全球指数行情换成主要投资国市场行情,重复上述考察,构造方程如下:

$$R_{i,t}=\alpha_0+\beta_1*R_{US,t}+\beta_2*R_{JP,t}+\beta_3*R_{EU,t}+\beta_4*R_{MHK,t}+\beta_5*R_{MUS,t}+$$

$$\beta_6*R_{MAU,t}+\beta_7*R_{MKR,t}+\beta_8*R_{MUK,t}+\beta_9*\mathrm{Ln}(age)_{i,t}+\beta_{10}*\mathrm{Ln}(size)_{i,t}+$$

$$\beta_{11}*\mathrm{Ln}(fee)_{i,t}+\sum\beta_{12+i}*YRDDUM+\varepsilon_{i,t} \tag{7}$$

$$R_{i,t}=\alpha_0+\beta_1*D_uR_{US,t}+\beta_2*D_uR_{JP,t}+\beta_3*D_uR_{EU,t}+\beta_4*D_dR_{US,t}+$$

$$\beta_5*D_dR_{JP,t}+\beta_6*D_dR_{EU,t}+\beta_7*R_{MHK,t}+\beta_8*R_{MUS,t}+\beta_9*R_{MAU,t}+\beta_{10}*$$

$$R_{MKR,t}+\beta_{11}*R_{MUK,t}+\beta_{12}*\mathrm{Ln}(age)_{i,t}+\beta_{13}*\mathrm{Ln}(size)_{i,t}+\beta_{14}*\mathrm{Ln}(fee)_{i,t}+$$

$$\sum\beta_{15+i}*YRDDUM+\varepsilon_{i,t} \tag{8}$$

其中,$R_{US,t}$ 为美元汇率[①]的收益率;$R_{JP,t}$ 为日元汇率的收益率;$R_{EU,t}$ 为欧元汇率的收益率;QDII 主要投资国家的股票市场超额收益包括:R_{MHK} 为香港恒生指数的超额收益率;R_{MUS} 为美国 AMEX 主要市场指数的超额收益率;R_{MAU} 为澳大利亚标准普尔 200 指数的超额收益率;R_{MKR} 为韩国综合指数的超额收益率;R_{MUK} 为英国伦敦富时 100 指数的超额收益率;当 $R_{x,t}>0$(即外币升值),$D_u=1$,否则 $D_u=0$;当 $R_{e,t}<0$(即外币贬值),$D_d=1$,否则 $D_d=0$;其他变量的定义与方程(5)一致。

根据 Swanson 和 Tsai(2005)的研究结果,海外市场收益率和汇率收益的波动率衡量了海外市场及外汇市场的异质信息,对于基金收益会产生影响。因此为了区分汇率收益和汇率收益波动率对于基金收益的不同影响效果,本文在模型(8)的基础上加入美元,日元和欧元对人民币的汇率收益波动率,得到下面的模型:

$$R_{i,t}=\alpha_0+\beta_1*Vol(R_{US,t})+\beta_2*Vol(R_{JP,t})+\beta_3*Vol(R_{EU,t})+$$

$$\beta_4*D_uR_{US,t}+\beta_5*D_uR_{JP,t}+\beta_6*D_uR_{EU,t}+\beta_7*D_dR_{US,t}+\beta_8*D_dR_{JP,t}+\beta_9*D_dR_{EU,t}+$$

$$\beta_{10}*R_{MHK,t}+\beta_{11}*R_{MUS,t}+\beta_{12}*R_{MAU,t}+\beta_{13}*R_{MKR,t}+\beta_{14}*R_{MUK,t}+\beta_{15}*\mathrm{Ln}(age)_{i,t}+\beta_{16}*\mathrm{Ln}(size)_{i,t}+\beta_{17}*\mathrm{Ln}(fee)_{i,t}+\sum\beta_{18+i}*YRDDUM+\varepsilon_{i,t} \tag{9}$$

其中,Vol( )表示相应变量的波动率。由于随着汇率收益波动率的上升,

---

①　本文中所有汇率均使用 1 单位外币兑换 x 单位人民币形式。

外汇市场上的不确定因素也就越大,基金经理在控制汇率风险时的难度也就越大,对冲策略失效的可能性越大,从而对基金收益产生负面影响。因此预期汇率收益波动率的系数显著为正。

　　基金收益所受到的汇率变动第二层次的影响,归根到底是由于所持股票的收益受到汇率变动的影响。基金管理者可以通过持有汇率风险暴露较低的个股从而降低 QDII 基金整体的汇率风险暴露。为了考察基金的持股特征,本文构建了如下模型:

$$STR_{i,t} = \alpha_0 + \beta_1 * R_{HK,t} + \beta_2 * R_{MHK,t} + \beta_3 * Ln(size)_{i,t} + \beta_4 * MB_{i,t} +$$

$$\sum \beta_{5+i} * YRDDUM + \varepsilon_{i,t} \tag{10}$$

　　由于香港市场是国内 QDII 基金的主要投资市场,因此本文以港股数据进行上述研究。其中 $STR_{i,t}$ 为基金季报公布的持股明细中港股个股当季收益率,$R_{HK,t}$ 为当季港币汇率的收益率,$R_{MHK,t}$ 为当季香港股票市场(香港恒生指数)的收益率,$Ln(size)_{i,t}$ 为相应个股总市值的自然对数,$MB_{i,t}$ 为相应个股的市净率。

　　如果基金管理者通过持股特点降低 QDII 基金整体的汇率风险暴露,所持个股的汇率风险暴露 β_1 应该不显著,甚至显著为负,而如果基金管理者并未将汇率风险纳入择股考量的话,由于不同个股之间所受汇率影响差异较大,因此我们无法对其所持个股的汇率风险暴露 β_1 进行准确预测。

　　接下来本文将考察汇率的变动对于 QDII 的投资人行为的影响。由于汇率变动对于基金的收益有着直接或间接的影响,因此,投资人基于对汇率变动的预测和对基金汇率风险暴露的考察,会作出相应的投资决策即申购或赎回基金。为考察汇率变动对于投资者申购赎回行为的影响,本文构造如下模型:

$$CF_{i,t} = \alpha_0 + \beta_1 * R_{US,t} + \beta_2 * R_{JP,t} + \beta_3 * R_{EU,t} + \beta_4 * R_{i,t} + \beta_5 * R_{i,t-1} +$$

$$\beta_6 * Ln(size)_{i,t} + \beta_7 * Ln(fee)_{i,t} + \sum \beta_{8+i} * YRDDUM + \varepsilon_{i,t} \tag{11}$$

　　其中,$CF_{i,t}$ 为基金 i 当季现金净流入,$CF_{i,t} > 0$(或净流出 $CF_{i,t} < 0$);$R_{US,t}$ 为美元汇率的收益率;$R_{JP,t}$ 为日元汇率的收益率;$R_{EU,t}$ 为欧元汇率的收益率;$R_{i,t}$ 为当季 QDII 基金的收益率,$R_{i,t-1}$ 为上一季 QDII 基金的收益率;Size 为基金的资产净值;Fee 为基金的管理费用;YRDDUM 为年度虚拟变量。

　　由于汇率变动对于基金收益第一层次的影响是正向的,即当外币升值时,基金收益增加,这一影响途径是一般投资者最为熟知的,据此,投资者会作出相应投资决策,即当外币升值时继续申购基金以获得较高收益,因此本文预测模型(11)中双边汇率的系数均显著为正。本文在模型中还控制了基金当期及上一期收益、基金规模及管理费用对于投资人申购赎回行为的影响。

　　基于上述研究,本文最后将考察不同 QDII 基金之间汇率风险暴露差异的原因。由于基金持股差异和投资者的申购赎回行为均可能导致基金整体表现的差异,而上述两重因素均可能受到汇率变动的影响,因此本文构造了如下模型[①]:

$$R_{i,t}=\alpha_0+\beta_1*CF_{i,t}+\beta_2*CF_{i,t-1}+\beta_3*\mathrm{Ln}(size)_{i,t}+\beta_4*\mathrm{Ln}(fee)_{i,t}+$$
$$\sum\beta_{5+i}*YRDDUM+\varepsilon_{i,t} \qquad (12)$$

$$R_{i,t}=\alpha_0+\beta_1*R_{HK,t}+\beta_2*R_{MHK,t-1}+\beta_3*\mathrm{Ln}(size)_{i,t}+\beta_4*\mathrm{Ln}(fee)_{i,t}+$$
$$\sum\beta_{5+i}*YRDDUM+\varepsilon_{i,t} \qquad (13)$$

$$STR_{i,t}=\alpha_0+\beta_1*R_{HK,t}+\beta_2*R_{MHK,t}+\beta_3*\mathrm{Ln}(size)_{i,t}+\beta_4*MB_{i,t}+$$
$$\sum\beta_{5+i}*YRDDUM+\varepsilon_{i,t} \qquad (14)$$

$$CF_{i,t}=\alpha_0+\beta_1*R_{HK,t}+\beta_2*R_{i,t}+\beta_3*R_{i,t-1}+\beta_4*\mathrm{Ln}(size)_{i,t}+$$
$$\beta_5*\mathrm{Ln}(fee)_{i,t}+\sum\beta_{6+i}*YRDDUM+\varepsilon_{i,t} \qquad (15)$$

　　上述模型所有变量定义均与前文一致。模型(12)是用以证明投资者的申购赎回行为对于基金的表现存在显著影响。在此基础上,我们对样本中每一只 QDII 基金运行模型(13)—模型(15),分别得出三组汇率的风险暴露(即模型中的 β_1),通过对三组数据的分组描述可以考察持股差异以及投资者行为是否是影响不同基金之间汇率风险暴露差异的原因。

五、实证结果

　　表3-19报告了模型(5)和模型(6)的回归结果。由于篇幅原因,年度虚拟变量的回归系数并未在表格中列出。

----

①　该部分研究依旧选择 QDII 所持港股作为样本。

表 3-19　QDII 基金收益与加权名义有效汇率变动关系的回归结果

	模型(5)	模型(6)
Intercept	−0.00299**	−0.00305**
	(−2.09)	(−2.13)
R_e	0.00005868	—
	(0.32)	
$D_u R_e$	—	0.00018554
		(0.96)
$D_d R_e$	—	−0.00341***
		(−3.83)
R_w	0.72840**	0.72820***
	(51.31)	(51.30)
Ln(age)	0.00017151	0.00017858*
	(1.61)	(1.68)
Ln(size)	0.00056721***	0.00057797***
	(2.63)	(2.68)
Ln(fee)	−0.00065230***	−0.00066840***
	(−2.87)	(−2.93)
YRDDUM	已控制	已控制
N	11929	11929
R^2	0.3821	0.3824
Adj R^2	0.3817	0.3820

注:本表报告了 QDII 基金收益对加权名义有效汇率敏感度的回归结果,因变量 R_i 为 QDII 的超额收益率,R_e 为加权名义有效汇率的收益率;$D_u R_e$ 为外币升值虚拟变量与汇率变动率的交叉项;$D_d R_e$ 为外币贬值虚拟变量与汇率变动率的交叉项;R_w 为 MSCI 全球指数的超额收益率;Ln(age) 为基金存续天数的自然对数;Ln(size) 为基金资产净值的自然对数;Ln(fee) 为基金管理费用的自然对数。用于调整获得上述超额收益的无风险收益率为以日为单位计量的三个月期中央银行票据的票面利率;括号中报告的是经过异方差修正的 t 统计量。

*** 、** 、* 分别表示在 1%、5%和 10%的统计水平上显著。

　　如表 3-19 的第一列所示,在控制其他变量影响的情况下,名义有效汇率的系数为 0.00005868,在统计意义上并不显著区别于 0。对于该结果,可能有如下原因:一是一篮子汇率中包含了对于基金收益太多无效影响因素,因此基金收益率对于有效汇率收益并不敏感;二是国内管理 QDII 基金的基金经理通过汇率风险对冲策略的使用,有效地降低了基金收益的汇率风险暴露,使得该系数并不显著区别于0。在区别了外币的升值和贬值的不同影响效果时,回归结果出现了差异。在外币升值,风险暴露并不显著区别于0,而当外币贬值时,风险暴露显著为负。由于模型(5)的回归中名义有效汇率的系数并不显著,因此我们无法对模型(6)的结果作出准确解释。

在其他变量方面,全球市场超额收益的系数约为0.728,在1%的统计水平显著为正,并且在经济意义上同样显著,表明QDII的收益情况在很大程度上取决于海外市场的收益状况;基金存续时间的系数并不显著,表明基金的存续时间对于基金的表现并没有显著影响;基金规模的系数显著为正,表明国内QDII基金的收益存在规模效应,在基金规模较大的情况下,基金经理可以进行更加分散化的投资,同时也有更充足的资金进行汇率风险管理,从而保证较大的收益率;而基金的管理费用的系数显著为负,表明管理费用的增加反而会降低基金的收益率。

表3-20报告了模型(7)和模型(8)的回归结果,即用主要货币与人民币之间的双边汇率替换一篮子汇率。由于篇幅原因,年度虚拟变量的回归系数在表格中并未列出。

表3-20　QDII基金收益与主要货币汇率变动关系的回归结果

	模型(7)	模型(8)
Intercept	-0.00011635 ***	-0.00012464 ***
	(-11.13)	(-11.89)
R_{US}	0.01045 ***	—
	(9.84)	
R_{EU}	0.00002835	—
	(1.22)	
R_{JP}	$2.923518E-7$	—
	(0.07)	
外币升值虚拟变量与 汇率变动交叉项		
$D_u R_{US}$	—	0.01453 ***
		(6.59)

续表

	模型（7）	模型（8）
$D_u R_{EU}$	—	0.00201^{***}
		（9.31）
$D_u R_{JP}$	—	0.00026789
		（0.98）
外币贬值虚拟变量与汇率变动交叉项		
$D_d R_{US}$	—	0.00915^{***}
		（5.63）
$D_d R_{EU}$	—	0.00001108
		（0.47）
$D_d R_{JP}$		−0.00000217
		（−0.55）
QDII 主要投资地的股票市场超额收益		
R_{MHK}	0.00486^{***}	0.00478^{***}
	（38.07）	（37.26）
R_{MUS}	0.00175^{***}	0.01453^{***}
	（12.73）	（6.59）
R_{MAU}	0.00086766^{***}	0.00083854^{***}
	（6.45）	（6.21）
R_{MKR}	0.00089430^{***}	0.00092355^{***}
	（9.26）	（9.64）
R_{MUK}	0.00118^{***}	0.00113^{***}
	（10.27）	（9.97）
其他控制变量		
$\mathrm{Ln}(age)$	0.00000220^{***}	0.00000216^{***}
	（2.64）	（2.58）
$\mathrm{Ln}(size)$	0.00000976^{***}	0.00000953^{***}
	（6.03）	（5.82）

续表

	模型(7)	模型(8)
Ln(fee)	-0.00001115^{***}	-0.00001078^{***}
	(-6.65)	(-6.33)
$YRDDUM$	已控制	已控制
N	10293	10293
R^2	0.7380	0.7410
Adj R^2	0.7377	0.7406

注:本表报告了 QDII 基金收益对主要货币汇率敏感度的回归结果,因变量 R_i 为 QDII 的超额收益率,
R_X 为相应主要货币汇率的收益率;$D_u R_X$ 为外币升值虚拟变量与相应汇率变动率的交叉项;$D_d R_X$ 为
外币贬值虚拟变量与相应汇率变动率的交叉项;主要货币包括美元、欧元、日元。QDII 主要投资国
家的股票市场超额收益包括:R_{MHK} 为香港恒生指数的超额收益率;R_{MUS} 为美国 AMEX 主要市场指
数的超额收益率;R_{MAU} 为澳大利亚标准普尔 200 指数的超额收益率;R_{MKR} 为韩国综合指数的超额
收益率;R_{MUK} 为英国伦敦富时 100 指数的超额收益率;Ln(age) 为基金存续天数的自然对数;
Ln(size); 为基金资产净值的自然对数;Ln(fee) 为基金管理费用的自然对数。
用于调整获得上述超额收益的无风险收益率为以日为单位计量的三个月期中央银行票据的票面利
率;
　　括号中报告的是经过异方差修正的 t 统计量。
　　***、**、* 分别表示在 1%、5% 和 10% 的统计水平上显著。

从表 3-20 的第一列可以看出,三个主要货币中,只有美元兑人民币的双
边汇率前的系数显著为正,且该系数在经济意义上同样显著,而欧元和日元的
汇率波动对于基金收益没有显著影响。国内 QDII 制度设立之初是由香港政
府向中央提出的,目的是绕开人民币不可兑换的障碍,使国内的资金通过一个
受控的渠道,以专用的在岸投资基金的形式投资于香港。香港市场作为全球
性的市场,是国内资金投入国际市场的跳板。因此自成立之初,香港市场就是
国内 QDII 基金最主要的投资市场。根据 Wind 资讯的报告,截至目前,累计
72% 的 QDII 的资金投进了香港市场。港币采用的是盯住美元汇率,美元和港
币与人民币之间的双边汇率波动完全吻合,因此 QDII 基金的收益率对于美元
汇率波动的敏感程度应该最高,而回归结果也验证了这一事实。美元与人民
币双边汇率收益的系数为正,这一结果还表明美元汇率的波动主要从第一个
层次影响了 QDII 基金收益,即汇率变动直接影响了其投资组合的价值,从而
影响以人民币计价的 QDII 基金的回报率。在区别了主要外币的升值和贬值
的不同影响效果时,基金收益率对于美元升值和贬值时的风险暴露同样显著

为正,再次证明了汇率波动主要在第一层次上影响了基金收益,QDII 基金的管理者并未能有效管理汇率风险,降低风险暴露。在规避汇率风险方面,QDII 的管理者仍面临两个重要问题。首先是投资者缺乏规避汇率风险的工具。中国的外汇市场包括银行间外汇市场和零售市场,一方面,境外投资个人和机构不能进入银行间远期外汇市场进行避险交易;另一方面,零售远期外汇市场中的远期结售汇、掉期业务只针对经常项目和某几类规定的资本与金融项目交易,不包括进行境外投资的个人和机构,所以限制了 QDII 的投资者所能使用的规避汇率风险的办法,大大影响了收益率。另外,银行缺乏为客户提供更为完善的汇率保值手段的便捷渠道。根据相关政策,获相关监管部门批准的银行、信托公司等会员可以进入远期外汇市场进行交易。但是,一直以来,会员的数量和种类非常少,使得银行间的外汇远期市场中交易不活跃,无法降低成本,对冲风险。银行也缺乏推出更为完善的汇率风险规避型产品。

其他变量方面,QDII 主要投资地的股票市场超额收益的系数全部显著为正,与模型(5)和模型(6)的回归结果相吻合,表明投资市场的收益率对于基金收益有显著影响。而基金存续时间的系数显著为正,表明随着成立时间的增加,基金的投资策略会更加完善从而获得更高的收益率。剩余变量的回归结果与表 3-19 结果一致。

表 3-21 报告了模型中加入变量波动率之后的回归结果,由于篇幅原因,年度虚拟变量的回归系数在表格中并未列出。

表 3-21　QDII 基金收益与主要货币汇率变动波动率关系的回归结果

	模型(9)-1	模型(9)-2
Intercept	-0.00012520^{***}	-0.00012349^{***}
	(-11.99)	(-11.59)
主要汇率变动的波动率		
$Vol(R_{US})$	-1.68345	-2.26090^{*}
	(-1.46)	(-1.67)
$Vol(R_{EU})$	0.00003904^{***}	0.00002931^{**}
	(3.43)	(2.19)

	模型(9)-1	模型(9)-2
$Vol(R_{JP})$	-0.00002409^{***}	-0.00001288
	(-2.86)	(-1.33)
外币升值虚拟变量与汇率变动交叉项		
D_uR_{US}	—	0.01700^{***}
		(7.02)
D_uR_{EU}	—	0.00201^{***}
		(9.29)
D_uR_{JP}	—	0.00028376
		(1.04)
外币贬值虚拟变量与汇率变动交叉项		
D_dR_{US}	—	0.00757^{***}
		(4.07)
D_dR_{EU}	—	0.00001638
		(0.68)
D_dR_{JP}	—	-0.00000503
		(-1.17)
QDII主要投资地的股票市场超额收益		
R_{MHK}	0.00483^{***}	0.00479^{***}
	(39.14)	(37.27)
R_{MUS}	0.00176^{***}	0.00172^{***}
	(13.07)	(12.66)
R_{MAU}	0.00086199^{***}	0.00086711^{***}
	(6.49)	(6.37)
R_{MKR}	0.00093723^{***}	0.00092024^{***}
	(9.45)	(9.54)
R_{MUK}	0.00114^{***}	0.00112^{***}
	(10.12)	(9.84)

	模型(9)-1	模型(9)-2
其他控制变量		
Ln(age)	0.00000318***	0.00000248***
	(3.51)	(2.70)
Ln(size)	0.00001037***	0.00000928***
	(6.38)	(5.59)
Ln(fee)	−0.00001189***	−0.00001068***
	(−7.00)	(−6.16)
YRDDUM	已控制	已控制
N	10995	10193
R^2	0.7330	0.7429
Adj R^2	0.7326	0.7424

注:本表报告了 QDII 基金收益对主要货币汇率变动波动率敏感度的回归结果,因变量 R_i 为 QDII 的超
额收益率,$D_u R_X$ 为外币升值虚拟变量与相应汇率变动率的交叉项;$D_d R_X$ 为外币贬值虚拟变量与相
应汇率变动率的交叉项;主要货币包括美元、欧元、日元。QDII 主要投资国家的股票市场超额收益
包括:R_{MHK} 为香港恒生指数的超额收益率;R_{MUS} 为美国 AMEX 主要市场指数的超额收益率;R_{MAU}
为澳大利亚标准普尔 200 指数的超额收益率;R_{MKR} 为韩国综合指数的超额收益率;R_{MUK} 为英国伦

敦富时 100 指数的超额收益率;Vol( ) 为相应变量的波动率,计算公式为 $\dfrac{\sum_{i=1}^{n}(x_i-\bar{x})^2}{n-1}$;

Ln(age) 为基金存续天数的自然对数;Ln(size)ᵢ 为基金资产净值的自然对数;Ln(fee) 为基金管理费
用的自然对数。

用于调整获得上述超额收益的无风险收益率为以日为单位计量的三个月期中央银行票据的票面利
率;

括号中报告的是经过异方差修正的 t 统计量。

***、**、* 分别表示在 1%、5% 和 10% 的统计水平上显著。

　　如表 3-21 的第 1 列所示,在仅加入汇率收益波动率的情况下,日元和欧
元的汇率收益波动率的系数显著区别于 0,但是两个系数较小,在经济意义上
并不显著;而美元汇率收益波动率的系数在经济意义上虽然显著
(−1.68345),但是在统计意义上并不显著区别于 0。在加入汇率收益之后,结
果并未得到明显改善。上述结果与斯旺森和蔡(2005)的结果并不一致,表明
汇率收益的波动率未能有效衡量国内 QDII 基金在外汇市场上所面临的风险
因素,或者是其所反映的风险要素已经在汇率收益中体现,因此并未对基金收

益产生显著影响。而其他变量的回归结果与表 3-20 的结果一致。

表 3-22 报告了模型(10)的回归结果,由于篇幅原因,年度虚拟变量的回归系数在表格中并未列出。

表 3-22　QDII 基金所持个股收益与双边名义汇率变动关系的回归结果

	模型(10)-1	模型(10)-2
Intercept	0.54643***	0.497554***
	(10.15)	(9.25)
R_{HK}	2.41534***	—
	(5.03)	
$D_u R_{HK}$	—	47.32358***
		(5.50)
$D_d R_{HK}$	—	-1.48076*
		(-1.73)
R_{MHK}	1.13940***	1.19809***
	(25.13)	(24.29)
Ln(size)	-0.01942***	-0.01912***
	(-9.12)	(-8.99)
MB	0.00222***	0.00235***
	(0.0078)	(0.0047)
YRDDUM	已控制	已控制
N	5596	5596
R^2	0.3740	0.3769
Adj R^2	0.3730	0.3757

注:本表报告了 QDII 基金所持个股收益与双边名义汇率变动关系的回归,因变量 $STR_{i,t}$ 为基金季报公布的持股明细中港股个股当季收益率,R_{HK},t 为当季港币汇率的收益率,$D_u R_{hk}$ 为外币升值虚拟变量与汇率变动率的交叉项;$D_d R_{hk}$ 为外币贬值虚拟变量与汇率变动率的交叉项 R_{MHK},t 为当季香港股票市场(香港恒生指数)的收益率,$Ln(size)_{i,t}$ 为相应个股总市值的自然对数,$MB_{i,t}$ 为相应个股的市净率;$D_u R_{hk}$ 为外币升值虚拟变量与汇率变动率的交叉项;$D_d R_{hk}$ 为外币贬值虚拟变量与汇率变动率的交叉项。
括号中报告的是经过异方差修正的 t 统计量。
***、**、* 分别表示在 1%、5% 和 10% 的统计水平上显著。

如表 3-22 第一列所示港币汇率收益的系数显著为正,表明 QDII 所持有的个股收益具有正的汇率风险暴露。这一结果证明在基金经理的选股过程中,并未将汇率风险纳入考量,由于其所选择的股票均具有显著为正的风险暴露,这也造成 QDII 基金收益整体呈现较高的风险暴露。当区分港币汇率升值和贬值的不同影响时,结果基本与前者一致,区别在于在港币升值时,基金所持个股的汇率风险暴露在经济意义上显著增大(47.32358),表明在港币升值时,基金所持个股表现出更高的收益率。而从 2008 年至今,港币兑人民币汇率大体一直处于下行通道,从表 3-22 的结果可知,港币的贬值导致基金所持个股收益降低,同时港币贬值会通过第一层次直接导致 QDII 基金收益下降,这一双重作用也是导致国内 QDII 基金全面处于亏损状态的重要原因。

在其他变量方面,港股市场收益的系数显著为正,表明所持有个股与港股整体间保持了显著的联动性;而个股总市值的系数显著为负,表明随着个股总市值的增大,所持个股收益反而下降;市净率的系数显著为正,表明随着市净率的增大,所持有个股的收益增加。

表 3-23 报告了模型(11)的回归结果,由于篇幅原因,年度虚拟变量的回归系数在表格中并未列出。

表 3-23　QDII 基金资金净流入(净流出)与主要货币汇率变动关系的回归结果

	模型(11)-1	模型(11)-2
Intercept	12.75759***	11.03759***
	(4.47)	(3.33)
主要汇率变动		
R_{US}	172.65623***	—
	(<.0001)	
R_{EU}	4.28540	—
	(1.00)	
R_{JP}	3.20241	—
	(0.58)	
外币升值虚拟变量与 汇率变动交叉项		
$D_u R_{US}$	—	738.49302
		(0.22)

续表

	模型(11)-1	模型(11)-2
$D_u R_{EU}$	—	28.87584
		(1.50)
$D_u R_{JP}$	—	1.50276
		(0.09)
外币贬值虚拟变量与 汇率变动交叉项		
$D_d R_{US}$	—	119.61353***
		(2.55)
$D_d R_{EU}$	—	-17.90236
		(-1.47)
$D_d R_{JP}$	—	-10.00288
		(-0.63)
QDII 基金收益		
$R_{i,t}$	1.46302	3.12340
	(0.7212)	(0.63)
$R_{i,t-1}$	-7.77566***	-6.27215***
	(0.0002)	(-2.73)
其他控制变量		
Ln(size)	-1.01002**	-1.11386***
	(-2.56)	(-2.97)
Ln(fee)	0.51302	0.66013
	(0.2140)	(0.0900)
YRDDUM	已控制	已控制
N	226	226
R^2	0.4333	0.4434
Adj R^2	0.3886	0.3850

注:本表报告了 QDII 基金资金净流入(净流出)与主要货币汇率变动关系的回归;因变量 $CF_{i,t}$ 为基金 i 当季现金净流入,$CF_{i,t}>0$;(或净流出 $CF_{i,t}<0$);$R_{US,t}$ 为美元汇率的收益率;$R_{JP,t}$ 为日元汇率的收益率;$R_{EU,t}$ 为欧元汇率的收益率;$R_{i,t}$ 为当季 QDII 基金的收益率,$R_{i,t-1}$ 为上一季 QDII 基金的收益率;Size 为基金的资产净值;Fee 为基金的管理费用;YRDDUM 为年度虚拟变量。

括号中报告的是经过异方差修正的 t 统计量。

***、**、*分别表示在 1%、5% 和 10% 的统计水平上显著。

如表 3-23 第一列所示,在各双边汇率系数中,只有美元汇率的系数显著,这一结果同样表明由于 QDII 的主要投资市场在香港,而港币汇率采取的是盯住美元,因此美元的汇率变动对于投资人申购赎回的决策有着显著影响,而这一系数显著为正表明随着美元汇率的增大,基金的申购量大于赎回量(资金净流入),投资者倾向于买入基金;而美元贬值时,投资者倾向于赎回基金。在具体区分美元升值和贬值的不同影响效果时,结果显示上述影响机制在美元贬值时显著存在,即由于美元贬值会从多方面降低 QDII 基金的收益,使得投资者倾向于赎回基金以保证其收益最大化。当季基金收益的系数并不显著,而上一季基金收益的系数显著为负,这一结果表明基金收益对于投资者申购赎回行为的影响具有滞后性,且上期收益越大,投资者更加倾向于赎回基金。这一结果反映了国内投资者相对注重短期收益的心态,在实现账面收益后急于兑现其收益。

在其他变量方面,基金规模的系数显著为负,表明随着基金规模的扩大,资金呈现净流出状态;而管理费用的系数并不显著,表明投资者的申购赎回决策与管理费用并无直接关系。

表 3-24 报告了模型(12)的回归结果,由于篇幅原因,年度虚拟变量的回归系数在表格中并未列出。

表 3-24　QDII 基金收益与资金净流入(净流出)关系的回归

$R_{i,t}$	Intercept	$CF_{i,t}$	$CF_{i,t-1}$	$Ln(size)_{i,t}$	$Ln(fee)_{i,t}$	YRDDUM
	-0.35348*** (-2.69)	0.01126*** (2.79)	0.00666** (2.17)	0.03104** (0.0467)	-0.01646 (-1.13)	已控制
N = 227　R² = 0.1480 Adj R² = 0.1203						

注:本表报告了 QDII 基金收益与资金净流入(净流出)关系的回归。因变量 R_i 为 QDII 基金的收益率。$CF_{i,t}$,$CF_{i,t-1}$为基金 i 当季或上季现金净流入($CF_{i,t}>0$)或净流出($CF_{i,t}<0$);Size 为基金的资产净值;Fee 为基金的管理费;YRDDUM 为年度虚拟变量。

括号中报告的是经过异方差修正的 t 统计量。

***、**、*分别表示在 1%、5% 和 10% 的统计水平上显著。

如表 3-24 第三、四列所示,无论是当期或是上一期的资金净流入对于 QDII 基金当期的收益存在显著的正相关影响,表明当有现金流入时,由于可供基金经理操作的资金规模增大,可以作出更为分散化的投资,在控制风险的情况下最大化收益。从基金规模前的系数显著为正也可以再次验证上述结论。

基于上述结论的存在,我们对每一只 QDII 基金分别运行模型(13)—模型(15),得到三组 β_1。根据模型(13)所得 β_1(基金收益的汇率风险暴露)的大小将数据分成三个小组(每组中各有 10 只基金),表 3-25 报告了每组中各个变量的均值。结果显示,随着基金收益的汇率风险暴露(Beta$_Q$)的增大,基金所持个股及其资金流入(流出)的汇率风险暴露(Beta$_Q$ 和 Beta$_{CF}$)随着增大。由于个股收益以及资金的流入(流出)都直接或间接地影响基金的整体收益,同时根据表 3-22 和表 3-23 的结果可知两者均受到汇率波动的显著影响。根据上述结果,基金所持个股收益和各自资金流入(流出)对于汇率变动的敏感度差异可以部分解释不同 QDII 基金之间的汇率风险暴露差异。

表 3-25　QDII 基金收益的汇率风险暴露个体差异成因

组数 变量	Beta$_Q$	Beta$_S$	Beta$_{CF}$
1	0.0620	−7.873	−113.488
2	1.219	7.811	118.249
3	2.484	10.477	155.510

注:Beta$_Q$、Beta$_S$、Beta$_{CF}$ 分别是通过模型(13)—模型(15)得到的 β_1 的值,分组依据是 Beta$_Q$。
表中报告的是各组变量的均值。

六、结论及政策建议

本文以国内 2008—2011 年期间所有股票型或者偏股型 QDII 基金为样本,对于基金收益与汇率变动的关系进行了实证研究。研究发现美元汇率变动与基金收益有着显著的正相关关系,与欧元和日元之间不存在显著关系。

这表明由于 QDII 主要投资于香港市场,而港币采取的是盯住美元汇率的制度,因此基金的表现对于美元的汇率变动体现出较高的敏感程度。同时汇率变动对于基金收益的影响主要是通过直接影响基金投资组合的价值这一途径。以上回归结果也表明 QDII 的管理者们并未能采取有效措施控制汇率风险。进一步的研究显示,汇率的波动率并没有对基金收益产生直接影响,表明汇率收益的波动率并未能有效衡量国内 QDII 基金在外汇市场上所面临的风险因素,或者是其所反映的风险要素已经在汇率收益中体现。对于 QDII 所持股票的特点来说,这些股票具有较高的汇率风险暴露,这一结果也再次解释了QDII 基金整体所呈现的较高汇率风险暴露的成因。而基金投资者的申购赎回行为与美元汇率变动之间也存在显著的正相关关系。基金所持个股收益和各自资金流入(流出)对于汇率变动的敏感度差异可以部分解释不同 QDII 基金之间的汇率风险暴露差异。

基于上述实证结果,我们对于国内 QDII 的发展提出如下五点建议:

一是对人民币的迅速升值积极应对,由于人民币对美元汇率持续上升,需要采取适当的措施来对冲汇率上升带来的风险;

二是通过分散所投资币种的方式来规避单一货币比重偏高的风险;

三是前期调研应充分,避免在投资方向上发生的偏误,在选股方面对股票自身的风险因素充分考量;

四是梳理当前 QDII 境外投资政策法规,完善 QDII 境外投资行为与后续资金回流等管理;

五是引进风险控制专业人才,通过理论功底深厚、操作技能扎实的专业人员指导,尽可能规避风险,达到最高收益。

货币贬值与股票市场回应

迪利普·佩卓　约翰·沃德　吴仰儒

一、背景介绍

国际资产定价均衡模型（阿德勒 Adler 和杜马斯 Dumas,1983）表明购买力平价的偏离会传导为股票市场股权回报的货币风险。对于实行浮动汇率制的国家,这一货币风险可以用股票收益率和货币收益率回归所得到的相关系数来衡量（阿德勒和杜马斯,1984;乔瑞,1990）。但是对那些实行固定汇率制或有管制的浮动汇率制的国家来说,在中央银行宣布货币贬值前汇率会保持不变或在一个很窄的范围内波动。国际资产定价模型（史图斯 Stulz1981、阿德勒和杜马斯 1984）预测到货币贬值会影响资产价格。公司的实际现金流受到货币贬值的影响,股票价格也会因此改变。本文实证检验货币贬值的宣布对股票市场的冲击,以及上述的国际资产定价模型与货币贬值模型能否得到我们在研究中所使用的数据的支持。

本文有两个目标。第一个目标,我们检验股票市场围绕货币贬值所作出的反应。对此我们使用日收益率和事件研究方法,在此基础上进行分析以帮助解释全球股票市场如何回应货币贬值事件。我们的样本来自于 27 个国家的 85 个货币贬值事件。为确保我们在货币贬值前后观测到的股票收益率不是由于非正常的市场波动所引起的,我们使用了超额收益率。

我们发现在货币贬值宣布之前和之后股票市场下跌明显。平均来讲,以美元计价的股票市场的市值在宣布货币贬值前 30 天内下跌 4.21%,宣布后一天内下跌 3.11%。而平均超额收益率在首次宣布货币贬值后的 255 个交易日内持续为负,随后转变为正,可能这是由中央银行和国际机构的修补努力所致。

我们的第二个目标是检验哪些经济变量可以解释股票市场围绕货币贬值作出反应的方向和幅度。受到以往文献的启发,例如,克鲁格曼(Krugman,1998);卡明斯基(Kaminsky)和莱茵哈特(Reinhart,1999);奥伯斯特菲尔德(Obstfeld,1994);柯塞蒂(Corsetti)、皮塞蒂(Peseti)和鲁比尼(Roubini,1999),我们使用了一系列宏观经济变量来检测它们是否能够解释在货币贬值宣布时股票市场的下降幅度。我们选择的变量参照了弗兰克尔(Frankel)和罗斯(Rose1996)的研究,他们认为这些宏观经济变量可以预测货币贬值即将发生。

通过对货币贬值宣布日之前的一段时期和之后的一段时期进行的窗口研究,我们发现货币贬值幅度和一个国家是否是发展中国家会显著影响一国股票市场的收益率。与此同时,其他一些宏观经济因素也可以帮助解释股票市场对货币贬值作出的反应。值得一提的是,如果一国的通货膨胀率高或者一国的实际汇率在几年前就已经下跌,或者资本账户余额减少,股票市场对货币贬值这一信息作出的下跌反应就较强烈。我们的研究发现对各国中央银行和国际投资者有一定借鉴意义。近年来,对新兴市场所进行的投资一直在增加,这些新兴经济体很多都实行固定汇率或盯住汇率。一旦这些国家的中央银行宣布货币贬值,我们的研究对这些国家股票市场的运行趋势也有借鉴意义。

下列文献与本文的研究有关。威尔逊(Wilson)、桑德斯(Saunders)和卡普里奥(Caprio2000)研究了围绕着1994年墨西哥比索贬值前后股票市场的反应。他们的研究表明,当时的投资者们并没有预期到比索贬值,因此股票市场的下跌更多的是反映在以美元计价的市场上,而不是以比索计价的市场上。格兰(Glen2002)使用24个新兴市场的月度数据对股票市场围绕货币贬值前后所作出的反应进行研究。他发现,在货币贬值宣布之前的月份里,股票市场的收益率明显为负,但在宣布之后情况却不是这样。但是,以上这些研究并没有分析股票市场的反应和宏观经济变量之间的关系。另外的文献则研究是否货币贬值会对实体经济产生影响。例如,金姆(Kim)和英(Ying2007)研究发现在东南亚发生的货币贬值扩展到了实体经济,但是在墨西哥和智利,情况却不是如此。由于股票市场在一定程度上可以预测实体经济的运转情况,我们的研究也对不同国家的实体经济如何回应货币贬值提供了一些参考。

本文第二部分讨论数据和事件。在第三部分里,我们解释所使用的实证研究方法。在第四部分,我们展示了围绕货币贬值,股票市场所获得的超额回报。第五部分展示回归分析结果,我们使用了一系列的宏观经济变量,来解释货币贬值前后股票市场所获得的超额收益率。第六部分进行总结。

二、数据和事件

我们都知道,在有效市场假说下,只要有新的信息发布,市场价格会对这些信息立即作出反应。因此,为了检验货币贬值对一个国家市场指数收益率的影响,我们从 Lexis-Nexis 和 Factiva 数据库中收集了最早的货币贬值宣布日期。我们的研究所涉及的年份从 1979 年到 2004 年,从这一数据库中寻找我们拥有股票市场数据的所有国家货币贬值的宣布日期,以及贬值幅度和这些国家是否从固定汇率制转变为浮动汇率制。从这些数据中,我们获得了145 个货币贬值的样本,这些样本来自 40 个国家。其中,我们拥有足够的数据进行事件研究的样本共有 85 个,来自 27 个国家。在这 85 个观测样本中,有 39 个是来自发展中国家。附录列出了完整的国家和事件日期①。

我们使用摩根斯坦利资本国际(MSCI)编制的以美元标价的国家指数日收益率来进行事件研究。摩根斯坦利资本国际在编制这些指数时,涉及了85%的全球资本市场,这些指数是以价值为权重编制的。我们的样本开始日期是 1979 年的 12 月 31 日,取这一开始日期是因为摩根斯坦利资本国际以天为单位所编制的国家指数是从这一天开始的。我们所使用的世界市场指数是摩根斯坦利资本国际所编制的世界市场指数。

我们从国际货币基金组织的国际金融统计数据库中获得我们所需要的宏观经济数据。参照已有文献的做法,如,克鲁格曼(1979);弗拉德和加伯(1984);奥伯斯特费尔德(1994);卡明斯基和莱因哈特(1999);帕特罗(Patro)、沃德(Wald)和吴(Wu)(2002),我们搜集的变量包括:外汇储备、国民

---

① 我们还进行了去掉同一个国家中距离首次货币贬值发生不到一年时间里紧随的另一次货币贬值的事件研究。由于研究结果相似,我们所报告的研究结果是完整的样本。

生产总值、实际汇率、价格指数、一国负债、利率和外国直接投资。我们把汇率定义为以外国货币单位衡量的一美元的价格。这样一来,汇率的上升就表明相对于美元外国货币的贬值。为了获得数据的平稳性,我们对这些变量进行了变形,采用它们的增长率或者这些变量对国民生产总值或者外汇储备的比率的形式。我们从 1980—2004 年出版的《国际投资者》中搜集了国家的信用评级。

三、研究方法

我们使用传统的市场模型来计算股票市场的超额收益率。为了计算风险调整后的超额收益率,我们把摩根斯坦利资本国际的国家指数收益率同摩根斯坦利资本国际的世界市场指数进行回归,取了货币贬值宣布日前的 255 个交易日(t=-510 到 t=-256)。货币贬值宣布日取值为 t=0[1]。市场模型如下:

$$R_{i,t} = \alpha_i + \beta_i R_{m,t} + \varepsilon_{i,t} \tag{1}$$

式中,$R_{i,t}$ 指的是摩根斯坦利资本国际国家股票指数的日收益率,$R_{m,t}$ 指的是摩根斯坦利资本国际世界市场指数的日收益率[2]。使用从这一市场模型中所得出的参数($\hat{\alpha}_i, \hat{\beta}_i$),我们通过以下公式计算出观测期间内的日超额收益率:

$$AR_{i,t} = (R_{i,t} - \hat{\alpha}_i - \hat{\beta}_i R_{m,t}) \tag{2}$$

我们把每一次事件日各国的的日超额收益率平均(式中 t=0 是货币贬值宣布日)。然后,累积超额收益率的计算是通过加总事件窗口的超额平均收益率得出的。

我们接下来对这些累积超额收益率进行了检验,看它们是否在统计上显著不为 0。我们使用几种方法来计算 t 检验值,t 检验值的原假设为累积超额收益率等于 0。首先我们使用的是帕特尔(Patel1976)的检验,这一检验也被称作是标准化的超额收益率检验,并且基于假设横截面是独立的。这一统计检验遵循标准正态分布,当我们报告事件研究结果时,我们报告 Z 统计值。

---

① 我们的研究结果对不同的研究窗口是稳健的。

② 世界市场指数是发达国家市场指数,但是使用所有国家的指数,包括新兴市场经济体的市场指数给我们相似的结果。

布朗(Brown)和华纳(Warner1980)指出,如果在同一月份中,样本中不同的观测目标经历同样的事件,会出现事件扎堆现象,这一现象会扭曲检验结果,导致拒绝原假设的可能性大大增加。因此他们提出一种"原始依赖调整"来记录这种横截面依赖。帕特尔(1976)的检验是以标准化的超额回报为基础的,并且允许在计算标准化的超额收益率时,股票方差不相等。与帕特尔(1976)的检验不同,布朗和华纳(1980)检验使用平均超额收益率的标准差来计算 t 统计值,来检验累积超额收益率的原假设。我们在表格中报告了这个 t 统计值。此外,我们还计算了"广义的 Z 统计值"。这一非参数检验方法是对以上两种参数检验方法的补充,并且为我们结果的显著性提供了稳健性检验。

为了进一步证实我们的结果,我们也估计了用均值调整的超额收益率。我们使用了如下方法。用 $R_{i,t}$ 表示国家 i 在时间 t 的指数回报,用 $\bar{R}_i$ 表示时间序列的回报均值,通过 $AR_{i,t} = R_{i,t} - \bar{R}_i$ 计算得到 $AR_{i,t}$ 。用来检验经过均值调整后的累积超额收益率的方法同检验经过市场调整的累积超额收益率的方法相同。我们使用了单因素模型,是因为我们的样本中这些国家实行的是固定汇率或者盯住汇率制。然而,对于有些样本,在盯住汇率制情形下,汇率可能会有一些轻微的变化,或者有其他的一些因素影响这些国家的股票市场收益率。使用均值调整后的回报可以部分地解决这一问题,并且为我们使用经过市场调整的超额收益率得出的研究结果提供稳健性检验。

四、货币贬值前后的超额收益率

我们的第一个目标是要检验金融市场,特别是股票市场对中央银行宣布的货币贬值如何回应。通过检验货币贬值宣布前市场的反应,我们可以研究市场对货币贬值是否有预期。我们的第二个目标是要利用宏观经济变量来解释围绕货币贬值股票市场所产生的超额收益率。

如前一节所阐述的,我们使用市场模型和均值回报调整模型来预测一国股票指数回报的超额收益率。我们的观测期是从 t=-510 到 t=-256,其中货币贬值那天为 t=0。我们利用在这一时期所估计出的参数来计算我们感兴趣的窗口期间内的超额收益率。这些超额收益率在窗口期间内被加总,并且检验它们在统计上是否显著不等于零。

我们把围绕货币贬值宣布日前后一国股票市场指数的累积超额收益率的实证检验结果展示在表3-26中。这些累积超额收益率的计算来自于27个国家中的85次货币贬值事件。在表3-26的面板A中,我们报告了使用市场模型所计算出的累积超额收益率的结果。在面板B中,我们报告了经均值调整的累积超额收益率的结果。为了进行比较,在面板C中,我们报告了未经调整的收益率。这些窗口期包括货币贬值宣布前、宣布时和之后的日期。

表3-26　货币贬值期间的股票累积超额收益率
面板A:市场模型调整后的累积超额收益率

窗口	样本	累积超额收益率(%)	正:负	Z-统计值	t-统计值	广义符号Z-统计值
(−255,−1)	85	−17.50	35:50	−4.692***	−5.207***	−1.481
(−90,−1)	85	−9.14	34:51	−4.572***	−4.578***	−1.698*
(−30,−1)	85	−4.21	40:45	−2.805***	−3.652***	−0.397
(−30,+30)	85	−9.48	39:46	−5.699***	−5.768***	−0.614
(−30,+90)	85	−7.82	47:38	−4.315***	−3.379***	1.122
(−30,+255)	85	−13.76	45:40	−4.893***	−3.867***	0.688
(−1,0)	85	−2.32	31:54	−8.592***	−7.807***	−2.349**
(−1,+1)	85	−3.11	34:51	−9.033***	−8.542***	−1.698*
(−1,+30)	85	−5.73	36:49	−5.761***	−4.812***	−1.264
(−1,+90)	85	−4.07	43:42	−3.714***	−2.017**	0.254
(−1,+255)	85	−10.01	44:41	−4.424***	−2.967***	0.471
(+1,+30)	85	−3.41	36:49	−3.718***	−2.954***	−1.264
(+1,+90)	85	−1.75	47:38	−2.465**	−0.875	1.122
(+1,+255)	85	−7.68	44:41	−3.669***	−2.287**	0.471
(−255,+255)	85	−27.05	43:42	−6.296***	−5.686***	0.254
(+255,+510)	84	4.85	50:34	3.989***	1.439	1.891*

面板 B:均值调整后的累积超额收益率

窗口	样本	累积超额收益率(%)	正:负	Z-统计值	t-统计值	广义符号 Z-统计值
(-255,-1)	85	-15.60	39:46	-3.911***	-4.169***	-0.654
(-90,-1)	85	-8.17	38:47	-3.899***	-3.675***	-0.871
(-30,-1)	85	-3.63	41:44	-2.264**	-2.829***	-0.220
(-30,+30)	85	-8.62	42:43	-4.870***	-4.707***	-0.003
(-30,+90)	85	-5.85	48:37	-3.153***	-2.268**	1.299
(-30,+255)	85	-10.85	47:38	-3.718***	-2.738***	1.082
(-1,0)	85	-2.28	31:54	-7.984***	-6.881***	-2.389**
(-1,+1)	85	-3.01	34:51	-8.033***	-7.426***	-1.739*
(-1,+30)	85	-5.46	37:48	-5.110***	-4.117***	-1.088
(-1,+90)	85	-2.69	50:35	-2.673***	-1.197	1.733*
(-1,+255)	85	-7.70	49:36	-3.358***	-2.048**	1.516
(+1,+30)	85	-3.18	42:43	-3.203***	-2.476**	-0.003
(+1,+90)	85	-0.41	49:36	-1.503	-0.184	1.516
(+1,+255)	85	-5.41	48:37	-2.654***	-1.447	1.299
(-255,+255)	85	-22.82	42:43	-4.997***	-4.308***	-0.003
(+255,+510)	84	5.41	53:31	3.853***	1.442	2.505**

面板 C:原始收益率

窗口	样本	平均原始收益率(%)	正:负	Z-统计值	t-统计值	广义符号 Z-统计值
(-255,-1)	85	4.68	42:43	1.792*	1.248	0.593
(-90,-1)	85	-0.98	43:42	-0.491	-0.438	0.810
(-30,-1)	85	-1.25	46:39	-0.302	-0.971	1.463
(-30,+30)	85	-3.76	43:42	-2.081**	-2.054**	0.810
(-30,+90)	85	3.78	48:37	0.769	1.463	1.898*
(-30,+255)	85	11.97	54:31	2.362**	3.017***	3.203***
(-1,0)	85	-2.12	28:53	-7.494***	-6.400***	-2.453**

续表

窗口	样本	平均原始收益率(%)	正：负	Z-统计值	t-统计值	广义符号Z-统计值
(−1,+1)	85	−2.78	31：50	−7.433***	−6.845***	−1.801*
(−1,+30)	85	−2.91	41：43	−3.099***	−2.195**	0.375
(−1,+90)	85	4.63	53：32	0.741	2.056**	2.986***
(−1,+255)	85	12.82	55：30	2.407**	3.408***	3.421***
(+1,+30)	85	−0.79	46：38	−1.253	−0.615	1.463
(+1,+90)	85	6.75	56：29	1.875*	3.033***	3.638***
(+1,+255)	85	14.94	57：28	3.090***	3.989***	3.856***
(−255,+255)	85	17.89	49：36	3.105***	3.374***	2.116**
(+255,+510)	84	25.36	68：16	9.628***	6.756***	6.387***

注:本表报告了不同事件窗口下的股票累积超额收益率和相关检验统计值。"Z-stat"是Patell(1976)
检验统计量,"t-stat"是Brown and Warner (1980)检验统计量,"generalized sign Z-stat"是非参数检
验统计量。三个统计量在大样本时均服从标准正态分布。10%、5%和1%的临界值依次是1.64、
1.96和2.58。符号*、**和***依次表示在10%、5%和1%统计水平上显著。

我们的研究结果表明,在货币贬值宣布前后,存在明显的负超额收益率。
由于市场模型和经过均值调整后的模型所计算的结果相似,我们主要讨论利
用市场模型所计算出的结果,这一结果报告在面板A中。货币贬值宣布日前
一天的累积超额收益率是−2.32%,这一结果在所有的常规水平上统计显著,
布朗和华纳(1980)的t统计值是−7.807。事实上,这一天的累积超额收益率
的所有三个统计检测方法(Patell,1976;Brown和Warner,1980;和非参数符号
检验)在5%的水平上都显著为负。同样地,货币贬值宣布前后两天(−1,+1)
的窗口里,超额累积收益率是−3.11%,这一结果用前两种方法检测在5%的
水平上显著不同于0,用第三种方法检测在10%的水平上显著不同于0。这些
结果表明股票市场对货币贬值的平均反应是负面的。但是反应变动的幅度很
大。例如,各个事件发生前一天的累积超额收益率的标准差为7.21%,其中,
2001年2月土耳其里拉贬值的累积超额收益率为−42.85%,而1998年8月俄
罗斯卢布贬值的累积超额收益率为9.24%。因此,股票市场对货币贬值的反
应国与国之间差异很大。在下一节里,我们将探讨引起这些变动的可能的
因素。

同样有趣的一点是,货币贬值宣布日前的许多天里,累积超额收益率显著为负的事实说明:货币贬值通常发生在股票市场下跌期间。举例来说,宣布日前三个月的时间里(-90,-1),累积超额收益率是-9.14%。反过来说,这也可以解释为股票市场通常可以预测到货币贬值,货币贬值宣布日前的负的累积超额收益率恰巧反映了这一预期。这一结果在不同国家里差异也很大。例如,墨西哥1994年12月在此窗口期间(-90,-1)内比索贬值前的累积超额收益率是-26.30%,意大利1985年8月里拉贬值的相同窗口期间累积超额收益率为26.98%。接下来,我们将解释在更长窗口期间内围绕货币贬值,股票市场收益率的情况。

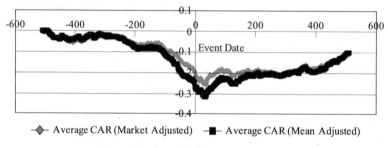

图3-7　货币贬值期间的累积超额收益率

平均累积超额收益率的图形绘制在图3-7中。图中,累积超额收益率的变化趋势证实了货币贬值对一国股票市场指数收益率的负面影响以及在贬值日前负的超额收益率。我们的贬值宣布日前后(-1,+1)的时间窗口内的累积超额收益率的平均值是-3.11%,这一结果与威尔逊等(2000)对墨西哥货币危机研究结果的-2.87%可以相互佐证。累积超额收益率的计算也表明货币贬值期间所产生的负值在事件发生一年后会发生反转。例如,窗口期(+255,+510)的累积超额收益率是4.85%。这一反转的原因可能是一国的出口在货币贬值后有所改善。对发展中国家来说,它也可能表明中央银行和国际组织的修补努力。但威尔逊等(2000)发现墨西哥的股票市场并没有预测到货币贬值,在货币贬值前的窗口期内,股票市场的收益率尽管为负但却不显著。

正如前面所阐明的,各国股票市场对于货币贬值宣布期内的反应是非常不同的。以下的部分中,我们将检验那些宏观经济变量会解释不同国家里累积超额收益率的不同变化。

五、货币贬值和宏观经济变量

经济理论表明货币贬值通常与出口增长、进口下降和实际汇率贬值(例如,卡明斯基和莱因哈特,1999;卡明斯基,2006)密切相关。表 3-27 的面板 A 报告了我们用来解释货币贬值对股票市场影响的主要宏观经济变量的统计值。在表 3-27 的面板 B 中,我们检验了围绕货币贬值宣布日的累积超额收益率与货币贬值幅度和几个宏观经济变量之间的相关系数。我们取货币贬值宣布日前后 4 个季度为研究窗口期。同预想的一样,我们发现,大幅度的货币贬值与大幅度的进口减少、大幅度的出口增加和实际汇率的贬值息息相关。这样一来,我们的研究结果和基本的经济理论是吻合的。

表 3-27　变量的基本统计值、股票累积超额收益率和解释变量之间的横截面相关性
面板 A:变量的基本统计值

变量	均值	标准差	样本
累积超额收益率(-1,+1)	-0.031	0.086	85
累积超额收益率(-255,+255)	-0.270	1.715	85
累积超额收益率(-30,+30)	-0.095	0.315	85
贬值幅度	0.077	0.107	85
浮动	0.094	0.294	85
幅宽	0.047	0.213	85
发展中	0.459	0.501	85
外汇储备增长$_{t-5,t-1}$	-0.051	0.253	83
外汇储备$_{-1}$/国民生产总值$_{t-1}$	0.300	0.404	81
实际汇率增长率	0.103	0.811	78
通货膨胀$_{t-1}$	0.051	0.191	83
债务$_{t-1}$/外汇储备$_{t-1}$	2.139	1.507	28
利息$_{t-1}$/外汇储备$_{t-1}$	0.665	0.471	28
短期/长期债务$_{t-1}$	0.229	0.133	28

变量	均值	标准差	样本
(资本账户$_{t-1}$-资本账户$_{t-5}$)/国民生产总值$_{t-1}$	-0.000	0.005	45
(赤字$_{t-1}$-赤字$_{t-5}$)/国民生产总值$_{t-1}$	-0.040	0.225	60
信用评级	61.911	23.185	82
外国直接投资$_{t-1}$/外汇储备$_{t-1}$	-0.035	0.046	66

面板 B：货币贬值期间变量的相关系数

	累积超额收益率(-1,+1)	累积超额收益率(-255,+255)	累积超额收益率(-30,+30)	贬值幅度	出口增长	进口增长	国民生产总值增长	外汇储备增长	M1增长	实际汇率增长
累积超额收益率(-1,+1)	1.00									
累积超额收益率(-255,+255)	0.32	1.00								
累积超额收益率(-30,+30)	0.51	0.74	1.00							
贬值幅度	-0.46	-0.06	0.28	1.00						
出口增长	0.09	0.31	0.15	0.20	1.00					
进口增长	0.06	-0.06	0.07	-0.28	0.49	1.00				
国民生产总值增长	0.01	-0.04	-0.01	0.01	0.28	0.57	1.00			
外汇储备增长	-0.09	-0.04	-0.07	-0.13	0.16	0.20	0.35	1.00		
M1增长	-0.09	0.50	0.15	0.62	0.25	-0.16	0.40	0.12	1.00	
实际汇率增长	-0.12	-0.45	-0.28	-0.06	-0.09	0.24	0.28	0.09	-0.41	1.00

注：本表报告各个变量的基本统计量和变量之间的相关关系。宏观经济变量的增长率定义为事件前四季度到事件后四季度。实际汇率的正增长表示外币相对于美元贬值。

我们接下来通过回归的方法解释货币贬值对于股票市场的影响。由于我们的宏观经济变量表现出异方差性，我们使用了可行的广义最小二乘回归估计。这样一来，受变化幅度影响的自变量就被包括到异方差的修正中。我们建模时，把误差项的方差定义为 $\sigma^2 = \exp(Z'\gamma)$，其中 Z 是自变量矩阵，$\gamma$ 是对应的参数矩阵。

　　表 3-28 到表 3-31 中的面板 A 报告了货币贬值宣布日前后一天(-1,+1)窗口内的累积超额收益率回归结果。因为在大多数情况下,货币贬值至少部分被预测到,且货币贬值的影响似乎是长期的,我们在表 3-28 到表 3-31 的面板 B 中检验了围绕货币贬值宣布日前后各 30 天(-30,+30)的累积超额收益率。

　　进行这项研究遇到的一个困难是,并不是在所有国家中都能获得所需要的所有宏观经济变量数据。我们使用尽量多的观测值来进行回归,并且会讨论可能产生的选择偏见问题。

表 3-28　股票累积超额收益率的横截面变化

面板 A:累积超额收益率回归(-1,+1)

变量	回归 1A	回归 2A
常数	-0.002 (0.320)	0.006 (0.999)
贬值幅度	-0.427*** (4.614)	-0.290*** (3.039)
浮动		-0.003 (0.064)
幅宽		-0.003 (0.147)
发展中		-0.033*** (2.648)
样本数目	85	85
调整后的 R^2	0.204	0.203

面板 B:累积超额收益率回归(-30,+30)

变量	回归 1B	回归 2B
常数	-0.031 (1.103)	0.011 (0.500)
贬值幅度	-0.872** (2.423)	0.056 (0.162)
浮动		0.107 (0.942)

续表

变量	回归 1B	回归 2B
幅宽		0.263 (1.244)
发展中		−0.274*** (3.223)
样本数目	85	85
调整后的 R^2	0.067	0.176

注:本表报告 GLS 回归结果。因变量是股票累积超额收益率。解释变量见文中详细定义。括号里的
数字是 t 统计量的绝对值。符号 *、** 和 *** 依次表示在 10%、5% 和 1% 统计水平上显著。面板 A
报告窗口为(−1,+1)的股票累积超额收益率的回归结果。面板 B 报告窗口为(−30,+30)的股票
累积超额收益率的回归结果。

表 3-28 的面板 A 报告了用货币贬值幅度作为唯一解释变量的回归结果。如果一国以本币计值的股票市场市值没有变化,预计的相关系数应为−1;如果以美元计值的股票市值没有变化,相关系数应为 0。回归 1A 和我们其他的大多数对累积超额收益率的回归结果表明,这一相关系数的值−0.427,在 5% 的水平下显著不等于 0 或−1。

在回归 2A 中,我们增加了三个虚拟变量。如果货币贬值的宣布同时伴随着宣布汇率转向浮动汇率制,则虚拟变量"浮动"为 1;如果货币贬值的宣布同时包含着汇率变化幅度的增加,则虚拟变量"幅宽"为 1;如果货币贬值国家是发展中国家,则虚拟变量"发展中"为 1。无论是"浮动"还是"幅宽",在常规的统计水平下,这两个虚拟变量都不显著;相比发达国家,当宣布货币贬值时,"发展中"的系数表现出显著的大幅下降。

表 3-28 的面板 B 展示了相似的回归结果,这一窗口期是货币贬值宣布日的前后各 30 天。回归 1B 再一次展示了 0 到−1 之间的相关系数,这一次,这一相关系数更接近−1。这表明,货币贬值对股票市场的冲击在较长的时间里负面影响更大。当其他的虚拟变量被加到回归 2B 中,再一次的"发展中"这一虚拟变量显著为负。但是,货币贬值幅度的系数不再显著。

接下来我们将分析,与政府政策密切相关的三个宏观经济变量的冲击在固定汇率制下可能会有所不同。克鲁格曼(1979),弗拉德和加伯(1984),奥伯斯特菲尔德(1994)的模型与卡明斯基和莱因哈特(1999)的实证研究发现,

外汇储备的增长率、实际汇率的增长率(正的增长率代表外国货币相对于美元的实际贬值)和通货膨胀率都可能与货币贬值相关。如果政府政策的实施是在固定汇率制的情景下,表现出来的结果会是外汇储备降低、通货膨胀率增加和实际汇率增加(实际的外汇贬值)。

表3-29　货币贬值和宏观经济变量的关系

面板A:累积超额收益率回归(-1,+1)

变量	回归3A	回归4A	回归5A	回归6A	回归7A
常数	0.008 (1.316)	0.006 (0.787)	0.007 (1.037)	0.006 (0.928)	0.011 (1.032)
贬值幅度	-0.377*** (5.405)	-0.314*** (3.623)	-0.337*** (3.905)	-0.310*** (3.639)	-0.489*** (4.540)
发展中	-0.029*** (2.764)	-0.027 (1.406)	-0.026 (1.397)	-0.035* (1.950)	-0.028 (1.500)
外汇储备增长$_{t-5,t-1}$	-0.010 (0.608)				-0.016 (0.542)
外汇储备/国民生产总值		-0.003 (0.231)			0.001 (0.046)
实际汇率增长$_{t-5,t-1}$			-0.028** (2.204)		-0.011 (0.962)
通货膨胀$_{t-1}$				0.073 (0.780)	0.051 (0.514)
样本数目	83	81	78	83	75
调整后的R^2	0.176	0.174	0.225	0.194	0.266

面板B:累积超额收益率回归(-30,+30)

变量	回归3B	回归4B	回归5B	回归6B	回归7B
常数	0.002 (0.096)	0.035 (1.318)	0.027 (1.032)	0.034 (1.319)	0.053* (1.850)
贬值幅度	-0.644** (2.066)	-0.488 (1.506)	-0.470 (1.179)	-0.291 (0.906)	-0.992*** (4.229)
发展中	-0.151** (2.314)	-0.184*** (2.819)	-0.186*** (2.953)	-0.184*** (3.398)	-0.114** (2.342)
外汇储备增长$_{t-5,t-1}$	-0.217** (2.571)				-0.202*** (3.034)

续表

变量	回归 3B	回归 4B	回归 5B	回归 6B	回归 7B
外汇储备/国民生产总值		-0.048 (1.064)			-0.057 (1.085)
实际汇率增长$_{t-5,t-1}$			$-0.104**$ (2.244)		$-0.095***$ (3.807)
通货膨胀$_{t-1}$				$-0.643***$ (8.612)	$-0.660***$ (10.791)
样本数目	83	81	78	83	75
调整后的 R^2	0.203	0.183	0.337	0.297	0.511

注:本表报告 GLS 回归结果。因变量是股票累积超额收益率。解释变量见文中详细定义。括号里的
数字是 t 统计量的绝对值。符号 *、** 和 *** 依次表示在 10%、5% 和 1% 统计水平上显著。面板 A
报告窗口为(-1,+1)的股票累积超额收益率的回归结果。面板 B 报告窗口为(-30,+30)的股票
累积超额收益率的回归结果。

表 3-29 的面板 A 里的回归 3A 和 4A 展示了外汇储备对股票市场的影响。外汇储备以货币贬值宣布前的 4 个季度窗口里的增长率来衡量,或者以货币贬值宣布前一个季度内的外汇储备与国民生产总值的比值来衡量。这两种方法都不能表明外汇储备与股票市场围绕货币贬值宣布日短时期内累积超额收益率的变化有关系。在表 3-29 的面板 B 中的回归 3B 和 4B 考虑了更长时间的 60 天的事件窗口。在这一窗口下,高的外汇储备增长导致了股票市场收益率更大的下降。这一结果出乎我们的意料,因为在固定汇率制下,高的外汇储备应该导致的股票市场收益的下降较小。

表 3-29 的面板 A 中的回归 5A 考虑的是实际外汇增长在货币贬值宣布日前的 4 个季度时间窗口里,对股票市场累计超额收益率的影响。在这一时间窗口里,较大的实际外汇增长率明显与股票市场的收益率负相关。这表明,在有较大的外汇贬值的国家里,货币贬值的经济冲击更为严重。在表 3-29 的面板 B 中的回归 5B 中,使用了 60 天的时间窗口。在这一窗口期间,实际汇率的增长与股票市场的收益率也呈负相关关系。这样对有着更高的过去实际汇率贬值的国家来说,货币贬值事件意味着股票市场价格更大幅度的下跌。

表 3-29 的面板 A 中的回归 6A 考虑了宣布货币贬值前一个季度内的通货膨胀率对股票市场的影响,但是这一回归结果表明通货膨胀率与股票市场的收益率短时期内并不显著相关。回归 7A 把以上的 4 个变量都包含了进

去,结果在较短时间窗口里使用较小的样本进行回归发现这 4 个变量都不显著。在较长的 60 天的时间窗口的回归 6B 中,前一个季度的通货膨胀与股票市场的收益率有显著的负相关关系。回归 7B 也包含了回归 7A 中的 4 个变量,且回归 7B 中变量的系数大部分显著,并且调整后的 R^2 高达 51%。

很多作者包括克鲁格曼(1998),柯塞蒂等(1999)和凯恩(2000),都认为道德风险是货币突然贬值的原因。这些作者认为,大幅度的债务投资有可能获得当地政府或国际货币基金组织的隐形担保,与此相伴的是过度投资。

还有一种假设源自于代蒙德(Diamond)和迪布维格(Dybvig1983)。这种假设认为如果资产和债务的存续期极端的不匹配,流动性的自我满足有可能发生。在这种情况下,投资者们对于当地机构偿还他们债务的能力失去了信心,流动性需求突然出现,导致资金的短缺和经济实体的收缩。这一假设与以上的道德风险假设都指出,一个经济体债务的规模对货币贬值的幅度至关重要。弗曼(Furman)和斯蒂格利茨(Stiglitz1998)以及罗德里克(Rodrik)和贝拉斯科(Velasco1999)曾利用短期债务流动和外汇储备的比率来解释危机的严重性。

表 3-30　货币贬值和国家债务的关系
面板 A:累积超额收益率回归(-1,+1)

变量	回归 8A	回归 9A	回归 10A	回归 11A
常数	-0.072*** (4.007)	-0.083*** (4.948)	-0.054** (2.055)	-0.062* (1.737)
贬值幅度	-0.019 (0.154)	-0.005 (0.029)	0.173 (1.536)	-0.048 (0.182)
通货膨胀$_{t-1}$	-0.146*** (5.337)	-0.110* (1.838)	-0.147 (1.524)	-0.079 (0.842)
短期债务$_{t-1}$/外汇储备$_{t-1}$	0.014 (1.585)			-0.019 (0.653)
利息$_{t-1}$/外汇储备$_{t-1}$		0.049*** (4.017)		0.073 (0.987)
短期/长期债务$_{t-1}$			0.000 (0.001)	0.031 (0.293)

续表

变量	回归 8A	回归 9A	回归 10A	回归 11A
样本数目	28	28	28	28
调整后的 R^2	−0.032	−0.014	−0.052	−0.171

面板 B：累积超额收益率回归（−30，+30）

变量	回归 8B	回归 9B	回归 10B	回归 11B
常数	−0.277*** (2.897)	−0.212*** (2.756)	−0.120 (0.877)	−0.409* (1.820)
贬值幅度	−0.100 (0.177)	−0.004 (0.007)	0.560 (1.148)	0.315 (0.796)
通货膨胀$_{t-1}$	−0.777 (1.518)	−0.689*** (8.534)	−0.637*** (5.656)	−0.894** (2.304)
短期债务$_{t-1}$/外汇储备$_{t-1}$	0.089** (2.035)			0.203*** (2.880)
利息$_{t-1}$/外汇储备$_{t-1}$		0.116 (0.891)		−0.299 (1.086)
短期/长期债务$_{t-1}$			−0.542 (1.458)	−0.023 (0.045)
样本数目	28	28	28	28
调整后的 R^2	0.096	−0.002	−0.017	0.016

注：本表报告 GLS 回归结果。因变量是股票累积超额收益率。解释变量见文中详细定义。括号里的数字是 t 统计量的绝对值。符号 *、** 和 *** 依次表示在 10%、5% 和 1% 统计水平上显著。面板 A 报告窗口为（−1，+1）的股票累积超额收益率的回归结果。面板 B 报告窗口为（−30，+30）的股票累积超额收益率的回归结果。

　　在表 3-30 中，我们考虑了衡量一国债务的三种方法以及它们是如何在货币贬值期间与股票市场的下降相联系的。我们特别考虑了短期债务与国际外汇储备的比率、债务应付利息与国际外汇储备的比率，以及短期和长期债务比率，这三种衡量方法的时间窗口都是货币贬值宣布日前一个季度。前两个变量可以有效衡量债务的规模，而第三个变量可以作为长期与短期债务不匹配的变量。我们的数据来自于世界银行，这一数据只包括了发展中国家，因此我们的分析也只局限于发展中国家。我们把"发展中"这一虚拟变量从回归中去掉。但是,由于通货膨胀在表3-29的面板B中显著,我们把这一变量包括进来作为控制变量。由于数据的局限,在这一分析中,我们只有28个观测样本,因此需要谨慎解释研究结果。

表3-30的面板A中的研究结果表明,债务变量中只有债务利息与外汇储备的比率这一变量单独回归时在5%的水平上显著,但是却有一个与预计不相符的正的符号。当所有的与债务相关的变量被考虑时,这些变量没有一个统计显著。表3-30的面板B考虑了在更长的时间窗口里,这些变量与股票市场收益率的联系。我们发现,只有短期债务与外汇储备比率这一变量显著,再一次地出现了一个意料之外的正的符号。综上所述,我们没能发现证据表明债务变量明显影响股票市场对货币贬值的反应。

表3-31　货币贬值和资本流动的关系
面板 A:累积超额收益率回归(-1,+1)

变量	回归 12A	回归 13A	回归 14A	回归 15A
常数	0.005 (0.717)	0.002 (0.317)	0.034 (0.802)	0.012 (1.532)
贬值幅度	-0.426*** (3.508)	-0.009 (0.078)	-0.463*** (4.606)	-0.367*** (3.725)
发展中	-0.041* (1.823)	-0.026 (1.445)	-0.033 (1.363)	-0.039** (2.148)
实际汇率增长$_{t-5,t-1}$	-0.009 (1.044)	-0.010 (0.749)	-0.028*** (3.204)	-0.017 (1.441)
通货膨胀$_{t-1}$	0.114* (1.805)	0.024 (1.262)	0.126* (1.768)	-0.023 (0.299)
(资本账户$_{t-1}$-资本账户$_{t-5}$)/ 国民生产总值$_{t-1}$	3.159*** (4.878)			
(赤字$_{t-1}$-赤字$_{t-5}$)/国民生产总值$_{t-1}$		-0.027* (1.745)		
Log 信用评级			-0.000 (0.728)	
外国直接投资$_{t-1}$/外汇储备$_{t-1}$				0.103 (1.381)
样本数目	44	54	74	65

续表

变量	回归 12A	回归 13A	回归 14A	回归 15A
调整后的 R^2	0.317	−0.011	0.398	0.216

面板 B:累积超额收益率回归(−30,+30)

变量	回归 12B	回归 13B	回归 14B	回归 15B
常数	−0.005 (0.185)	0.034 (1.131)	0.336 (1.647)	0.085*** (3.035)
贬值幅度	−0.689 (1.342)	−0.225 (0.590)	−0.332 (0.845)	−0.444 (1.292)
发展中	−0.165 (1.344)	−0.256*** (3.764)	−0.272*** (2.732)	−0.227*** (3.214)
实际汇率增长$_{t-5,t-1}$	−0.039 (0.812)	−0.020 (1.320)	−0.084 (1.431)	−0.071 (1.328)
通货膨胀$_{t-1}$	−0.562*** (4.252)	−0.652*** (8.936)	−0.739*** (8.729)	−0.631*** (8.222)
(资本账户$_{t-1}$−资本账户$_{t-5}$)/ 国民生产总值$_{t-1}$	13.385*** (2.760)			
(赤字$_{t-1}$−赤字$_{t-5}$)/国民生产总值$_{t-1}$		−0.063 (1.376)		
Log 信用评级			−0.004 (1.512)	
外国直接投资$_{t-1}$/外汇储备$_{t-1}$				0.979* (1.850)
样本数目	44	54	74	65
调整后的 R^2	0.580	0.513	0.428	0.545

注:本表报告 GLS 回归结果。因变量是股票累积超额收益率。解释变量见文中详细定义。括号里的数字是 t 统计量的绝对值。符号 *、** 和 *** 依次表示在 10%、5% 和 1% 统计水平上显著。面板 A 报告窗口为(−1,+1)的股票累积超额收益率的回归结果。面板 B 报告窗口为(−30,+30)的股票累积超额收益率的回归结果。

表 3−31 考虑了许多测量资本流动的方法,包括资本账户的变动和国民生产总值的比率、赤字的变动和国民生产总值的比率、一个国家的信用评级的对数形式和外国直接投资和外汇储备的比率。在回归中,我们包含了货币贬值的幅度、发展中国家虚拟变量,实际外汇增长、通货膨胀率等变量作为控制

变量。回归 12A 和 12B 考虑资本账户的变动与国民生产总值的比率,我们发现在长期和短期的时间窗口中,这一变量与股票市场围绕货币贬值所产生的收益率的变动显著相关。这一结果与卡明斯基和莱因哈特(1999)的预期相吻合,也就是说,资本账户较大幅度的减少与股票市场围绕货币贬值期间市值较大幅度的降低有关。

与此相类似,回归 13A 和 13B 考虑的是赤字变动与国民生产总值的比率作为解释变量的情况。与资本账户的回归结果一致,较大的赤字增长与股票市场围绕货币贬值期间较大的市值下降有关,但这一结果只在短期时间窗口里显著。在没有报告的回归中,我们还检测了赤字规模与国民生产总值的比率作为变量的情况,但是发现在两个窗口期间它们都不显著。

在回归 14A 和 14B 中,我们考虑在货币贬值前一国的信用评级作为衡量一国借债能力的变量如何在货币贬值期间影响一国的经济。但是我们发现信用评级(或者是信用评级的对数形式)不管在哪个窗口中围绕货币贬值对股票收益率的影响都不显著。

最后,我们考虑外国直接投资与外汇储备的比率在货币贬值期间对股票市场的影响。一些作者(例如,柯塞蒂等,1999;弗曼和斯蒂格利茨,1998;拉德勒特和萨克斯,1998;以及罗德里克和贝拉斯科,1999)指出,债务和股市的流动可以潜在地导致金融脆弱。在这个例子中,较高的外国直接投资与货币贬值时负的股市收益率相关连。与此相反的是,贝卡尔特(Bekaert)和哈维(Harvey2003),亨利(Henry2003)以及其他的作者指出,金融自由以及与之相应的股市流动并不与增加的波动性相关。回归 15A 和 15B 表明,高的股市流动与股票市场在货币贬值期间较大幅度的下跌不相关。事实上,外国直接投资在这两个回归中都有正的系数,并且系数在 60 天的窗口中在 10% 的水平下统计显著。

乔瑞(1990),帕特罗(Patro2002)等和其他作者认为,外汇敞口可能随着进出口的变化而变化,因此较大的出口可能对股票市场的收益率在货币贬值期间有较大的正面影响。而较大的进口可能对股票市场在货币贬值期间有较大的负面影响。但是,当我们把进口与国民生产总值的比率和出口与国民生产总值的比率包括到超额收益率的回归中时,这两个变量都不显著。这可能是由于在货币贬值期间其他的因素更为重要,或者是由于我们的样本没能很好检测到它们的影响。为了节省空间,这些研究结果没有出现在本文中。

六、结　论

　　本文研究了一国的股票市场对中央银行宣布货币贬值的反应。我们的分析表明,当地股票市场通常能预测到货币贬值,甚至在货币贬值宣布日前一年的时间里,股票市场的超额收益率显著为负。这一下降的趋势在首次宣布货币贬值后持续达255天,之后则反转上升,出现向上的趋势。

　　参照货币贬值的理论文献,我们进行了围绕货币贬值时股票市场的超额收益率和国家主要宏观经济指标之间的关系的横截面研究。我们发现,一国股票市场的收益率在应对较大幅度的货币贬值时下跌较大,这一结果在发展中国家更为显著。进一步讲,在货币贬值期间,如果通货膨胀率高,或者实际汇率在前期贬值较大,或者资本账户下降幅度较大,股票市场的下跌会更为剧烈。以上的研究结果也许能为中央银行和国际投资者提供有益参考。

参考文献

一、英文

Adler, M., and Dumas, B., 1984, "Exposure to Currency Risks: Definition and Measurement", *Financial Management*, Vol. 13(1), pp. 41-50.

Adler, M., and Dumas, B., 1983, "International Portfolio Choices and Corporation Finance: a Synthesis", *Journal of Finance*, Vol. 38, pp. 925-984.

Aggarwal, R., X.Y. Chen, and J. Yur-Austin, 2011, "Currency Risk Exposure of Chinese Corporations", *Research In International Business and Finance* 25(3), pp. 266-276.

Arize, A. C., 1995, "The Effects of Exchange-Rate Volatility on US Exports: An Empirical Investigations", *Southern Economic Journal*, 62, 1, pp. 34-44.

Arrau, P.J., De Gregorio, J., Reinhart, C., Wickham, P., "The Demand for Money in Developing Countries: Assessing the Role of Financial Innovation", *Journal of Development Economics*, 46, 1995, pp. 317-340.

Asness, C., 2003. "Fight the Fed Model: the Relationship Between Future Returns and Stock and Bond Market Yields", *Journal of Portfolio Management* 30, pp. 11-24.

Asseery, A., and Peel, D. A., 1991, "The effect of Exchange Rate Volatility on Experts: Some New Estimates", *Economic Letters*, 37, pp. 173-177.

Asso, F., Kahn, G., Leeson, R., 2007, "The Taylor Rule and the Transformation of Monetary Policy", *Federal Reserve Bank of Kansas City RWP*, pp. 07-11.

Bacchetta, P. and E. V. Wincoop, 2000, "Does Exchange-Rate Stability Increase Trade and Welfare?", *Quarterly Journal of Economics*, pp. 1093-1109.

Bae, S.C., Kwon, T.H. and Li M., 2008, "Foreign Exchange Rate Exposure and Risk Premium in International Investments: Evidence from American Depositary Receipts", *Journal of Multinational Financial Management*, Vol. 18(1), pp. 165-179.

Bailey, M.J., Tavlas, G.S., & Ulan, M., 1987, "The Impact of Exchange Rate Volatility on Export Growth: Some Theoretical Considerations and Empirical Results", *Journal of Policy Modeling* 9, 225-44.

Baker, Malcolm and Jeffrey Wurgler, 2004, "Appearing and disappearing dividends: The link to catering incentives", *Journal of Financial Economics*, Volume 73, Issue 2, August, pp.

271-288.

Baker, Malcolm and Jeffrey Wurgler, 2006, "Investor Sentiment and the Cross-Section of Stock Returns", *The Journal of Finance*, Vol. 61, Issue 4.

Bartov, E., and G.M., Bodnar, 1994, "Firm Valuation, Earnings Expectations, and the Exchange Rate Exposure Effect", *Journal of Finance* 49, pp. 1755-1785.

Baxter, M., King, R., 1999, "Measuring Business Cycles: Approximate Band-pass Filters for Economic Time Series", *Review of Economics and Statistics* 81, pp. 585-593.

Bekaert, Geert, and Campbell R. Harvey, 2003, "Emerging Markets Finance", *Journal of Empirical Finance*, Vol. 10, pp. 3-56.

Bennett T., McCallum, 1997, "The New Neoclassical Synthesis and the Role of Monetary Policy", NBER Macroeconomics Annual, Cambridge.

Benson, K.L.and Faff, R.W., 2003, "Exchange Rate Sensitivity of Australian International Equity funds", *Global Finance Journal*, Vol.14 (1), pp. 95-120.

Benson,K.L. and Faff, R.W., 2004, "The Relationship between Exchange Rate Exposure, Currency Risk Management and Performance of International Equity Funds", *Pacific-Basin Finance Journal*,Vol.12 (1), pp. 333-357.

Bernanke, B.,Kuttner, K., 2005, "What Explains the Stock Market's Reaction to Federal Reserve Policy?", *Journal of Finance* 60, pp. 1221-1257.

Bernanke, B.S., and Gertler, M., 1995, "Inside the Black Box: The Credit Channel of Monetary Policy Transmission", *Journal of Economic Perspective* 9, pp.27-48.

Bernard, A., and Jensen, J.B., 2004, "Why Some Firms Export", *The Review of Economics and Statistics*, May 2004, 86(2): pp.561-569

Bernstein, Richard, andSatya D. Pradhuman, 1994, "A Major Change in Our Work II: 'Sell Side' Indicator Gives a 'Buy' Signal", *Merrill Lynch Quantitative View point* (December 20):1-4.

Bigman, D., Goldfarb, D., and Schetchman, E., 1983, "Futures Market Efficiency and the Time Content of the Information Sets", *Journal of Futures Markets* 3, pp. 321-334.

Bleaney M. and Greenaway, D., 2001, "The Impacts of Terms of Trade and Real Exchange Rate Volatility on Investment and Growth in Sub-Sahara Africa", *Journal of Development Economics*, 65, pp. 491-500.

Blinder, A., Reis, R., 2005, "Understanding the Greenspan Standard in the Greenspan Era: Lessons for the Future", *Proceedings of the 2005 Jackson Hole Symposium*, pp. 11-96.

Bodart V. and P. Reding, 2001, "Do Foreign Exchange Markets Matter for Industry Stock Returns? An Empirical Investigation", Catholic University of Lou vain working paper.

Bodnar, G.M., and M. H. Franco Wong, 2003, "Estimating Exchange Rate Exposures: Issues in Model Structure", *Financial Management* 32(1), pp. 35-67.

Bodnar, G.M., and W.M., Gentry, 1993, "Exchange Rate Exposure and Industry Characteristics: Evidence from Canada, Japan and the USA", *Journal of International Money and Finance* 12, pp. 29-45.

Boudt, K., F. Liu and P. Sercu, 2012, "Equities' Exposures to Currencies: Beyond the Loglinear Model", Working paper.

Boyd, J., Hu, J., Jagannathan R., 2005, "The Stock Markets' Reaction to Unemployment News: Why Bad News is Usually Good for Stocks", *Journal of Finance* 60, pp. 649-672.

Branson W. H., 1983, "Macroeconomic Determinants of Real Exchange Risk-in Managing Foreign Exchange Risk", Cambridge University Press, pp. 103-120.

Brown, Gregory W. and Michael T. Cliff, 2004, "Investor Sentiment and the Near-term Stock Market", *Journal of Empirical Finance*, Volume 11, Issue 1, pp. 1-27.

Brown, Gregory W. and Michael T. Cliff, 2005, "Investor Sentiment and Asset Valuation", *The Journal of Business*, Vol. 78, No. 2, pp. 405-440.

Brown, Stephen J. and Jerold B. Warner, 1980, "Measuring Security Price Performance", *Journal of Financial Economics*, Vol. 8, pp. 205-258.

Calvo, G.A., Reinhart, C.M., 2002, "Fear of Floating", *Quarterly Journal of Economics*, pp.379-408.

Calvo, G.A., Leiderman, "Capital Inflows and Real Exchange Rate Apperception in Latin America", IMF working paper.

Campbell, J., 1987, "Stock Returns and the Term Structure", *Journal of Financial Economics* 18, pp.373-399.

Campbell, J., Thompson S., 2008, "Predicting the Equity Premium Out of Sample: Can Anything Beat the Historical Average?" *Review of Financial Studies* 21, pp.1509-1531.

Campbell, J., Vuolteenaho, T., 2004, "Inflation Illusion and Stock Prices", *American Economic Review* 94, pp. 19-23.

Chamberlain, S., Howe, J. and Popper, H., 1997, "The Exchange Rate Exposure of US and Japanese Banking Institutions", *Journal of Banking and Finance*, Vol. 21 (1), pp. 871- 892.

Choi, J.J., Prasad, A.M., 1995, "Exchange Risk Sensitivity and its Determinants: Arm and Industry Analysis of US Multinationals", *Financial Management* 24, pp. 77-88.

Chou, W. L., 2000, "Exchange Rate Variability and China's Exports", *Journal of Comparative Economics*, 28, pp. 61-79.

Chou, W. L. and Shih, Y.C., 1998, "The Equilibrium Exchange Rate of the Chinese Renminbi", *Journal of Comparative Economics*, 26, pp. 165-174.

Chue, T.K., and D. Cook, 2008, "Emerging Market Exchange Rate Exposure", *Journal of Banking and Finance* 32(7), pp. 1349-1362.

Clarida, J., Gali, J., and Gerher, M., 1999, "The Science of Monetary Policy: A New Keynesian Perspective", *Journal of Economic Literature*.

Clarida, R., Gali J., Gertler, M., 1998, "Monetary Rules in Practice: Some International Evidence", *European Economic Review* 42, pp. 1033-1067.

Clark, P. B., 1973, "Uncertainty, Exchange Rate Risk, and the Level of International Trade", *Western Economic Journal*, 11, pp. 302-313.

Clark, T., McCracken, M., 2001, "Tests of Equal Forecast Accuracy and Encompassing for Nested Models", *Journal of Econometrics* 105, pp. 671-110.

Clark, T., West K., 2006, "Using Out-of-sample Mean Squared Prediction Errors to Test the Martingale Difference Hypothesis", *Journal of Econometrics* 135, pp. 155-186.

Clark, T., West K., 2007, "Approximately Normal Tests for Equal Predictive Accuracy in Nested Models", *Journal of Econometrics* 138, pp. 291-311.

Cooper, I., Priestley R., 2008, "Time-varying Risk Premiums and the Output Gap", *Review of Financial Studies* 22, pp. 2801-2833.

Corsetti, Giancarlo, Paolo A. Pesenti and Nouriel Roubini, 1999, "What Caused the Asian Currency and Financial Crisis?" *Japan and the World Economy*, Vol. 11, pp. 305-373.

Côté, A., 1994, "Exchange Rate Volatility and Trade: A Survey", Working Paper 94-5, Bank of Canada.

Crowder, W., 2006, "The Interaction of Monetary Policy and Stock Returns", *Journal of Financial Research* 29, pp. 523-535.

Cushman, D.O., 1983, "The Effects of Real Exchange RateRisk on International Trade". *Journal of International Economics* 15 (1-2), pp. 45-63.

Cushman, D.O., 1986, "Has Exchange Rate Risk Depressed International Trade? The Impact of Third-country Exchange Risk", *Journal of International Money and Finance* 5 (3), pp. 361-379.

Cushman, D.O., 1988, "U.S. Bilateral Trade Flows and Exchange Risk during the Floating Period", *Journal of International Economics* 24 (3-4), pp. 317-330.

De Amico, S., Farka, M., 2003, "The Fed and Stock Market: A Proxy and Instrumental Variable Identification", Manuscript, Columbia University.

De Grauwe, P., 1988, "Exchange Rate Variability and the Slowdown in Growth of International Trade", *International Monetary Fund Staff Papers*, 35, pp. 63-84.

De Jong, A., J.Ligterink, and V. Macrae, 2006, "A Firm-specific Analysis of the Exchange-rate Exposure of Dutch Firms", *Journal of International Financial Management and Accounting* 17, pp. 1-28.

Dellas, H., and Zilberfarb, B., 1993, "Real Exchange Rate Volatility and International Trade: A Reexamination of the Theory", *Southern Economic Journal*, 59 (4), pp. 641-647.

Diamond, Douglas and Philip Dybvig, 1983, "Bank Runs, Deposit Insurance, and Liquidity", *Journal of Political Economy*, Vol. 91, pp. 401-419.

Diebold, F., Mariano R., 1995, "Comparing Predictive Accuracy", *Journal of Business and Economic Statistics* 13, pp. 253-263.

Doong, Shuhchyi, Shengyung Yang, and Alan T. Wang, 2005, "The Dynamic Rrelationship between Pricing of Stocks and Exchange Rates: Empirical Evidence from Asian E-merging Markets", *Journal of American Academy of Business*, 7 (9): pp. 118 - 123.

Dornbursh R. and S. Fischer, 1980, "Exchange Rates and the Current Account", *American Economic Review*, Vol. 70(5): pp. 960-971.

Doukas, J.A., P. H. Hall, and H. P. Lang, 2003, "Exchange Rate Exposure at the Firm and Industry Level", *Financial Markets, Institutions & Instruments* 12(5), pp. 291-346.

Edwards, S., 1988, "Exchange Rate Misalignment in Developing Countries", The Johns Hopkins University Press, Baltimore.

Edwards, Sebastian, 1988, "Real and Monetary Determinants of Real Exchange Rate Behavior: Theory and Evidence from Developing Countries", *Journal of Development Economics*, Nov 29, pp. 311-341.

Edwards, Sebastian. 1988, "Real and Monetary Determinants of Real Exchange Rate Behavior: Theory and Evidence from Developing Countries", *Journal of Development Economics*, Nov 29, 3: pp. 311-341.

Engel, C., Mark N., West K., "Exchange Rate Models Are Not As Bad As You Think", NBER Macroeconomics Annual 2007, pp. 381-441.

Engel, C., West K., 2005, "Exchange Rate and Fundamentals", *Journal of Political Economy* 113, pp. 485-517.

Engel, C., West K., 2006. "Taylor Rules and the Deutschmark-dollar Real Exchange Rates", *Journal of Money, Credit and Banking* 38, pp. 1175-1194.

Engle, R., and Granger, C., 1987, "Co-integration and Error Correction: Representation, Estimation, and Testing", *Econometrica* 55, pp. 251-276.

Fama, E., French K., 1989, "Business Conditions and Expected Returns on Stocks and Bonds", *Journal of Financial Economics* 25, pp. 23-49.

Ferreira, M. Santa-Clara, P., 2010, "Forecasting Stock Market Returns: The Sum of the Parts Is More Than the Whole", NBER working paper series, 2010.

Ferson, Wayne and Campbell R. Harvey, "The Risk and Predictability of International Equity Returns", *Review of Financial Studies*, Vol. 6, 1993, pp. 527-566.

Fisher, Kenneth L. and Meir Statman, 2000, "Investor Sentiment and Stock Returns", *Financial Analysts Journal*, Vol.56, No.2, pp. 16-23.

Fisher, Kenneth L. and Meir Statman, 2003, "Consumer Confidence and Stock Returns",

Journal of Portfolio Management, Vol. 30, Issue 1, pp. 115-128.

Flood, Robert and Peter Garber, "Collapsing Exchange Rate Regimes: Some Linear examples", *Journal of International Economics*, Vol. 17, 1984, pp. 1-13.

Frankel and Rose, 1996, "Currency Crashes in Emerging Markets: An Emperical Treatment", *Journal of International Economics*, 41, pp. 351-366.

Frankel J.A., "Monetary and Portfolio-balance Models of Exchange Rates Determination in Economic Interdependence and Flexible Exchange Rates", MIT Press, 1983: pp. 205-226.

Frankel, Jeffrey A. and Andrew K. Rose, "Currency Crashes In Emerging Markets: Empirical Indicators", *Journal of International Economics*, Vol. 41, 1996, pp. 351-366.

Frankel, Jeffrey, and Shang-Jin Wei, 1994, "Yen Bloc or Dollar Bloc: Exchange Rate Policies of the East Asian Economics, in Macroeconomics Linkages", University of Chicago.

Funke, M., "Inflation in Mainland China: Modeling a Roller Coaster Ride", *Pacific Economic Review*, Volume 11, Issue 4, December 2006, pp. 413-429.

Furman, Jason and Joseph E. Stiglitz, "Economic Crises: Evidence and Insights from East Asia", *Brookings Papers on Economic Activity*, Vol. 2, 1998, pp. 11-35.

Gali and Gertler, "Inflation Dynamics: A Structural Econometric Analysis", *Journal of Monetary Economics*, 1999.

Gali, "New Perspectives on Monetary Policy, Inflation, and the Business Cycle", NBER working paper.

Gao, T., 2000, "Exchange Rate Movements and the Profitability of US Multinationals", *Journal of International Money and Finance* 19, 117-134.

Garten, J. E., 2003, "How China is Threatening a Global Recovery?" *Economic Viewpoint*, Asia Week, p. 11.

Ghosh, Atish R., Anne-Marie Gulde, Jonathan D. Ostry and Holger C. Wolf, 1997, "Does the Nominal Exchange Rate Regime Matter?", NBER Working Paper, No. 5874.

Giovannini, A., 1988, "Exchange Rate and Traded Goods Price", *Journal of International Economics*, 24, pp. 45-68.

Glen, Jack, 2002, "Devaluations and Emerging Stock Market Returns", *Emerging Markets Review*, Vol. 3, pp. 409-428.

Goldstein, Morris, 2002, "Managed Floating Plus", *Policy Analyses in International Economics*, No. 66, Institute for International Economics, Washington, March.

Gopinath, Shyamala, 2005, "Foreign Exchange Regulatory Regimes in India: From Control to Management", *Reserve Bank of India*, http://www.rbi.org.in/secS.

Goto, S., Valkanov R., 2002, "The Feds Effect on Excess Returns and Inflation is Bigger Than You Think", Working paper, Anderson School of Management, University of California, Los Angeles.

Goyal, A., Welch I., 2008, "A Comprehensive Look at the Empirical Performance of Equity Premium Pprediction", *Review of Financial Studies*, 21, pp. 1455–1508.

Greene, W.H., 2003, *Econometrics Analysis*, Fifth Edition, McGraw Hill, New York.

Grin, J.M., and R.M.Stulz, 2001, "International Competition and Exchange Rate Shocks: A Cross-country Industry Analysis of Stock Returns", *Review of Financial Studies*, 14, pp. 215–241.

Hasan, S. and Myles Wallace, 1996, "Real Exchange Rate Volatility and Exchange Rate Regimes: Evidence from Long-term Data", *Economics Letters*, 52, pp. 67–73.

Hau, H., and H. Rey, 2006, "Exchange Rates, Equity Prices, and Capital Flows", *The Review of Financial Studies*, 19(1), pp. 273–317.

Hausman, J., and Wongswan, J., 2011, "Global Asset Prices and FOMC Announcements", *Journal of International Money and Finance*, 30, pp. 547–571.

He, J., and L.K. Ng, 1998, "The Foreign Exchange Exposure of Japanese Multinational Corporations", *The Journal of Finance*, 53(2), pp. 733–753.

Heiden, S., C. Klein, and B. Zwergel, 2011, "Beyond Fundamentals: Investor Sentiment and. Exchange Rate Forecasting", *European Financial Management*.

Henry, Peter B., 2003, "Capital Account Liberalization, the Cost of Capital, and Economic Growth", *American Economic Review*, Vol. 93, pp. 91–96.

Hernandez, Leonardo and Peter Montiel, 2001, "Post-Crisis Exchange Rate Policy in Five Asian Countries: Filling in the Hollow Middle?", IMF Working Paper.

Hinke, L.E. and Montiel, P.J., 1999, "Exchange Rate Misalignment: Concepts and Measurement for Developing Countries", Oxford University Press, New York.

Hodrick, R., Prescott, E., 1997, "Postwar U.S. Business Cycles: An Empirical Investigation", *Journal of Money, Credit, and Banking*, 29, pp. 1–16.

Huang Haizhou and Shuilin Wang, 2004, "Exchange Rate Regimes: China's Experience and Choices", *China Economic Review*, Volume 15, Issue 3, pp. 336–342.

Huston, E. and Driscoll, A., 2010, "Firm-level Exchange Rate Exposure in the Eurozone", *International Business Review*, Vol. 19(1), pp. 468–478.

Inoue, A.,Kilian, L., 2004, "In-Sample or Out-of-Sample Tests of Predictability: Which One Should We Use?", *Econometric Reviews*, 23, pp. 371–402.

Inoue, A., Rossi, B., 2011, "Out-of-sample Forecast Tests Robust to the Window Size Choice", Working paper, Duke University.

International Monetary Fund, 1984, "Exchange Rate Volatility and World Trade", IMF Occasional Papers, No.28, International Monetary Fund, Washington, DC.

Jiang, L.,Molodtsova, T., 2012, "Stock Return Predictability with Taylor Rule Fundamentals", Working paper, Tshinghua University.

Jiang, L., Molodtsova, T., 2012, "Out-of-Sample Exchange Rate Predictability with Taylor Rule Fundamentals", *Journal of International Economics*, 77, pp. 167-180.

Jiang, L., Xiang, J., 2012, "Stock Return Predictability with Taylor Rule Fundamentals: Interactions between US and China", Working paper, Tshinghua University.

Jones, Charles, 2001, "ACentury of Stock Market Liquidity and Trading Costs", Working paper, Columbia University.

Jorion, P., 1990, "The Exchange Rate Exposure of US Multinationals", *Journal of Business*, Vol. 63(1), pp. 331- 345.

Jorion, P., 1991, "The Pricing of Exchange Rate Risk in the Stock Market", *Journal of Financial and Quantitative Analysis*, 26, pp. 363-376.

Kainsky, Lizondo, Renhart, 1998, "Leading Indicators of Currency Crises", IMF Working paper.

Kaminsky, 1998, "Currency and Banking Crises: The Early Warning of Distress", *International Finance Discussion Papers*, No 629, Board of Governors of The Federal Reserve System, October.

Kaminsky, Graciela L. and Carmen Reinhart, 1999, "The Twin Crises: Causes of Banking and Balance-of-Payments Problems", *American Economic Review*, Vol. 89, pp. 473-500.

Kaminsky, Graciela L., 2006, "Currency Crises: Are They All the Same?", *Journal of International Money and Finance*, Vol. 25, pp. 503-527.

Kanas A., 2000, "Volatility Spillovers between Stock Returns and Exchange Rate Changes: International Evidence", *Journal of Business Finance Accounting*, 27 (3), pp. 447 - 467.

Kane, Edward, 2000, "Capital Movements, Banking Insolvency, and Silent Runs in the Asian Financial Crisis", *Pacific-Basin Finance Journal*, Vol. 8, pp. 153-175.

Kenen, P. B., and Rodrick, D., 1986, "Measuring and Analyzing the Effects of Short-run Volatility in Real Exchange Rates", *Review of Economic Statistics*, 68, pp. 311-315.

Khoo, A., 1994, "Estimation of Foreign Exchange Exposure: An Application to Mining Companies in Australia", *Journal of International Money and Finance*, 13, pp. 342-363.

Kilian, L., 1999, "Exchange Rates and Monetary Fundamentals: What Do We Learn from Long-horizon Regressions?" *Journal of Applied Econometrics*, 14, pp. 491- 510.

Kim, Yoonbai and Yung-Hsiang Ying, "An Empirical Assessment of Currency Devaluation in East Asian Countries", *Journal of International Money and Finance*, Vol. 26, pp. 265-283.

Kiymaz, H., 2003, "Estimation of Foreign Exchange Exposure: An Emerging Market Application", *Journal of Multinational Financial Management*, 13, pp. 71-84.

Klein, M., 1990, "Sectoral Effects of Exchange Rate Volatility on United States Exports", *Journal of International Money and Finance*, 9, pp. 299-308.

Kohli, Renu, 2000, "Reak Exchange Rate Stabilisation and Managed Floating: Exchange

Rate Policy in India", *Journal of Asian Economics*, Vol.14 Issue 3.

Kolari, J., Moorman, T. and Sorescu, S. M., 2008, "Foreign Exchange Risk and the Cross-section of Stock Returns", *Journal of International Money and Finance*, Vol. 27(2), pp. 1074–1097.

Koutmos, G. and Martin, A., 2003, "Asymmetric Exchange Rate Exposure: Theory and Evidence", *Journal of International Money and Finance*, Vol. 22(1), pp. 365–383.

Krugman, 1979, "A Model of Balance of Payment Crises", *Journal of Money, Credit, and Banking*, 11, pp. 311–325.

Krugman, Paul, 1998, "What Happened to Asia"? mimeo, MIT.

Kumar, Alok and Charles M.C. Lee, 2006, "Retail Investor Sentiment and Return Comovements", *The Journal of Finance*, Volume 61, Issue 5, pp. 2451–2486.

Kumhof, M., 2004, "Sterilization of Short-term Capital Inflows—Through Lower Interest Rates?", *Journal of International Money and Finance*, 23, pp. 1209–1221.

Lal, Deepak, Suman Bery, Devendra Kumar Pant, 2003, "The Real Exchange Rate, Fiscal Deficits and Capital Flows: India: 1981–2000", *Economic and Political Weekly*, Vol.38 Issue 47.

Lander, J., Orphanides, A., Douvogiannis, M., 1997, "Earnings, Forecasts and the Predictability of Stock Returns: Evidence from Trading the S&P", *Journal of Portfolio Management*, 23, pp. 24–35.

Lee, J., 1999, "The Effect of Exchange Rate Volatility on Trade in Durables", *Review of International Economics*, 7 (2), pp. 189–201.

Lee, J. and Shin, K., 2000, "The Role of a Variable Input in the Relationship between Investment and Uncertainty", *American Economic Review*, 90, pp. 667–680.

Lee, Wayne Y, Christine X Jiang, Daniel CIndro, 2002, "Stock Market Volatility, Excess Returns, and the Role of Investor Sentiment", *Journal of Banking & Finance*, Volume 26, Issue 12, pp. 2277–2299.

Li, Jie., 2011, "A Monetary Approach to the Exchange Market Pressure Index Under Capital Control", *Applied Economics Letters*, pp. 1305–1309.

Loudon, G., 1993, "The Foreign Exchange Operating Exposure of Australian Stocks", *Accounting and Finance*, Vol.32(1),pp. 19–32.

Maasoumi, E., Racine, J., 2002, "Entropy and Predictability of Stock Market Returns", *Journal of Econometrics*, 107, pp. 291–312.

Mark, N., 1995, "Exchange Rates and Fundamentals: Evidence on Long-horizon Predictability", *American Economic Review*, 85, pp. 201–218.

Mark, N., 2009, "Changing Monetary Policy Rules, Learning and Real Exchange Rate Dynamics", *Journal of Money, Credit, and Banking*, 41, pp. 1047–1070.

McCracken, M., 2007, "Asymptotics for Out of Sample Tests of Granger Causality", *Journal of Econometrics*, 140, pp. 719-752.

McElroy, M., 1977, "Goodness of Fit for Seemingly Unrelated Regressions: Glahn's R2 and Hooper's R2", *Journal of Econometrics*, 6, pp. 381-387.

Merton, R. C., 1980, "On Estimating the Expected Return on the Market: An Exploratory Investigation", *Journal of Financial Economics*, Vol.8 (1), pp. 323-361.

Miller, K. and Reuer, J., 1998, "Firm Strategy and Economic Exposure to Foreign Exchange Rate Movements", *Journal of International Business Studies*, Vol. 29(1), pp.493-513.

Modigliani, F., Cohn, R., 1979, "Inflation, Rational Valuation, and the Market", *Financial Analysts Journal*, XXXV, pp. 24-44.

Molodtsova, T., Nikolsko-Rzhevskyy A., Papell D., 2008, "Taylor Rules with Real-time Data: A Tale of Two Countries and One Exchange Rate", *Journal of Monetary Economics*, 55, pp. S63-S79.

Molodtsova, T., Papell D., 2009, "Out-of-Sample Exchange Rate Predictability with Taylor Rule Fundamentals", *Journal of International Economics*, 77, pp. 167-180.

Neal, Robert and Simon M. Wheatley, 1998, "Do Measures of Investor Sentiment Predict Returns?", *Journal of Financial and Quantitative Analysis*, 33, pp. 523-547.

Nelson, C.R. and Plosser, C.I., 1982, "Trends and Random Walks in Macroeconomic Time Series: Some Evidence and implications", *Journal of Monetary Economics*, 10.

Obstfeld, Maurice, 1994, "The Logic of Currency Crisis", *Cahiers Economiques et Monetaires*, Vol. 43, pp. 189-213.

Officer, R. R., 1973, "The Variability of the Market Factor of the New York Stock Exchange", *Journal of Business*, Vol. 46(1), pp. 434-453.

Patelis, A., 1997, "Stock Return Predictability and the Role of Monetary Policy", *Journal of Finance*, 52, pp. 1951-1972.

Patell, James M., 1976, "Corporate Forecasts of Earnings Per Share and Stock Price Behavior: Empirical Tests", *Journal of Accounting Research*, Vol. 14, pp. 246-274.

Patro, Dilip K., John K. Wald and Yangru Wu, 2002, "Explaining Exchange Rate Risk in World Stock Markets: A Panel Approach", *Journal of Banking and Finance*, Vol. 26, pp. 1951-1972.

Philip L. Brock, 1989, "Reserve Requirements and the Inflation Tax", *Journal of Money, Credit and Banking*, Vol. 21, No. 1, pp. 106-121

Piazzesi, M., and Swanson, E.T., 2008, "Futures Prices as Risk-adjusted Forecasts of Monetary Policy", *Journal of Monetary Economics*, 55, pp. 677-691.

Poole, W., Rasche, R., and Thornton, D., 2002, "Market Anticipations of Monetary Policy Actions", *Federal Reserve Bank of St. Louis Review*, 84, pp. 65-93.

Prasad, A. andRajan, M., 1995, "The Role of Exchange and Interest Risk in Equity Valuation: A Comparative Study of International Stock Markets", *Journal of Economics and Business*, Vol. 47(1), pp. 457-472.

Quan, J., 1992, "Two-step Testing Procedure for Price Discovery Role of Futures Prices", *Journal of Futures Markets* 12, pp. 139-149.

Radelet, Steven, and Jeffrey Sachs, "The East Asian Financial Crisis: Diagnosis, Remedies, Prospects", *Brookings Papers on Economic Activity*, Vol. 1, 1998, pp. 1-74.

Rapach, D., Wohar, M., 2006, "In-sample vs. Out-of-sample Tests of Stock Return Predictability in the Context of Data Mining", *Journal of Empirical Finance* 13, pp. 231- 247.

Ray B. Dawn and GangShyy, 1999, "Foreign Exchange Rate Fluctuations and Macroeconomic", *Exchange rate policies in emerging Asian countries*.

Richards, A. J., 1996, "Volatility and Predictability in National Stocks Markets: How Do Emerging and Mature Markets Differ?", *IMF Staff Papers*, Vol.43(1), pp. 451-501.

Rigobon, R., Sack, B., 2004, "The Impact of Monetary Policy on Asset Prices", *Journal of Monetary Economics* 51, pp. 1553-1575.

Rodrik, Dani and Andres Velasco, 1999, "Short-term Capital Flows", mimeo, Harvard University.

Rogoff, K., Stavrakeva V., 2008, "The Continuing Puzzle of Short Horizon Exchange Rate Forecasting", National Bureau of Economic Research Working Paper 14071.

Rudebusch, G.D., 1998, "Do Measures of Monetary Policy in a VAR Make Sense?", *International Economic Review* 39, pp. 907-931.

Sache, Tornell, Velaso, 1996, "Financial Crises in Emerging Markets: the Lessons from 1995", *Brookings Papers on Economic Activity*, 1, pp. 147-198.

Sauer, C. and Bohara, A. K., 2001, "Exchange Rate Volatility and Exports: Regional Differences Between Developing and Industrialized Countries", *Review of International Economics*, 9 (1), pp.133-152.

Schaling, Eric, 1995, "Institutions and Monetary Policy: Credibility, Flexibility, and Central Bank Independence", Book (ISBN 185898162X).

Scheibe, J. and Vines, D., 2005, "A Phillips Curve for China", CEPR Discussion Papers 4957.

Schmeling, Maik, 2007, "Investor Sentiment, Herd-like Behavior and Stock Returns: Empirical Evidence from 18 Industrialized Countries", Working paper.

Sekkat K. and Varoudakis, A., 2000, "Exchange Rate Management and Manufactured Exports in Sub-Sahara Africa", *Journal of Development Economics*, 61, pp. 237-253.

Seyhun, H. Nejat, 1998, "Investment Intelligence from Insider Trading", Cambridge, MA: MIT Press.

Silvana, T., 2007, "On the Trade Impact of the Nominal Exchange Rate Volatility", *Journal of Development Economics* 82, pp. 485-508

Solt, Michael E. and Meir Statman, 1988, "How Useful is the Sentiment Index?", *Financial Analysts Journal*, Vol.44, No.5, pp. 45-55.

Stulz, Rene M., 1981, "On the Effects of Barriers to International Asset Pricing", *Journal of Finance*, Vol. 25, pp. 783-794.

Swanson, P. E. and Tsai, P. J., 2005, "Closed-end Country Funds and the Role of Exchange Rates in Pricing and in Determination of Premiums and Discounts", *Journal of Economics and Business*, Vol. 57(1), pp. 388-410.

Tanya, M., ANikolsko-Rzhevskyy, D. Papell, 2008. "Taylor Rules and the Euro", *Journal of Money, Credit, and Banking*, March-April 2011, pp. 535-552.

Taylor, J., 1993, "Discretion Versus Policy Rules in Practice", *Carnegie-Rochester Conference Series on Public Policy* 39, pp. 195-214.

Taylor, M.P., Sarno, 2001, "Official Intervention in the Foreign Exchange Market: Is it Effective and, if so, How Does it Work", *Journal of Economic Literature*, pp. 839-868

Thomas, J., Zhang F., 2008, "Don't Fight the Fed", Unpublished manuscript. Yale University.

Thorbecke, W., 1997, "On stock Market Returns and Monetary Policy", *Journal of Finance* 52, pp. 635-654.

Wang, T., and Wu, J.,2006, "Central Bank Communications and Equity ETFs", *Journal of Futures Markets* 26, pp. 959-995.

Watson, M., 2007, "How Accurate are Real-time Estimates of Output Trends and Gaps?", *Federal Reserve Bank of Richmond Economic Quarterly* 93, pp. 143-161.

West, K., 1996, "Asymptotic Inference About Predictive Ability", *Econometrica* 64, pp. 1067-1084.

Weymark, 1995, D.N, "Estimating Exchange Market Pressure and the Degree of Exchange Market Intervention for Canada", *Journal of International Economics*, 39, pp. 273-95

Whaley, Robert E ., 2000, "The Investor Fear Gauge", *The Journal of Portfolio Management*, Spring, Vol. 26, No. 3: pp. 12-17.

Williamson, John, 2000, "Crawling Bands or Monitoring Bands: How to Manage Exchange Rates in a World of Capital Mobility", *International Finance*,Vol.1.

Williamson, John,2000, "Exchange Rate Regimes for Emerging Markets: Reviving the Intermediate Option", Washington, D.C.: Institute for International Economics.

Williamson, R.G., 2001, "Exchange Rate Exposure and Competition: Evidence from the Automotive Industry", *Journal of Financial Economics* 59, pp. 441-475.

Wilson, Berry, Anthony Saunders, and Gerard Caprio, Jr., "Financial Fragility and

Mexico's 1994 Peso Crisis: an Event-window Analysis of Market-valuation effects", *Journal of Money Credit and Banking*, Vol. 32, 2000, pp. 450-473.

Wong, T.C., Wong, J. and Leung, P., 2009, "The Foreign Exchange Exposure of Chinese Banks", *China Economic Review*, Vol. 20(1), pp. 174-182.

Zhang, C., Osborn D. and Kim D., 2008, "The New Keynesian Phillips Curve: from Sticky Inflation to Sticky Prices", *Journal of Money, Credit and Banking*, 40, pp. 667-699.

Zhang, Z., 2001, "Real Exchange Rate Misalignment in China: An Empirical Investigation", *Journal of Comparative Economics*, 29, pp. 80-94.

二、中文

安辉、黄万阳:《人民币汇率水平和波动对国际贸易的影响:基于中美和中日贸易的实证研究》,《金融研究》2009 年第 10 期。

曹红辉、王琛:《东亚的汇率制度选择与人民币战略》,《经济研究参考》2007 年第46 期。

曹阳、李剑武:《人民币实际汇率水平与波动对进出口贸易的影响:基于 1980—2004 年的实证研究》,《世界经济研究》2006 年第 8 期。

陈六傅、钱学锋、刘厚俊:《人民币实际汇率波动风险对我国各类企业出口的影响》,《数量经济与技术经济研究》2007 年第 7 期。

陈平、熊欣:《进口国汇率波动与中国出口的实证分析》,《国际金融研究》2002 年第6 期。

陈其安、赖琴云:《基于盈利能力分类的中国股票市场收益与投资者情绪实证研究》,《企业经济》2010 年第 9 期。

陈学民:《含有利率因素的国内外期铜市场联动性》,《现代管理科学》2011 年第 7 期。

陈云、何秀红:《人民币汇率波动对我国 HS 分类商品出口的影响》,《数量经济技术经济研究》2008 年第 3 期。

陈哲、钱小牧、韩文琰:《汇改以来人民币升值对我国贸易结构影响的实证研究》,《时代金融》2011 年第 4 期(下旬)。

程昆、刘仁和:《投资者情绪与股市的互动研究》,《上海经济研究》2005 年第 11 期。

戴道华:《马来西亚联系汇率何去何从》,《国际金融研究》2005 年第 3 期。

邓立立:《新兴市场经济体汇率制度选择的趋势与启示》,《财经问题研究》2005 年 6 月第 6 期(总第 259 期)。

邓桑、杨朝军:《汇率制度改革后中国股市与汇市关系——人民币名义汇率与上证综合指数的实证研究》,《金融研究》2007 年第 12 期。

丁剑平、王君:《中国和印度对资本项目开放的探索和比较》,《世界经济研究》2002 年第 1 期。

丁悦:《浮动汇率下的埃及进出口贸易》,《阿拉伯世界》2003 年第 5 期(总第 88 期)。

丁振：《基于 VAR 模型的美元汇率对国内铝期货价格的影响》，《现代商贸工业》2009年第 2 期。

丁志国、苏治：《投资者情绪、内在价值估计与证券价格波动——市场情绪指数假说》，《管理世界》2005 年第 2 期。

董小君：《金融风险预警机制研究》，经济管理出版社 2002 年版。

封福育、梅国平：《人民币汇率变动的价格传递效应研究——基于中国 2002—2008 年的经验分析》，《统计与信息论坛》2009 年第 10 期。

封建强、袁林：《我国外汇储备增长与物价波动研究》，《经济科学》2000 年第 6 期。

高海霞、陈建超、何鲁冰：《汇率波动与证券市场价格波动的传递机制》，《统计与决策》2007 年第 22 期。

高扬：《人民币升值对国内外大宗商品价格影响的分析》，《中国物价》2008 年第 9 期。

谷宇、高铁梅：《人民币汇率波动性对中国进出口影响的分析》，《世界经济》2007 年第 10 期。

何道隆、晏世经：《印度抵御住了东南亚金融风暴的冲击》，《南亚研究季刊》1998 年第 4 期。

黄新飞、舒元：《基于 VAR 模型的 FDI 与中国通货膨胀的经验分析》，《世界经济》2007 年第 10 期。

黄志龙：《钉住汇率制向浮动汇率制的转换：智利案例研究》，《拉丁美洲研究》2005 年第 5 期。

黄志龙：《智利汇率制度市场化的进程及其启示》，《中国金融》2005 年第 15 期。

景学成：《国际化战略框架的思考》，《国际金融》2012 年第 4 期。

李广众、Lan P. Voon：《实际汇率错位、汇率波动性及其对制造业出口贸易影响的实证分析：1978—1998 年平行数据研究》，《管理世界》2004 年第 11 期。

李培育、余明：《外汇储备、汇率波动和货币政策操作——台湾案例分析》，《金融研究》2004 年 1 月。

李扬：《在浮动汇率制下对汇率实施干预：智利的经验及其启示》，《中国金融》2007 年第 8 期。

李元旭：《界定"新兴市场"》，《国际贸易》2000 年第 3 期。

林梅：《印度尼西亚金融危机及其对经济的影响》，《南洋问题研究》1998 年第 2 期。

刘莉：《马来西亚盯住汇率制的可持续性研究》，《金融观察》2008 年第 1 期。

刘庆富、王海民：《期货市场与现货市场之间的价格研究——中国农产品市场的经验》，《财经问题研究》2006 年第 4 期。

刘仁和、陈柳钦：《股市投资者情绪及其预测》，《学术交流》2005 年第 8 期。

刘荣茂、黎开颜：《我国外汇储备对通货膨胀影响的实证分析》，《中国农业大学学报》2005 年第 1 期。

刘昕：《信息不对称与 H 股折价关系的定量研究》，《财经研究》2004 年第 4 期。

刘兴华:《马来西亚的盯住汇率制:背景、原因与发展趋势》,《东南亚》2002 年第 2 期。

刘遵义:《下一个墨西哥在东亚吗？联合国世界经济秋季会议报告》,1995 年。

卢向前、戴国强:《人民币实际汇率波动对我国进出口的影响:1994 — 2003》,《经济研究》2005 年第 5 期。

吕江林、李明生、石劲:《人民币升值对中国股市影响的实证分析》,《金融研究》2007 年第 6 期。

马洪雨、康耀坤:《证券市场不同发展模式的政府证券监管》,《中南大学学报(社会科学版)》2011 年第 1 期。

潘红宇:《汇率波动率与中国对主要贸易伙伴的出口》,《数量经济与技术经济研究》2007 年第 2 期。

裴平、吴金鹏:《论人民币内外价值偏离》,《经济学家》2006 年 1 月。

彭民、孙彦彬:《国际石油期货价格与美元指数动态关系的实证研究》,《中国石油大学学报(社会科学版)》2009 年第 3 期。

饶育蕾、刘达峰:《行为金融学》,上海财经大学出版社 2003 年版。

申卫平:《金融全球化与汇率制度选择》,《人民日报》2002 年 7 月 13 日。

施利敏、温彬、扈文秀:《汇率与农产品期货价格关系研究》,《中央财经大学学报》2009 年第 12 期。

舒家先、谢远涛:《人民币汇率与股市收益的动态关联性实证研究》,《技术经济》2008 年第 2 期。

宋承国:《当代中国期货市场发展的特点与评价》,《中国经济史研究》2012 年第 1 期。

唐旭、张伟:《论建立中国金融危机预警系统》,《经济学动态》2002 年第 6 期。

唐衍伟:《我国期货市场的波动性与有效性》,《财贸研究》2004 年第 1 期。

王晋斌、李南:《中国汇率传递效应的实证分析》,《经济研究》2009 年第 4 期。

王美今、孙建军:《中国股市收益、收益波动与投资者情绪》,《经济研究》2004 年第 10 期。

王维安、白娜:《A 股与 H 股价格差异的实证研究》,《华南金融研究》2004 年第 2 期。

王一茸、刘善存:《投资者情绪与股票收益:牛熊市对比及中美比较》,《北京航空航天大学学报:社会科学版》2001 年第 1 期。

王永茂、宋金奇:《基于 VAR 模型的外汇储备对通货膨胀的影响研究——兼论汇率价格传递效应》,《工业技术经济》2009 年第 1 期。

王宇:《巴西退出钉住汇率制度的经验教训》,《中国金融》2005 年第 15 期。

王宇:《波兰汇率制度的渐进改革》,《金融信息参考》2003 年第 11 期。

王宇雯:《人民币实际有效汇率及其波动对我国出口结构的影响:基于 ARDL—ECM 模型的实证研究》,《数量经济与技术经济研究》,2009 年。

吴文峰、刘太阳、吴冲锋:《上海与伦敦期铜市场之间的波动溢出效应研究》,《管理工程学报》2004 年第 3 期。

吴文锋、朱云、吴冲锋、芮萌:《B 股向境内居民开放对 A、B 股市场分割的影响》,《经济研究》2002 年第 12 期。

夏天、程细玉:《国内外期货价格及国内价格关系的研究》,《金融研究》2006 年第 2 期。

晓闻:《巴西金融危机的由来、实质与走向》,《经济纵横》1999 年第 3 期。

胥良:《印度部分资本项目管理现状及对我国的借鉴》,《上海金融》2005 年第 1 期。

薛斐:《我国投资者情绪指数选择的实证检验》,《世界经济情况》2005 年第 14 期。

姚余栋、张文:《巴西的外汇管理》,《中国金融》2012 年第 12 期。

仪垂林、王家琪:《天气、季节性情绪混乱与股票收益——基于上证综合指数的研究》,《统计与决策》2005 年第 6 期。

余珊萍:《汇率波动对我国出口影响的实证研究》,《东南大学学报(哲学社会科学版)》2005 年第 2 期。

袁宜:《资本项目开放中的汇率安排——印度的经验及对我国的启示》,《世界经济研究》2005 年第 6 期。

张碧琼、李越:《汇率对中国股票市场的影响是否存在:从自回归分布滞后模型(从自回归分布滞后模型(ARDL-ecm)得到的证明》,《金融研究》2002 年第 7 期。

张明亮:《多重汇率制初探》,《国际金融研究》1992 年第 7 期。

张秋:《金融危机后马来西亚盯住汇率制评估》,《亚太经济》2004 年第 2 期。

张书云:《Granger 因果检验用法探讨》,《数理统计与管理》2009 年第 3 期。

张元萍、孙刚:《金融危机预警系统的理论透析与实证分析》,《国际金融研究》2003 年第 10 期。

周浩、朱启贵:《外汇储备快速增加与物价指数变动》,《财经科学》2006 年 6 月。

附　　录

附录 1　2001 年 4 月至 2012 年 1 月行业汇率风险系数回归结果

行业	β_{ix}	T-statistic	F-statistic	R^2
农业	0.583728	1.187357	1.409818	0.010979
建筑业	0.543507	0.223694	0.295400	0.002321
纺织服装	−0.522844	−1.141854	1.303831	0.010162
商业	−0.281122	−0.740885	0.548910	0.004304
综合行业	−0.498599	−1.202317	1.445567	0.011254
文化传媒	−0.138757	−0.298032	0.088823	0.000699
电子	−0.386163	−0.842658	0.710073	0.005560
机械设备	−0.150155	−0.439065	0.192778	0.001516
金融服务	0.335474	0.961542	0.924562	0.007227
食品饮料	−0.133765	−0.365155	0.133338	0.001049
木材家具	−0.375764	−0.656166	0.430554	0.003379
信息技术	0.116144	0.319402	0.102018	0.000803
制造业	−0.119194	−0.391042	0.152914	0.001203
医药生物	0.212695	0.475585	0.226181	0.001778
金属非金属	−0.052574	−0.161452	0.026067	0.000205
采掘业	−0.454692	−1.453754	2.113402	0.016369
石油化工	−0.211644	−0.543892	0.295818	0.002324
其他制造业	−0.197884	−0.430519	0.185347	0.001457
造纸印刷	−0.198442	−0.520287	0.270699	0.002127
公用事业	0.530078	**1.659080**	**2.752546**	0.021214
房地产	−0.182254	−0.391011	0.152889	0.001202

行业	β_{ix}	T-statistic	F-statistic	R^2
社会服务	−0.220388	−0.587355	0.344985	0.002709
交运仓储	0.005574	0.020264	0.000411	0.000003

资料来源:WIND 资讯;Eviews 方法:Least Squares;样本数:129。

附录 2　2005 年 8 月至 2012 年 1 月行业汇率风险敞口回归结果

行业	β_{ix}	T-statistic	F-statistic	R^2
农业	0.668218	0.872213	0.760755	0.009911
建筑业	0.184169	0.286725	0.082211	0.001081
纺织服装	−1.185645	**−1.650089**	**2.722792**	0.034587
商业	−0.671373	−1.141566	1.303173	0.016858
综合行业	−0.673292	−1.031292	1.063563	0.013801
文化传媒	0.060762	0.089308	0.007976	0.000105
电子	−0.533685	−0.772742	0.597130	0.007796
机械设备	−0.378471	−0.702405	0.493373	0.006450
金融服务	0.267868	0.602560	0.363078	0.004755
食品饮料	−0.381387	−0.666451	0.444157	0.005810
木材家具	−0.379981	−0.474187	0.224853	0.002950
信息技术	0.191083	0.351330	0.123432	0.001621
制造业	−0.303696	−0.625599	0.391374	0.005123
医药生物	0.065954	0.092957	0.008641	0.000114
金属非金属	−0.109838	−0.210642	0.044370	0.000583
采掘业	−0.833772	**−1.802961**	**3.250670**	0.041018
石油化工	−0.363019	−0.579489	0.335807	0.004399
其他制造业	−0.592604	−0.848255	0.719537	0.009379
造纸印刷	−0.422160	−0.711453	0.506166	0.006616
公用事业	0.900153	**1.780718**	**3.170956**	0.040052
房地产	−0.564577	−0.774941	0.600533	0.007840
社会服务	−0.501310	−0.861189	0.741646	0.009664
交运仓储	0.256798	0.602170	0.362608	0.004749

资料来源:WIND 资讯;Eviews;样本数:78。

附录3　国家和事件日期目录

国家	事件日期							
阿根廷	1/6/88	8/4/88	2/8/89	4/5/89	5/3/89	12/10/89	12/27/89	1/4/02
澳大利亚	12/10/83							
比利时	2/23/82	3/21/83	4/6/86	1/11/87				
巴西	1/15/89	5/4/89	7/3/89	9/30/91	3/6/95	6/22/95	1/13/99	
智利	1/6/88	6/9/89						
中国	12/16/89	11/18/90	1/1/94					
哥伦比亚	6/28/89	9/2/98						
捷克	5/27/97							
丹麦	3/21/83	4/6/86						
芬兰	10/8/82	5/16/86	11/15/91					
法国	10/4/81	1/15/82	3/21/83	4/6/86				
德国	10/4/81	1/15/82	3/21/83	4/6/86	1/11/87			
希腊	3/14/98							
香港	9/29/88							
匈牙利	3/21/89	1/7/91	11/8/91	6/8/93	9/29/93	2/16/94	6/13/94	8/5/94	1/3/95
	3/12/95	7/15/88						
印度	7/3/91							
印度尼西亚	8/14/97							
爱尔兰	3/21/83	8/3/86	1/30/93	3/15/98				
以色列	12/28/88	1/1/89	6/23/89	3/2/90	11/8/92			
意大利	3/22/81	10/4/81	1/15/82	6/13/82	3/21/83	7/23/85	8/5/85	1/5/90	9/13/92
约旦	10/1/88							
卢森堡	3/21/83							
马来西亚	7/3/97	7/15/97						
墨西哥	11/18/87	12/15/87	5/28/90	12/20/94				
荷兰	10/4/81	1/15/82	2/23/82	3/21/83	4/6/86	1/11/87		
新西兰	7/18/84							
挪威	5/12/86	12/10/92						
巴基斯坦	7/16/93	7/23/93	10/29/95	9/10/96	10/23/96	10/15/97	6/28/98	
秘鲁	3/11/88	6/27/88	11/23/88	1/31/89	3/3/89	3/30/89	6/8/89	

续表

国家	事件日期							
菲律宾	10/31/90	7/12/97						
波兰	2/1/88	5/8/89	5/16/89	5/22/89	9/28/89	10/30/89	11/6/89	1/1/90	1/1/90
	5/17/91	2/25/92	8/30/93	2/25/98	4/11/00			
葡萄牙	6/14/82	3/23/83	6/23/83	11/23/92	5/13/93	3/5/95		
俄罗斯	11/1/89	8/17/98						
新加坡	7/17/97							
西班牙	12/5/82	9/18/92	11/23/92	5/13/93	3/5/95			
斯里兰卡	6/21/00	1/15/01						
瑞典	10/8/82	11/20/92						
泰国	7/1/97							
土耳其	2/22/01							
委内瑞拉	10/30/88	2/16/89	12/11/95					

附录4   中文文献关于 A-B 股和 A-H 股股票溢价的研究

因素	假设	原因设想	解释变量
投资限制	+	投资限制越大,有效需求越少,价格越低	
相对成本	+	成本越大,需求越少,价格越低	税收、交易成本
相对信息不对称程度	+	外国投资者信息不足,要求较高的信息不对称补偿,因此价格较低	规模变量,如股本、注册资金等。信息变量,如媒体曝光次数等
相对流动性	−	外资股市场流动性低,要求较高流动性溢价,因此价格较低	流通股数、交易量
投资者相对投机程度	+	国外投资者相对理性,价格泡沫较少	价格波动性
体制因素	+	国家控制越紧,折价越高	国有股比例
汇率风险(人民币贬值预期)	+	人民币贬值预期越大,外国投资者预期损失越大,折价越大	远期汇率
相对需求弹性	−	国外投资者对中国股票有相对弹性的需求,而国内投资者对中国股票的需求弹性小,企业可以对中国投资者实施价格歧视,价格较高	替代品数量(B 股的替代品是 H 股和红筹股)

因素	假设	原因设想	解释变量
地域偏好		B股、H股市场中国外投资者可能偏好于 H股	
相对系统风险	+	市场的系统风险越大,要求的风险溢价越 高,价格越低	β

责任编辑:宋军花　陈　登

封面设计:吴燕妮

图书在版编目(CIP)数据

金融开放进程中人民币汇率若干问题研究/中央财经大学中国金融发展
　研究院 著. -北京:人民出版社,2013.9
ISBN 978 - 7 - 01 - 012079 - 9

Ⅰ.①金…　Ⅱ.①中…　Ⅲ.①人民币汇率-研究　Ⅳ.①F832.63

中国版本图书馆 CIP 数据核字(2013)第 091410 号

金融开放进程中人民币汇率若干问题研究

Lssues of RMB Exchang Rates in the Process of China's Financial Openning

中央财经大学中国金融发展研究院　著

人民出版社 出版发行
(100706　北京市东城区隆福寺街 99 号)

环球印刷(北京)有限公司印刷　新华书店经销

2013 年 9 月第 1 版　2013 年 9 月北京第 1 次印刷
开本:710 毫米×1000 毫米 1/16　印张:16.5
字数:256 千字

ISBN 978 - 7 - 01 - 012079 - 9　定价:40.00 元

邮购地址 100706　北京市东城区隆福寺街 99 号
人民东方图书销售中心　电话 (010)65250042　65289539